IRENE CRISTINA BOSCHIERO

**EDITORA intersaberes**

DIALÓGICA

O selo DIALÓGICA da Editora InterSaberes faz referência às publicações que privilegiam uma linguagem na qual o autor dialoga com o leitor por meio de recursos textuais e visuais, o que torna o conteúdo muito mais dinâmico. São livros que criam um ambiente de interação com o leitor – seu universo cultural, social e de elaboração de conhecimentos –, possibilitando um real processo de interlocução para que a comunicação se efetive.

*Língua e cultura latina: uma introdução*

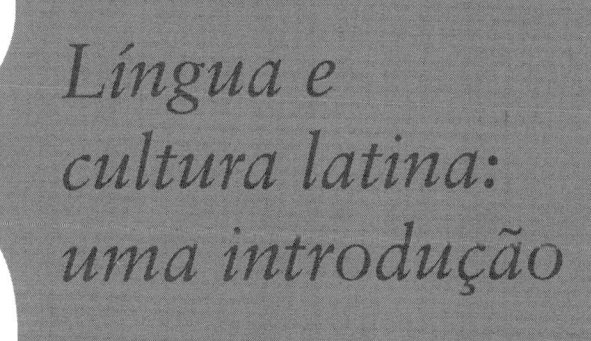

**EDITORA intersaberes**

Rua Clara Vendramin, 58 • Mossunguê • CEP 81200-170 • Curitiba • PR • Brasil
Fone: (41) 2106-4270 • www.intersaberes.com • editora@editoraintersaberes.com.br

---

Dr. Ivo José Both (presidente);
Drª Elena Godoy; Dr. Neri dos Santos
e Dr. Ulf Gregor Baranow • conselho editorial

Lindsay Azambuja • editora-chefe

Ariadne Nunes Wenger • gerente editorial

Palavra arteira • preparação de originais

Larissa Carolina de Andrade •
Palavra do Editor • edição de texto

Iná Trigo • capa

Raphael Bernadelli • projeto gráfico

Rafael Ramos Zanellato • diagramação

Iná Trigo • equipe de *design*

Sandra Lopis da Silveira • Regina Claudia Cruz Prestes • iconografia

---

Dados Internacionais de Catalogação na Publicação (CIP)
(Câmara Brasileira do Livro, SP, Brasil)

Boschiero, Irene Cristina
  Língua e cultura latina: uma introdução/Irene Cristina Boschiero. Curitiba: InterSaberes, 2020.
  Bibliografia.
  ISBN 978-65-5517-721-3
  1. Língua latina I. Título.

20-39619                                    CDD-478

Índices para catálogo sistemático:
1. Língua latina: Linguística   478

Cibele Maria Dias – Bibliotecária – CRB-8/9427

1ª edição, 2020.

Foi feito o depósito legal.

Informamos que é de inteira responsabilidade da autora a emissão de conceitos.

Nenhuma parte desta publicação poderá ser reproduzida por qualquer meio ou forma sem a prévia autorização da Editora InterSaberes.

A violação dos direitos autorais é crime estabelecido na Lei n. 9.610/1998 e punido pelo art. 184 do Código Penal.

# sumário

prefácio, xi

apresentação, xv

como aproveitar ao máximo este livro, xx

introdução, xxiii

- um    História, pronúncia e usos da língua latina e o gênero épico, 31
- dois    Sistema nominal latino e o gênero romance, 75
- três    Sistema verbal do latim e o gênero lírico, 143
- quatro    Adjetivos, aspectos verbais, tempo pretérito e o gênero trágico, 189
- cinco    Pronomes latinos e o gênero cômico, 241
- seis    Futuro do presente, palavras indeclináveis e a obra de Cícero, 285

considerações finais, 319

vocabulário geral, 321

referências, 329

bibliografia comentada, 339

apêndice, 343

respostas, 361

sobre a autora, 387

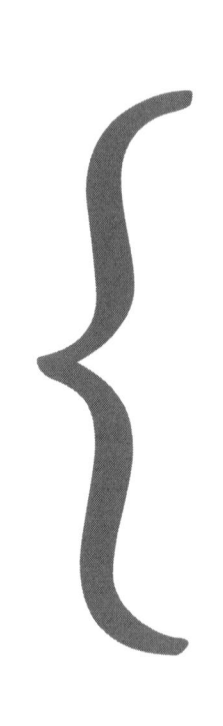

{

*A meus pais, Antonio Boschiero e Terezinha de J. G. Boschiero.*

{

Meus sinceros agradecimentos à amiga e colega de academia Giovanna M.
Valenza, que, pacientemente, deu-me consultoria e ânimo para fazer
este trabalho; ao meu marido Otto e a meu filho Octavio Augusto,
pelo carinho e apoio incondicionais.
Agradeço também aos professores: Dr. Alessandro Rolim de Moura e
Dr. Brunno V. G. Vieira, que me apresentaram os estudos clássicos;
Dr. João Batista Toledo Prado e Dr. Paulo Martins, que acreditaram
em minha capacidade como pesquisadora; Dr. Rodrigo Tadeu
Gonçalves, Dr. Guilherme Gontijo Flores, Dr. Pedro Ipiranga Júnior
e Dr. Leandro Cardoso, por partilharem comigo teorias e traduções.

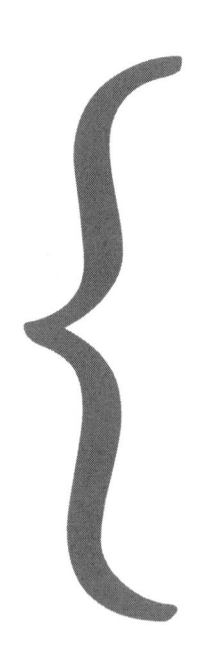

{

# prefácio

Viver os mortos

❡ O QUE É uma língua morta? Em tese, é qualquer língua que deixou de ser falada; mas nem toda língua está igualmente morta. As línguas vivem nas transformações, e muito do que chamamos *morto* é apenas uma forma de língua que deixou de ser falada porque se tornou outra, ou ainda melhor, outras. É bem o caso do latim: morto como acontecimento histórico, porém ao mesmo tempo a língua que mais se espalhou no tempo e no espaço, com uma vida de mais de dois mil anos, e o desdobramento vivíssimo nas línguas neolatinas: uma delas o nosso português. Nesse sentido, podemos dizer, com todo o paradoxo, que falamos o latim que já morreu. É a língua morta que nos atravessa.

    E mais, nenhuma língua vive em laboratório; talvez apenas algumas línguas artificiais que, se não ganham o mundo, viram apenas esqueletos, ou pássaros empalhados que não cantam. E isso se dá porque a língua é sempre uma faceta – a mais complexa e potente, provavelmente – de uma cultura maior, que envolve corpos, práticas, ritos, regras etc. A língua vive e se transforma como parte de povos e culturas também vivos e metamórficos, porém deixando traços no que vem depois: herdamos o direito romano, herdamos a ideia de literatura que os romanos inventaram a partir dos gregos, herdamos até mesmo os modos de amar e de construir um lar, mas não como uma linha reta, e sim por cruzamentos, desvios, pequenos cortes, reinvenções, intervenções, isso tudo que é incontrolável e difuso e que chamamos *vida*.

Daí vem a graça impressionante de estudar as culturas clássicas e, dentro delas, a língua e a cultura dos romanos. É ver a vida arcaica da nossa própria língua, o modo intenso e múltiplo do passado da nossa própria cultura. Mas aqui vai um aviso: nesse mundo arcaico, passado, da nossa cultura e língua, não encontraremos um espelho apenas, nem uma justificativa pura da vida como vivemos hoje; pelo contrário, entraremos num mundo de diferenças que fazem parte dos convívios, como escutar a vida dos avós, perceber que não olham o mundo como nós, como jamais poderemos olhar o mundo como eles. A grande graça de descobrir a língua latina e uma parte da cultura romana está precisamente em descobri-los outros, e com isso descobrimo-nos outros. Dos avós, herdamos diferenças e, vivos que somos, ao aprender com eles, aprendemos mais sobre as nossas diferenças de hoje.

Porque, especialmente no caso do latim, a porta que se abre não é apenas para a leitura dos textos do período clássico romano, o período da República e do Império, sobretudo pagão; é também a porta para toda a Idade Média, com o crescimento do cristianismo na Europa, é a porta para várias obras do Renascimento e mesmo para os desenvolvimentos filosóficos, teológicos e literários que ocorreram por séculos depois, bem como para todo o fundamento do Direito Canônico. Anchieta escreveu um épico histórico em latim, sobre Mem de Sá; Leibniz, Descartes, Spinoza escreveram livros inteiros em latim; Dante Alighieri, Petrarca, Rabelais e muitos outros, apesar de serem grandes nomes da literatura em língua vernácula, todos eles dominavam o latim; John Milton aprendeu a escrever primeiro em latim, só foi dominar a língua inglesa por escrito quando já estava no fim da adolescência; Montaigne foi criado por um tutor que só falava latim com ele. E mesmo alguns tratados científicos do século XIX ainda eram escritos em latim.

Mas, como um irmão mais velho, que teima em se abrir, esse latim – que noutra metáfora poderíamos chamar de *língua mãe* do português – por vezes se mostra turrão e bem difícil. É deveras diverso de nós. E aprendê-lo demanda empenho. Daí a importância de métodos introdutórios, como este preparado pela latinista Irene Boschiero, estudiosa do poeta Ovídio e do fabulista Higino, pesquisadora que já foi professora substituta na Universidade Federal do Paraná (UFPR). Reunir as duas frentes da cultura e da língua, usando a literatura como meio, é um desafio imenso que nós, que decidimos ensinar latim, bem conhecemos. O leitor deste livro vai então encontrar textos adaptados para um início de leitura, mas também trechos de obras curtas no original, com explicações introdutórias para um conhecimento gramatical e linguístico que pode desdobrar-se por muitos anos, em muitas obras. Percorrerá um caminho de exercícios de interpretação, decifração e leitura; mas ao mesmo tempo terá a chance de ver traduções diferentes de uma mesma obra clássica, o que é, por si só, um modo de compreender como é variado o modo de entender esse passado que trazemos vivo. Com Irene, você tem aqui uma primeira porta que se abre para tantas coisas que nem temos como precisar todos os caminhos, mas apenas sugerir alguns, a depender dos interesses de quem chega até aqui. Seguir adiante é com você, ver o outro lado deste umbral. Talvez fazer disso tudo um banquete, que os romanos chamavam, muito acertadamente, de *conuiuium*, o convívio.

Guilherme Gontijo Flores
Professor de Letras Clássicas da UFPR

# apresentação

❰ESTE É UM livro didático elaborado para estudantes e pesquisadores de línguas e linguagens interessados em aprender o latim. Para tanto, buscamos propor atividades significativas para o contexto dessa área do conhecimento, com o intuito de desenvolver algumas habilidades necessárias ao graduando ou estudioso. Assim, não somente a língua latina será objeto de análise, mas também as questões linguísticas, os temas literários, as traduções, as etimologias, entre outros assuntos de nosso interesse.

Trata-se de um material de nível inicial cujo objetivo não é formar um erudito em língua latina – o que demanda anos de estudo –, mas capacitar um estudante com noções básicas da língua, da cultura e da literatura romanas. O mais forte propósito da obra é, portanto, dar subsídios para que, ao se deparar com escritos em latim (em obras literárias, por exemplo), você, leitor, possa apreciá-los e formular hipóteses sobre os sentidos que eles encerram, já que terá elementos para tanto. É muito válido, nesse sentido, aprender a consultar uma gramática e um dicionário de latim, bem como aplicativos e *sites* confiáveis.

Vale dizer que nosso objetivo não é ensinar a falar latim, uma língua que não tem mais falantes nativos. As questões de pronúncia e prosódia tratadas aqui servem como indicações de como pronunciar enunciados em latim. Por esse motivo, diferentes tipos de pronúncia serão apresentados, orientando-se o leitor para que possa optar por uma delas conforme o contexto em que estiver inserido.

Cabe ressaltar que mais de uma tradução será utilizada para o entendimento dos textos escritos por autores romanos, os quais embasam os capítulos. A apreciação e a comparação dessas versões têm o objetivo de introduzir e exemplificar conteúdos de análise linguística, sem a pretensão de realizar estudos sobre tradução.

O método assim estruturado também possibilita refletir sobre questões importantes para estudantes e pesquisadores de línguas e linguagens, uma vez que contempla a abordagem de temas sobre os quais esses leitores terão de refletir ao longo de sua formação e atuação:

- Sociolinguística – atividades que exemplificam diferenças na pronúncia e/ou escrita de pessoas de origem ou estratos sociais diversos, de épocas e/ou espaços distintos.
- Evolução linguística – atividades que tratam de algumas das mudanças linguísticas ocorridas na evolução do latim para o português.

- Gêneros textuais – capítulos que abordam diferentes gêneros textuais, mostrando suas características, usos e funções.
- Recursos literários – atividades de interpretação de texto que levam em consideração recursos poéticos utilizados para causar um determinado efeito de sentido.
- Gêneros literários – informações acerca de um gênero literário por capítulo, com a apresentação de exemplos e de suas principais características.
- Intertextualidade – estudo de textos que referenciam outros textos, a fim de verificar de que modo temas e discursos são retomados e com que propósitos são usados.
- Tradução – uso de diferentes traduções para os textos e, algumas vezes, de duas traduções para um mesmo texto. Com esse procedimento, o intuito é apreciar diferentes estilos de traduzir, desenvolvendo o senso crítico necessário a esse ofício.

Elencamos, então, como principais objetivos deste livro:

- apresentar o sistema nominal latino;
- apresentar o sistema verbal latino (modo indicativo);
- fornecer subsídios para a tradução de expressões, frases e pequenos textos em latim;
- orientar a consulta de gramáticas latinas;
- orientar a consulta de verbetes nos dicionários de latim, uma vez que seu modo de apresentação difere do modo utilizado nos dicionários de língua portuguesa;
- estudar o impacto e a influência da literatura e da cultura latinas em obras literárias, com o propósito de incentivar

e aprofundar a leitura de livros que contenham referências ao latim ou à cultura romana, o que, se não for observado, pode comprometer o nível de interpretação e apreciação da obra lida;

- apresentar dados sobre alguns dos grandes autores romanos;
- apresentar dados sobre os gêneros literários e suas manifestações em Roma;
- mostrar a etimologia de algumas palavras em português, com o intuito de apreciar a evolução da língua;
- traduzir textos de nível básico.

Mesmo que pareça difícil entender os textos em uma primeira leitura, é importante que você os leia até o fim (sem se preocupar com a pronúncia no início), trace suposições acerca das palavras que lhe parecem familiares e levante hipóteses em relação ao tema de que eles tratam e ao gênero textual ao qual pertencem.

No Capítulo 1, são abordados os seguintes temas: os usos clássico e popular do latim; os empregos contemporâneos da língua latina; o alfabeto latino e as principais pronúncias utilizadas, a prosódia como recurso poético e o gênero épico.

O Capítulo 2 versa sobre o sistema nominal latino, ou seja, o funcionamento dos nomes na língua, sobre as semelhanças e diferenças entre a sintaxe das línguas latina e portuguesa e sobre o gênero romance.

O Capítulo 3 tem como eixo temático gramatical o sistema verbal do latim e, como eixo literário, a lírica romana. As atividades propostas para esse capítulo incluem um exercício de tradução de trechos de um texto adaptado de *As metamorfoses*, de Ovídio, que será traduzido na íntegra pelo leitor até o final do livro.

No Capítulo 4, tratamos da declinação dos adjetivos, dos aspectos verbais perfeito e imperfeito e do gênero trágico.

O Capítulo 5 focaliza o estudo dos pronomes – pessoais, possessivos, demonstrativos, relativos, interrogativos e indefinidos – e a comédia latina.

No Capítulo 6, abordamos as palavras invariáveis – preposições, advérbios, conjunções, interjeições e partículas interrogativas. São objetos de estudo também o futuro do presente e a obra *As Catilinárias*, de Cícero.

Por fim, ao final, apresentamos um vocabulário e um apêndice com quadros que podem figurar como material de consulta.

# como aproveitar ao máximo este livro

*Empregamos nesta obra recursos que visam enriquecer seu aprendizado, facilitar a compreensão dos conteúdos e tornar a leitura mais dinâmica. Conheça a seguir cada uma dessas ferramentas e saiba como estão distribuídas no decorrer deste livro para bem aproveitá-las.*

*Logo na abertura do capítulo, informamos os temas de estudo e os objetivos de aprendizagem que serão nele abrangidos, fazendo considerações preliminares sobre as temáticas em foco.*

*Nestes boxes, apresentamos informações complementares e interessantes relacionadas aos assuntos expostos no capítulo.*

### Mãos à obra

Leia novamente o poema e verifique se consegue responder às seguintes questões:

1. Do que trata o texto?
2. Por que Ärrio é ironizado no poema?
3. Por que Ärrio pronunciava as palavras de forma a causar estranheza e provocar riso?
4. O que aconteceu quando ele foi à Hispânia?
5. De que forma o final do poema retoma o início, provocando comicidade?
6. Você pode dar algum exemplo em português de outras situações que apresentem alguma analogia com o tema do poema?
7. Por que Ärrio apresentava essa característica de pronúncia? O que isso pode dizer sobre ele?

Depois de responder às questões, consulte a tradução do poema neste link, a fim de verificar suas hipóteses: <https://www.ime.usp.br/~is/infousp/vasconc.htm>.

#### 1.4.2 Sílaba, quantidade e acentuação

Muitos textos do latim trazem os símbolos (ˉ) e (˘) nas palavras. Ambos são sinais diacríticos e referem-se ao tempo de enunciação

> Tu és meu mestre, tu és meu autor,
> foi só de ti que eu procurei colher
> o belo estilo que me deu louvor.
> (Alighieri. 2002. p. 79-83, tradução de Italo Eugenio Mauro)

A alusão a Virgílio como guia insere Dante em uma tradição épica, mostrando que a obra deste último tem influência direta de seu mestre literário.

### Síntese

Se você não tinha estudado latim antes, neste capítulo teve o primeiro contato com essa língua, entendendo um pouco de sua história e importância.

Diferenciamos o latim clássico, utilizado por autores em obras literárias, do latim vulgar, efetivamente usado nas trocas sociais entre os falantes e que serviu de fonte para as línguas românicas.

Mostramos as características do alfabeto latino e algumas das principais pronúncias empregadas em diferentes contextos. Vimos a prosódia do latim e o fato de essa língua levar em consideração o tempo de enunciação das sílabas. Assim, as sílabas ou as vogais podem ser longas ou breves, marcadas, respectivamente, com os sinais mácron (ˉ) e bráquia (˘). Essa característica da língua é importante para a poesia. Trabalhamos, também, o gênero épico, cujo maior representante na literatura latina foi Virgílio e sua obra *Eneida*.

---

É importante que você entenda que o latim é utilizado em muitos contextos ainda hoje. Procure perceber, sempre que puder, como essa língua e sua cultura estão presentes em nosso dia a dia!

### Indicações culturais

POMPEIA. Direção: Paul W. S. Anderson. EUA/Alemanha/Canadá: Constantin Film Produktion/Summit Entertainment, 2014.

O filme narra a história de Pompeia, destruída em decorrência de uma erupção do vulcão Vesúvio em 79 a.C. em meio a uma nuvem de cinzas, rochas e fumaça. Retrata também a dominação romana sobre os povos celtas da Europa Ocidental e a transformação de capturados em escravos gladiadores.

USPFFLCH – Faculdade de Filosofia, Letras e Ciências Humanas da USP. Estudos Clássicos em dia. Disponível em: <https://www.youtube.com/playlist?list=PL-AoPPdfsKswp-o-ZagXtGXs6xKZIaKqq>. Acesso em: 30 abr. 2020.

Esse é um canal do Youtube que apresenta uma série de vídeos em que especialistas debatem a Antiguidade greco-latina, refletindo sobre essa cultura e sua influência nos dias de hoje.

THE LATIN LIBRARY. Disponível em: <https://www.thelatinlibrary.com>. Acesso em: 30 abr. 2020.

O site é uma fonte para pesquisa de textos em latim, já que dispõe de grande variedade de autores e abrange diferentes gêneros textuais de épocas distintas.

### Atividades de autoavaliação

1. A respeito da língua latina, considere as afirmativas a seguir:
   I. Apresentava variações a depender da região, da classe social e do nível de instrução.
   II. Só era usada em documentos e obras literárias.
   III. Na Idade Média, ainda tinha falantes nativos.
   IV. Deu origem às línguas neolatinas, como o português, o italiano, o espanhol e o francês.

   Estão corretas as afirmativas:
   a. I e III.
   b. II, III e IV.
   c. III e IV.
   d. I e IV.
   e. II e III.

2. Sobre a pronúncia do latim, considere as afirmativas a seguir e marque V (verdadeiro) ou F (falso):
   ( ) Existem três pronúncias: a tradicional portuguesa, a eclesiástica e a restaurada (ou reconstruída).
   ( ) A pronúncia tradicional portuguesa é muito parecida com a pronúncia do italiano.
   ( ) A pronúncia reconstruída é uma hipótese que os linguistas têm do que seria o latim falado na época do latim clássico.
   ( ) Na pronúncia reconstruída, o c tem som de "ss" e o s tem som de "z" entre vogais. Por isso, nesse caso, lemos "César", exatamente como leríamos em português.

   ( ) Fazem uso de recursos artísticos e estilísticos.
   ( ) Não têm relevância para os estudos do latim vulgar.
   ( ) Citam trechos de grandes autores romanos, como Virgílio.

   Agora, assinale a alternativa que indica a sequência correta:
   a. V, V, F, V.
   b. F, V, V, V.
   c. V, F, V, F.
   d. V, F, V, V.
   e. F, F, V, V.

### Atividades de aprendizagem

**Questões para reflexão**

1. Considere as seguintes afirmações sobre o latim clássico:
   - É a variante linguística usada pela população em geral e que deu origem às línguas românicas.
   - Corresponde ao conjunto de textos em latim usado em celebrações da Igreja Católica.
   - É a variante culta do latim utilizada por escritores no século I a.C. em obras literárias.

   Reflita acerca dessas asserções. Você concorda com todas elas? Justifique.

2. Em consulta a diversos textos acadêmicos, você vai deparar-se com termos em latim, como *apud*. A fim de realizar um exercício de identificação, escolha algum trabalho de um tema que lhe interesse e, durante a leitura, destaque os termos latinos, tentando compreender seu significado e/ou função na sentença.

## bibliografia comentada

CALVINO, I. Por que ler os clássicos. Tradução de Nilson Moulin. São Paulo: Companhia das Letras, 1993.

*Nesse livro, Italo Calvino conceitua clássico, apresenta suas características e argumenta sobre a importância de ler os textos considerados clássicos da literatura mundial. Entre os autores escolhidos estão as obras de Voltaire, Balzac, Flaubert, Dickens, Tolsto, Borges, Homero e Ovídio, e que torna a leitura desse livro essencial para os leitores interessados em conhecer as bases da literatura e entender por que essas obras são consideradas fundamentais na tradição literária.*

CARDOSO, Z. de A. A literatura latina. 2. ed. São Paulo: M. Fontes, 2003.

*Nesse livro, uma das latinistas mais importantes do Brasil apresenta um panorama da literatura latina, desde o início, com a poesia épica, até a epistolografia cristã, e aponta a contribuição desse corpus literário para as obras posteriores.*

# introdução

❰O QUE QUEREMOS designar com o termo *latim*?
Sob essa denominação está um conjunto de variedades linguísticas distantes no tempo e/ou no espaço, que abarcam diferentes obras da literatura, a língua da Igreja, da escolástica, das transações políticas, da ciência, bem como os diferentes falares, os romances* que deram origem às línguas românicas que conhecemos.

O latim estudado neste livro será o clássico. Porém, englobar todos os textos que serão vistos em uma nomenclatura como *latim clássico* pode ocasionar um problema de datação. A classificação

---

* *Romance*, a princípio, significava algo como "à maneira romana". *Romances* é a denominação dada às novas línguas que surgiram de uma origem comum, o latim. Daí a expressão "falar à maneira romana". No entanto, elas já estavam muito diferentes dessa origem. Aqui, o termo *romance* não se refere ao gênero literário.

canônica do termo o situa até a morte de Augusto, em que a *Pax Romana*, conquistada e divulgada pelo imperador, trouxe uma tranquilidade essencial para o desenvolvimento das artes, entre elas, a literatura.

Mas, afinal, o que significa *clássico*?

O termo *clássico* é aplicado em vários sentidos. Há quem denomine *clássico* tudo o que se refere aos gregos e romanos. Nesse sentido, há também a denominação *Antiguidade Clássica*, para fazer referência ao mundo grego e romano em diferentes épocas. Esse uso é bastante contestado, uma vez que tanto Grécia quanto Roma passaram por diferentes contextos históricos, que influenciaram obras artísticas e seus autores.

Italo Calvino, em *Por que ler os clássicos*, elenca uma entre várias características e aplicabilidades da palavra: "é clássico aquilo que persiste como rumor mesmo onde predomina a atualidade mais incompatível" (Calvino, 2009, p. 14). Assim, Shakespeare, Camões, Cervantes, Proust, Dante, Machado de Assis, Esopo, Horácio, Homero e tantos outros são clássicos.

Isso posto, o sentido de *latim clássico* aqui presente é o que caracteriza o latim no período clássico, século I a.C., imortalizado por autores com acesso à cultura superior à das pessoas em geral. É o latim-padrão concebido por meio de normas da escrita consideradas com base em registros literários, variante surgida da norma culta ou do socioleto de uma elite letrada. É dela que trataremos neste livro.

Vale ressaltar que o latim falado nesse período era diferente dessa sofisticada variante escrita. Quando falamos em *latim vernáculo*, estamos nos referindo à língua natural surgida entre os séculos XI e IX a.C. na região do Lácio, que se propagou com a civilização romana e a expansão de seu exército por um grande território, dando origem às línguas românicas modernas em diferentes contextos históricos.

Como atesta Queriquelli (2018, p. 27-28),

> Grosso modo, é possível admitir que o latim vernáculo seja a língua natural surgida na região do Lácio entre os séculos XI e IX a.C., que difundiu-se junto com a civilização romana e se transformou ao longo de seu processo histórico, e que posteriormente, em diferentes momentos na Idade Média, derivou as línguas românicas modernas. O latim padrão é a língua literária que surgiu a partir do socioleto da elite letrada de Roma no dito período clássico de sua história: o período em que essa variante foi estandardizada no mundo românico (do séc. II a.C. ao séc. III d.C.). Essa língua artificializada a partir de uma variedade falada, cujo maior modelo talvez sejam os textos de Cícero, foi cristalizada ao longo do tempo como monumento linguístico, como um produto acabado. Após o fim do Império, transformou-se gradualmente numa segunda língua que já não tinha propriamente falantes nativos, uma língua "ensinada" (e não "adquirida").

Pensar o latim hoje como uma língua morta pode dar a impressão de que seu estudo é inútil (concepção que cairá por terra após a leitura deste livro). Uma alternativa a essa postura é pensar que o latim clássico não morreu: seus escritores é que não existem mais, embora tenham se tornado imortais por meio de suas obras, o que atesta o poeta Horácio (65 a.C.-8 a.C.) em um trecho da *Ode 30*, livro III:

> *exegi monumentum aere perennius*
> *regalique situ pyramidum altius,*
> *quod non imber edax, non Aquilo inpotens*
> *possit diruere aut innumerabilis*
> *annorum series et fuga temporum.* (Flaccvs, 2020)

> Ergui um monumento
> mais perene que o bronze,
> mais alto que as pirâmides,
> obras dignas de reis.
> Nem a chuva voraz,
> nem o rude Aquilão,
> nem os anos sem fim,
> nem a fuga do tempo
> poderão destruí-lo. (Thamos, 2006, p. 212)

Ao conhecermos o sistema nominal latino (Capítulo 2), temos a impressão de que os romanos demorariam muito tempo para pronunciar uma única frase: em primeiro lugar, o falante teria de pensar na função sintática da palavra e determinar o caso em que ele a enunciaria na frase; lembrar-se da desinência para aquele caso e assim sucessivamente, até falar o verbo em último lugar, ou seja, aquilo que nós, falantes de língua portuguesa, normalmente articulamos logo após o sujeito é enunciado em último lugar, somente ao final da sentença (logo, precisaríamos esperar para saber o que aconteceu àquele sujeito). É claro que essa impressão não condiz com a realidade, do contrário, a comunicação entre os romanos seria praticamente inviável.

Veja o que afirma Varrão (116 a.C.-27 a.C.), filósofo e autor da primeira gramática do latim, sobre esse tema:

> *O sistema de declinações foi introduzido não apenas na língua latina, mas nas línguas de todos os homens, porque é útil e necessário; se esse sistema não tivesse sido desenvolvido, nós nem poderíamos aprender um número tão grande de palavras (pois são infinitas as formas em que são declinadas), nem seria visível qual relação haveria entre as que teríamos aprendido. Mas agora vemos, por essa razão, o que é similar e o que é derivado: quando* legi *'eu li' é declinado a partir de* lego *'eu leio', duas coisas ficam evidentes ao mesmo tempo: que de algum modo dizemos a mesma coisa e que as ações não são feitas no mesmo tempo. Mas se, por exemplo, uma dessas duas formas fosse* Priamus *'Príamo' e a outra* Hecuba *'Hécuba', não haveria a indicação de uma unidade, a qual aparece nas formas* lego *e* legi *e* Priamus *e* Priamo. (Valenza, 2010, p. 21)

Uma maneira divertida de tratar o tema, bem como de refletir sobre o latim erudito e o popular, é apresentada no filme *A vida de Brian* (1979), de Monty Python. O soldado "pune" um revolucionário quando ele tenta escrever "Romanos, vão embora" nas paredes de uma edificação. Como parece desconhecer a norma culta da língua, ele declina o termo "Romano" de forma inadequada. O soldado, ao ver o erro, ordena que ele preencha todas as paredes com a forma correta da frase, satirizando um exercício mnemônico muito praticado em algumas escolas do passado. A ironia do trecho reside no fato de que, em vez de uma única frase pichada, a ideia da expulsão dos romanos chama muito mais a atenção, uma vez que cobre toda a parte externa do monumento.

Sem entrar em discussão sobre como o processo cerebral da fala acontece, o latim era falado por pessoas reais em situações reais, para interlocutores reais, em uma determinada época, em diferentes contextos e com variadas intenções e funções sociais.

Usamos o termo *latinização* ou *romanização* para designar a assimilação da cultura e da língua incorporadas pelos povos conquistados por Roma. A conquista não impunha o uso do latim a esses povos, fazendo com que a latinização ocorresse de forma indireta. No entanto, o contato frequente com os romanos tinha impacto na língua de cada território conquistado. Os principais elementos motivadores para a latinização, de acordo com Basseto (2001, p. 99-110), foram o exército romano, as colônias militares e civis, a administração romana, as obras públicas e o comércio.

Neste livro, trabalharemos as regras gramaticais do latim clássico. Embora pareça tratar-se do ensino de uma modalidade pronta, há uma preocupação em inserir e contextualizar textos de diferentes gêneros, mostrando-se que suas formas típicas concretizavam as trocas entre falantes que de fato utilizaram essa língua. Nesse sentido, os textos foram aqui considerados sinônimos de enunciados e língua, o resultado da interação entre os interlocutores. As línguas românicas só existem porque o latim foi efetivamente vivo e realizado por meio de diferentes gêneros discursivos, sendo, consequentemente, transformado.

Com relação ao estudo de latim, há vários exemplos na literatura de autores que dizem ter tido experiências traumáticas, que "fugiam" das aulas ou "driblavam" seu estudo. É o que se deduz do trecho a seguir:

> *Devo, porém, pela minha natural honestidade e pela sinceridade deste depoimento, declarar que não aprendi repentinamente a língua de Virgílio. Na verdade, como não confiasse nas virtudes da memória, passei a copiar as desinências numa folha com letra miúda e colocá-la no capuz, servindo-me, com discrição, desse bilhete nas sabatinas. Dessa forma ficou-me o Latim à cabeça, se não por dentro ao menos por cima, e assim consegui a boa recompensa daquele passeio.* (Torero; Pimenta, 2011, p. 12)

A citação vai na direção contrária do termo que designava "escola" ou "aula" em latim: *ludus*, cujo sentido é exatamente o oposto de algo enfadonho. Mas como definir *ludus*? Em seu *Dicionário escolar latino-português*, Ernesto Faria (1967, p. 574) define esse termo como "jogo, divertimento, passatempo, jogos (oficiais ou religiosos), representações teatrais, brinquedo, gracejo, zombaria, escárnio, prazeres (da mocidade)" e designa, principalmente, "jogo físico" em oposição a *iocus* (ou *jocus*, que deu origem à palavra *jogo*, em português), que significava mais "gracejo". Assim, mesmo que nunca tenhamos pensado em "iludir" como "divertir-se" ou em "aludir" como "brincar com", podemos deduzir tais conceitos, resgatando o sentido de *ludus*. Mas vale comentar uma acepção não tão direta para o termo – a julgar pelos adjetivos que sugerem tédio, usados pela maioria dos estudantes ao se referirem às aulas: os romanos chamavam de *ludus* o que conheceríamos mais tarde como "aula", "escola". Já *aula* designava "pátio" (de uma casa ou de um palácio) ou ainda "panela", e *schola* era usado para designar "escola" (de filosofia), "doutrina", "exercício escolar", "conferência". Dada essa condição de destaque de *ludus*, cabe a nós, alunos e professores, trazer de volta o "entretenimento", o "lúdico" para nossas aulas e poder, como os romanos, dizer que vamos *ad ludum* toda vez que saímos de casa para assistir a uma aula. Afinal, o próprio objetivo de frequentar aulas já sugere um prazer: "saber" vem do latim *sapere*, "ter sabor de; ter gosto de; exalar um perfume; saber".

Ainda usando a etimologia para aprender um pouco mais sobre a língua que vamos estudar, é pertinente destacar que o estudo está diretamente relacionado ao prazer, ao desejo (até mesmo no sentido de "amor"!), do latim *studium*, "trabalho", "zelo", "amor", "interesse", "empenho".

Há um equívoco frequente em pensar que "aluno" é derivado do prefixo de negação *a-* e da palavra *lux* (luz). Tal etimologia não faz sentido, uma vez que o prefixo é grego e o radical de "luz" é latino. "Aluno", do latim *aluminus* (aluno, estudante), está associado ao verbo *alo* (nutrir, alimentar, fortalecer).

Isso posto, faço um convite (adaptado) presente no livro *O asno de ouro*, ou *As metamorfoses*, de autoria de Apuleio (2020, p. 36, tradução nossa): "*Lector intende: laetaberis!*" ("Leitor, preste atenção: você se alegrará!").

# um  História, pronúncia e usos da língua latina e o gênero épico
dois  Sistema nominal latino e o gênero romance
três  Sistema verbal do latim e o gênero lírico
quatro  Adjetivos, aspectos verbais, tempo pretérito e o gênero trágico
cinco  Pronomes latinos e o gênero cômico
seis  Futuro do presente, palavras indeclináveis e a obra de Cícero

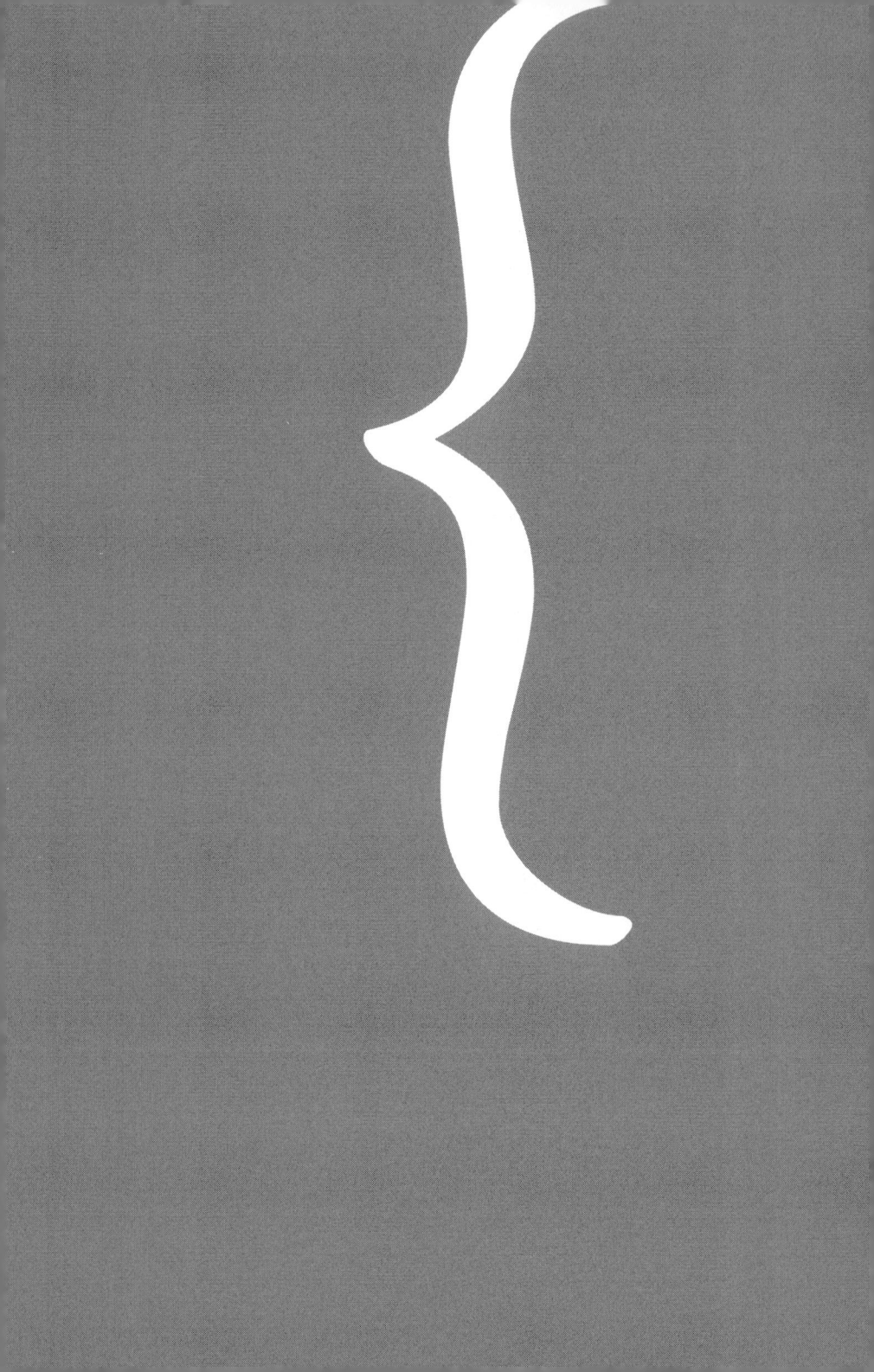

{

❰ NESTE CAPÍTULO, INICIAREMOS os estudos de latim, abordando primeiramente sua história e distinguindo o uso clássico do uso popular da língua. Veremos as inúmeras possibilidades de uso contemporâneo da língua latina e possíveis interpretações. Mostraremos o alfabeto latino e suas possíveis pronúncias. Por fim, analisaremos a importância da prosódia para a poesia épica latina.

umpontoum
# Breve história da língua latina

O latim é uma língua indo-europeia pertencente ao ramo itálico, cujos primeiros registros datam do século VII a.C. A denominação *latim* deriva do nome do local onde a língua era falada, o antigo Lácio, região central da Itália. Foi por séculos a língua oficial da República Romana e do Império Romano.

A história do latim é usualmente dividida de acordo com seus períodos literários ou contextos de utilização (Igreja, meios acadêmicos etc.). De maneira geral, podemos traçar uma linha do tempo tal como a apresentada na Figura 1.1.

FIGURA 1.1 – PERIODIZAÇÃO DA LÍNGUA LATINA

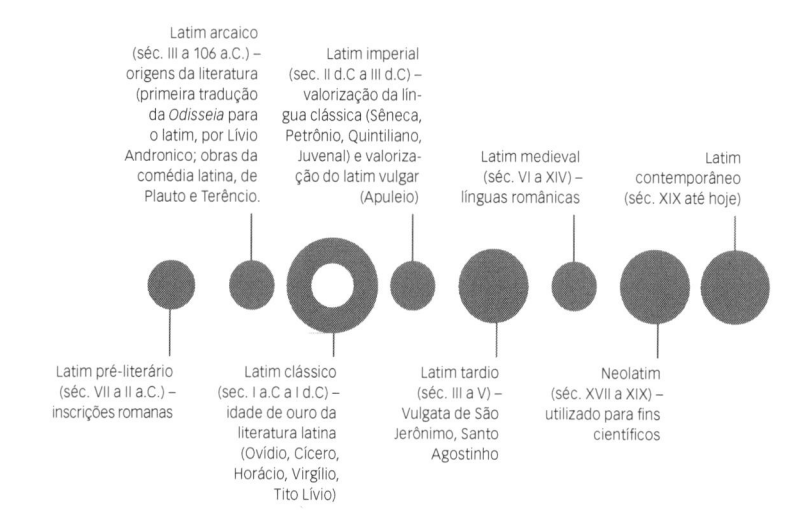

Latim arcaico (séc. III a 106 a.C.) – origens da literatura (primeira tradução da *Odisseia* para o latim, por Lívio Andronico; obras da comédia latina, de Plauto e Terêncio.

Latim imperial (sec. II d.C a III d.C) – valorização da língua clássica (Sêneca, Petrônio, Quintiliano, Juvenal) e valorização do latim vulgar (Apuleio)

Latim medieval (séc. VI a XIV) – línguas românicas

Latim contemporâneo (séc. XIX até hoje)

Latim pré-literário (séc. VII a II a.C.) – inscrições romanas

Latim clássico (sec. I a.C a I d.C) – idade de ouro da literatura latina (Ovídio, Cícero, Horácio, Virgílio, Tito Lívio)

Latim tardio (séc. III a V) – Vulgata de São Jerônimo, Santo Agostinho

Neolatim (séc. XVII a XIX) – utilizado para fins científicos

É importante ressaltar que a periodização pode variar a depender do viés teórico adotado para o estudo.

umpontodois
# Usos do latim

Há uma ideia equivocada de que o latim só era usado em documentos e obras literárias em contextos "sérios", até porque os textos mais conhecidos pertencem à literatura clássica erudita, como no caso dos discursos rebuscados de Cícero ou da epopeia de Virgílio. Mas isso não é verdade. O latim era uma língua viva, efetivamente falada por pessoas nas mais variadas situações, com as mais diversas funções. Isso significa que apresentava variantes a depender da região, da classe social, do nível de instrução etc.

Ao longo deste livro, você terá contato com partes desses textos da literatura clássica. Mas, antes de iniciarmos com eles, vejamos alguns usos mais cotidianos do latim vernáculo. Um ótimo exemplo são os grafites encontrados em Pompeia*. Por meio deles, é possível identificar muitos elementos da cultura romana e do dia a dia das pessoas dessa província. Os grafites estavam espalhados por toda a cidade e tratavam de vários temas, principalmente dos jogos de gladiadores, das campanhas eleitorais, das questões amorosas engraçadas, contando, muitas vezes com um toque de ironia.

De acordo com Feitosa (2002/2003, p. 167),

---

* Cidade do Império Romano localizada no sul da Itália. Em 79 a.C., o vulcão Vesúvio entrou em erupção e soterrou a cidade, o que preservou registros importantes sobre a sociedade romana e a língua do povo.

A palavra "inscrição" tem sua origem no vocábulo latino inscriptio – ação de escrever sobre – e é utilizada em tempos modernos para caracterizar um texto entalhado, gravado, traçado ou ainda estampado sobre superfícies duráveis como pedras, metais, cerâmicas, telhas, vidros, reboco de muros.

É importante observar que as letras que aparecem nas inscrições não têm formas iguais às maiúsculas e minúsculas dos documentos ou das inscrições oficiais. A população utilizava letras cursivas, desenhadas nas paredes com o *graphium*\* (traduzido como "estilo", instrumento pontiagudo), que, segundo Feitosa (2002/2003, p. 168), permitia "que as pessoas delineassem, com alguma facilidade, o sulco no formato das letras desejadas. Esse traçado sobre as paredes, chamado em latim de *graphio inscripta*, era a maneira mais comum e frequente das pessoas se expressarem". As inscrições abrangiam pessoas livres e escravos, homens e mulheres.

> ## Curiosidade
>
> Ícones que representam os gestos de 👍 e 👎 são usados nas redes sociais para indicar se determinada publicação foi curtida ou não, ou seja, para expressar se a pessoa gostou ou não do que viu/leu. De certa forma, as imagens retomam os gestos usados na arena romana durante os jogos de gladiadores, com a função de sinalizar a apreciação da *performance* dos atletas ao final do combate. Na verdade, os gestos eram um pouco diferentes daqueles que a tradição cunhou.

---

\* Daí o nome *grafite* para esse tipo de inscrição.

> É importante lembrar que nem todos os combates terminavam em morte. Às vezes, o vencedor dominava o vencido ainda com vida. Cabia a quem presidia aos jogos a decisão sobre a vida do derrotado. No entanto, os espectadores podiam influenciar essa decisão. Alguns historiadores defendem que, para salvar o perdedor, bastava levantar o polegar; outros dizem que se erguia a mão fechada. Ao contrário, quando a decisão era pela morte, o gesto usado era o polegar deslizando sobre a garganta, ou seja, não se trata somente de virar o polegar para baixo, como no gesto de negativo usado atualmente. Para sinalizar sua rendição, um dos adversários podia levantar um dos braços com o dedo indicador para cima. Nesse caso, a decisão sobre sua vida seguia os mesmos procedimentos anteriormente descritos.

Você pode estar se perguntando: Como o latim deu origem às línguas românicas?

No processo de decadência e queda do Império Romano, o latim foi ficando cada vez mais distante daquele do período clássico, que foi sendo perpetuado por meio do ensino que buscava reproduzi-lo como algo pronto, acabado. Na Idade Média, o latim não tinha mais falantes nativos, transformando-se em uma segunda língua para diferentes fins, todos ligados à cultura letrada.

Os romances\*, por sua vez, surgiram de diferentes variantes do latim vernáculo, língua viva, e, como acontece com todas as línguas naturais, continuaram se modificando e sendo

---

\* Ver nota sobre esse termo na seção "Introdução".

transformados por meio do uso diário, apresentando diferenças cada vez maiores entre si.

De acordo com Ilari (1999), dá-se o nome de *linguística românica* ao estudo de orientação histórica que, no século XIX, em virtude dos textos *Gramática das línguas românicas*, de 1836, e *Dicionário etimológico das línguas românicas*, de 1853, de Friedrich Diez, constituiu-se com o nome de *filologia românica*. Temas tratados com certa falta de sistematicidade passaram a ter um caráter mais "científico". Atraiu também o interesse dos estudiosos o estudo das literaturas antigas, o que fez surgir a *filologia clássica*, termo que designa o estudo erudito das línguas antigas. No século XIX, ainda conforme Ilari (1999), as pesquisas (que tinham, obviamente, caráter histórico) ganharam caráter comparatista com Franz Bopp e seu livro intitulado *Sobre o sistema de conjugação da lingua sânscrita, em comparação com o das línguas grega, latina, persa e germânica*. As semelhanças entre essas línguas levaram estudiosos à conclusão de que tais línguas teriam uma origem comum. Assim, no lastro desse trabalho, Jacob Grimm instituiu um caráter genético, buscando-se reconstituir, por meio da comparação, o indo-europeu, tido como a origem das línguas principais das culturas clássicas (Ilari, 1999). Os resultados mais sistemáticos do método comparativo são da fonética, da morfologia e da sintaxe.

Por vezes, há prova documental resultante da comparação. Como menciona Ilari (1999, p. 21-22), *as formas port.* velho, *esp.* viejo, *fr.* vieil, *it.* vecchio, *rom.* vechi levam a uma forma veclus (que se explica a partir de veculus e vetulus, esta última diminutivo da forma clássica vetus, "velho"). Veclus é atestada no Appendix Probi[*], um glossário que pode remontar aos séculos III ou IV d.C., e que aponta uma série de formas correntes na época, que as pessoas cultas deveriam evitar por não serem as formas próprias do latim literário.

Às modificações fonéticas sofridas pelas palavras em sua evolução dá-se o nome de *metaplasmos*. Como exemplo, podemos observar os grupos de palavras iniciadas em *pl-*, *cl-* e *fl-*. Em palavras que constituem um fundo mais popular da língua, elas evoluíram para *ch-*: *planu* > chão; *clamare* > chamar. Em uma categoria menos popular, elas evoluíram, em português, para *pr-*, *cr-* e *fr-*: *placere* (agradar) > prazer; *flaccu* (mole, flácido) > fraco; *blandu* (brando, lisonjeiro) > brando. É digno de nota, contudo, que um grande número de palavras chegou ao português por uma via erudita, não sofrendo as mesmas modificações fonéticas ocorridas ao longo do tempo, como "pleno" e "clima"[**] (Teyssier, 2001, p. 17).

Outras formas correntes em português, como "joelho", podem, a princípio, não mostrar sua origem latina (*genus*). Entre *genus* e "joelho", temos em português arcaico a forma *geolho*, vinda

---

[*] Trataremos dessa fonte de latim vulgar mais adiante.
[**] A palavra "chumbo" – em latim, *plumbum*, *-i* – exemplifica esse processo; no campo da química, o elemento 82 da tabela periódica, cujo símbolo é Pb, mantém a origem latina.

do diminutivo *genuculu*, ou seja, no lugar de empregar *genus*, o latim vulgar incorporou a forma *genuculu* (porém sem a conotação de diminutivo), que chegou, via o arcaico *geolho*, à forma "joelho". Também interessante é o caso da palavra "nada". Em latim, é o termo *nihil*\* que corresponde a esse significado. Como *hihil*, por alterações fonéticas, chegou ao termo "nada" em português? O que ocorreu foi uma alteração de outra ordem; o indefinido negativo "nada" remonta a *non vidi rem natam* (não vi coisa nascida). Em outras palavras, o termo *"nada"* origina-se de *natam* (nascida) em um contexto de negação (*non*): a princípio, "nada" e *natam* não tinham sentidos semelhantes (Ilari, 1999).

O latim é considerado, do ponto de vista linguístico, uma língua morta, pois não tem mais falantes nativos, isto é, ninguém aprende o latim como primeira língua. Entretanto, podemos perceber seu uso ainda hoje em diversos contextos.

umpontotrês
# O latim hoje

Vamos refletir um pouco sobre como o latim ainda está presente em contextos que nos são familiares. Você, provavelmente, já leu ou ouviu a expressão *ipsis litteris* (que significa "com as mesmas letras"), usada para remeter à ideia de citação literal, ou seja, quando se usam exatamente as mesmas palavras do autor da

---

\* Raiz do termo "niilista" (*nihilista*).

citação. Outros termos em latim aparecem em referências de obras de pesquisa, como:

- *apud*: junto de, citado por (quando se cita um trecho de uma obra a que não se teve acesso, mas ele está presente em outra obra que foi consultada);
- *ibidem*: o mesmo local (quando se faze referência à mesma obra já citada anteriormente);
- *idem*: o mesmo (quando se faz referência ao mesmo autor já citado anteriormente);
- *in*: em (quando se cita, por exemplo, um capítulo que está
- dentro de uma obra);
- *supra*: acima (quando se faz referência a algo que já foi escrito anteriormente).

Você também já deve ter se deparado com as seguintes locuções:

- A.M./P.M.: abreviações conhecidas do inglês para a indicação das horas, mas que tiveram origem no latim *ante meridiem* e *post meridiem*, cuja tradução é "antes do meio-dia" e "depois do meio-dia", respectivamente;
- *in memoriam*: em memória de (encontrada em epitáfios, obituários, convites ou placas comemorativas);
- P.S.: abreviação de *post scriptum*, que significa "escrito depois" (é usada após o final do texto como algo que precisou ser acrescentado);
- R.I.P.: abreviação de *requiescat in pace*, que significa "que ele(a) descanse em paz" (é encontrada em lápides e foi traduzida para o inglês como *rest in peace*).

Podemos citar, ainda, outros usos contemporâneos do latim fora do âmbito da pesquisa acadêmica. Vejamos alguns na sequência.

Os **termos médicos**, em sua grande maioria, são formados com radicais, prefixos e sufixos gregos e latinos. Por exemplo:

- canino: *canis* (cão);
- capilar: *capillus* (cabelo);
- dorsal: *dorsum* (costas, dorso);
- feto: *fetus* (fecundado);
- jugular: *iugulum* (garganta);
- incisão: *incisus* (corte);
- intestinal: *intus* (dentro);
- nasal: *nasus* (nariz);
- ocular: *oculus* (olho);
- oral: *os, oris* (boca);
- ovário: *ovum* (ovo).

A **Igreja Católica** utilizou o latim por séculos como um veículo de comunicação na língua falada e escrita. Alguns termos derivados dele podem ser encontrados na linguagem atual usada na Igreja:

- advento: *advenire* (chegar);
- anjo: *angelus*;
- ascensão: *ascendere* (subir, ascender);
- beato: *beatus* (bem-aventurado, rico, feliz);
- benedito: *bene + dicere* (bem + dizer);

- comunhão: *communis* (comum, compartilhado);
- confissão: *confessum* (declarado);
- congregação: *con* + *gregare* (coletar);
- convento: *convenire* (vir junto, encontrar-se);
- credo: *credo* (eu acredito);
- missionário: *missum* (enviado).

A **psicologia moderna**, baseada nas investigações de Sigmund Freud e seus seguidores, apropriou-se de fontes mitológicas para a elaboração de suas teorias. Em português, vários termos conceituais foram traduzidos por várias palavras derivadas do latim e do grego. É importante destacar que os termos utilizados por Freud não foram, originalmente, escritos em latim. Veja alguns exemplos:

- *ego*: eu;
- *id*: pronome "isto";
- *superego*: sobre, acima, além do ego.

O latim também está bastante presente na área do **direito**. Muitos termos jurídicos derivam do latim ou ainda são usados na língua original:

- *ab initio*: desde o início;
- *ad hoc*: para isto, ou seja, para o caso específico;
- *alibi*: em outro lugar (utilizado para provar que o acusado estava em outro local que não o do crime);
- *animus abandonandi*: *animus* (intenção) + *abandonandi* (de abandonar);

- *data venia*: expressão geralmente traduzida por "com o devido respeito" (em latim tem o sentido de "dada a permissão");
- *habeas corpus*: *habeo* (ter) + *corpus* (corpo), literalmente "que tu tenhas o teu corpo" (para comparecer no julgamento);
- *lato sensu*: em sentido amplo*;
- *modus faciendi*: *modus* (modo, maneira) + *faciendi* (de "fazer");
- *status quo*: situação/estado em que algo se encontra no momento**;
- *sub judice*: em julgamento;
- *sui generis*: ao seu gênero, à sua maneira (um caso *sui generis* designa um caso especial, único).

A bandeira do Estado de Minas Gerais apresenta uma citação de Virgílio, um importante autor romano de quem trataremos ainda neste capítulo. Você se lembra dela?

---

* Expressão também utilizada em contextos acadêmicos para designar cursos de especialização, diferentemente de cursos de mestrado e doutorado, em que se usa a expressão *stricto sensu*, que indica "em sentido estrito, específico".

** É digno de nota que os termos não estão concordando em latim, pois *status* é uma palavra masculina e *quo* está na forma neutra. O correto, de acordo com as regras gramaticais, seria *statu quo*. No entanto, a expressão foi cunhada apesar do "erro".

Figura 1.2 – O latim na bandeira de Minas Gerais

[Triângulo com os dizeres: LIBERTAS QUÆ SERA TAMEN]

Você sabe a tradução do que está escrito na bandeira? Provavelmente identificou as palavras *libertas* (liberdade), *sera* e *quae*. O termo *sera*, embora se assemelhe muito ao verbo será, significa "tardia". Já a palavra *quae*\* é bem parecida com o pronome relativo "que" e essa é sua tradução na bandeira. Talvez a única palavra desconhecida (ao menos na forma) seja *tamen*, que pode ser traduzida por "todavia" ou "embora". A tradução oficial dos dizeres é "Liberdade ainda que tardia", e provém de um verso das *Bucólicas*\*\*, de Virgílio (2008, p. 14):

*Libertas, quae sera tamen respexit inertem* (I, 27)

Esse verso pode ser traduzido por "Liberdade que, embora tardia, (me) viu inerte".

Houve certa polêmica em torno do lema. Para alguns tradutores, levando em consideração o verso virgiliano, atribuíram ao lema o sentido de "a liberdade que tardia, todavia...", ou seja,

---

\* O ditongo *-ae* passou a ser grafado *æ* na Idade Média, já que, em algumas línguas, tinha a pronúncia /é/, resultante da contração das vogais *-a* e *-e*.
\*\* Obra por vezes referida por *Éclogas*.

LÍNGUA E CULTURA LATINA: UMA INTRODUÇÃO

a oração estaria incompleta e não faria sentido. No entanto, não é esse o entendimento da maioria dos latinistas, uma vez que, examinado somente os termos do lema, chegamos à tradução chancelada "Liberdade ainda que tardia". Note que na bandeira está presente somente uma parte do verso virgiliano, não são mencionados os termos *respexit inertem* "(me) viu inerte".

Não só no Brasil o latim é usado para expressar lemas em suportes de circulação nacional. Nos Estados Unidos, muitos ditos e referências romanas são retomados. Você sabia que a nota de um dólar traz citações em latim e um número romano? Observe o verso da cédula e verifique se você conhece algum termo:

- MDCCLXXVI
- *annuit coeptis*
- *novus ordo seclorum*
- *e pluribus unum*

FIGURA 1.3 – LATIM NA NOTA DE DÓLAR

Veja que, na pirâmide, há uma inscrição com algarismos romanos, MDCCLXXVI, que se refere ao ano da independência do Estados Unidos: 1776. Acima da pirâmide consta o lema *Annuit coeptis*, que pode ser traduzido por "(Ele) aprova nosso empreendimento", fazendo-se referência, a julgar pela frase *In God we trust*, a Deus, ou seja, "Deus aprova nosso projeto". Abaixo da pirâmide está a frase *Novus ordo seclorum*, com possível tradução de "A nova ordem dos séculos". Do lado direito, vemos uma águia, símbolo de Roma e usada como insígnia das legiões romanas. A águia carrega em seu bico uma fita com o lema *e pluribus unum*, cuja versão em português pode ser "Dentre todos, um".

Não são só os documentos ou símbolos oficiais que perpetuam o latim. Algumas das histórias em quadrinhos de *Obelix e Asterix* também podem ser encontradas nessa língua. Você sabia que há até uma versão de alguns volumes da saga de Harry Potter em latim? A versão latina do primeiro livro é intitulada *Harrius\* Potter et philosophi lapis* (2003), advinda de *Harry Potter e a pedra filosofal*, de J. K. Rowling (2000). Analisemos o início da obra vertido para o latim, bem como a tradução para o português:

> *Caput I – Puer qui uixit*
>
> *Dominus et Domina Dursley, que vivebant in aedibus Gestationis Ligustrorum numero quattor signatis, non sine supervia dicebant se ratione ordinária vivendi uti neque se paenitere illius rationis. in toto orbe terrarum vix credas quemquam esse minus deditum rebus novis et arcanis, quod ineptias tales omnio spernebat.* (Rowling, 2003, p. 1, tradução de Peter Needham)

---

\* Interessante notar que a forma *Harrius* traz a terminação -*us*, comum aos substantivos próprios masculinos do latim, como *Marcus, Titus, Gaius* e *Caius*.

Capítulo 1 – O menino que sobreviveu

O Sr. e a Sra. Dursley, da rua dos Alfeneiros, nº 4, se orgulhavam de dizer que eram perfeitamente normais, muito bem, obrigado. Eram as últimas pessoas no mundo de que se esperaria que se metessem em alguma coisa estanha ou misteriosa, porque simplesmente não compactuavam com esse tipo de bobagem. (Rowling, 2000, p. 7)

Leia novamente o início dos textos e veja se você consegue deduzir quais palavras em latim significam "senhor e senhora", "viviam" e "quatro". Temos aqui a resposta:

- *dominus et domina*: senhor e senhora;
- *vivebant*: viviam;
- *quattor*: quatro.

Vamos pensar em outras situações que nos colocam em contato com o latim ainda hoje:

- nomenclatura científica: *canis familiaris* (cachorro);
- tabela periódica: Pb, o elemento chumbo, derivado de *plumbum*, em latim;
- marcas de produtos: *Fiat lux* (Faça-se a luz), marca de palito de fósforos;
- trechos da missa católica: *Pater noster, quis es in caelis...* (Pai Nosso, que estais no céu...)*.

Como você pode notar pelos exemplos apresentados, o estudo do latim não é importante só como forma de resgate da

---

* Uma busca na internet pelas orações em latim levará rapidamente aos originais de Pai Nosso, Ave Maria, Santo Anjo, entre outras.

história da língua portuguesa, mas também como meio para entender seus usos atuais em diferentes contextos.

A seguir, veremos como é a pronúncia do latim, para que você se familiarize com os sons dessa língua e possa praticá-los na leitura dos textos que examinaremos ao longo dos capítulos.

umpontoquatro
# Pronúncias

No Brasil, são principalmente utilizadas três tipos de pronúncias do latim: a tradicional portuguesa, a eclesiástica e a restaurada ou reconstruída. Você pode ouvir a palavra *Caesar* de três formas diferentes:

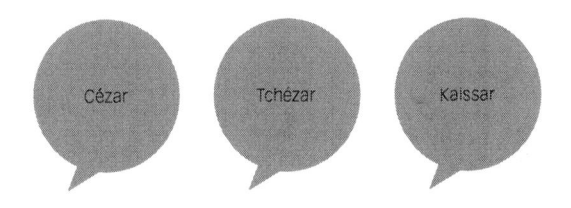

> Cézar    Tchézar    Kaissar

A primeira seria a **portuguesa**, mais parecida com o português, com o *c* com som de "ss" e o *s* com som de "z" entre vogais: "Cézar".

A segunda forma é a da pronúncia **eclesiástica**, utilizada na Igreja e muito parecida com o italiano, com o *c* com som de "tch": "Tchézar".

A terceira forma é a da pronúncia reconstruída, reconstituída ou restaurada. Seria como, muito provavelmente, os falantes de latim pronunciavam *Caesar*, com o *c* tendo som de "k" e o *s* com som de "ss": "Kaissar". A pronúncia **reconstruída** é uma hipótese entre os linguistas, baseados em estudos científicos de diversas fontes, de como o latim seria falado na época clássica. É a pronúncia que se utiliza na academia, no mundo todo, entre os estudiosos da língua e também a que vamos adotar aqui.

### 1.4.1 Pronúncia reconstruída

Observe as principais características da pronúncia reconstruída, também chamada de *restaurada* ou *clássica*:

- As vogais e as consoantes devem ser pronunciadas de modo distinto, sem nasalizações.
- Leem-se os ditongos *-ae* e *-oe*, respectivamente, como *ai* e *oi*: *aedis* [aidis]; *poena* [poina].
- O *c* pronuncia-se sempre como "k", ainda que esteja antes das vogais *-e* ou *-i*: *Cicero* [kikero]. O dígrafo *ch* é pronunciado como "k": *pulcher* [pulker].
- O *g* é uma consoante gutural, nunca tendo o som de *j* (jota): *leges* [leges] é lido como "legues", e não como leríamos em português, "lejes". No grupo *gn*, pronunciam-se ambas as consoantes: *ignis* é lido "íguinis".
- No início ou no meio das palavras, o *h* é levemente aspirado, como o som inicial de palavras no inglês, como *hot*, embora haja indícios de que, na época clássica, não era mais pronunciado: *habeo*.

- A letra *j* não existia em latim clássico; quando presente nos textos, deve ser pronunciada como a letra *i*: *iustitia* [iustitia].
- O *l* não tem som de "u", mesmo em final de palavra ou sílaba: *consul* [consul].
- O *m* e o *n* finais nunca ditongam a vogal anterior, ou seja, não há sons vocálicos ou vogais nasalizadas: *filiam* [filiam]; *flumen* [flumen].
- No grupo *qu*, leem-se ambas as letras: *quis* [kwis].
- O *r* é uma vibrante rolada [r], como em alguns dialetos do sul do Brasil.
- O *s* sempre tem um som surdo, mesmo quando entre vogais: *rosa* é lido como no português "roça"; *causa*, como "calça".
- O *t* conserva sempre o som próprio, como em "tábua", mesmo antes de *-i*: *ratio*.
- O *v* tem valor de "u" e sempre se pronuncia como vogal:
- *civitas* [kiwitas]; Vrbanus [urbanus]*.
- O *x* tem som de "ks": *dux* [duks]; *rex* [reks].
- O *y* é pronunciado como o "u" francês [y]: *Syria* [Syria].
- O *z* tem a pronúncia de "dz": *zeugma* [dzeugma].
- As palavras com *ch*, *ph*, *th*, *y* e *z*, como *chorus* (coro), *philosophus* (filósofo), *theatrum* (teatro), *Syria* (Síria) e *zeugma* (zeugma), são de origem grega e pronunciadas com uma leve aspiração. O *ph* não tem som de "f": *philosophus*.

---

* O *v* não era pronunciado como em português. Em suas ocorrências nas palavras, será sempre pronunciado como "u". Na grafia, o *u* maiúsculo é apresentado com a forma de *V* e o minúsculo como *u*. Situação similar ocorre com o *j*, letra que não existia em latim clássico e sempre deve ser pronunciada com som de "i".

## 1.4.2 Sílaba, quantidade e acentuação

Para estudarmos a pronúncia do latim, precisamos saber que essa língua considera a quantidade de sílabas existentes, ou seja, a medida do tempo que se leva para pronunciá-las. Assim, muitos textos em latim são apresentados com os símbolos (¯) e (˘) nas palavras. Ambos são sinais diacríticos e referem-se ao tempo de enunciação de uma vogal ou sílaba, isto é, o tempo que levamos para pronunciá-las. O primeiro é chamado *mácron* (¯) e o segundo, *braquia* (˘). As vogais ou sílabas que apresentam mácron (¯) são longas e as que contêm braquia (˘) são breves. Cada vogal ou sílaba longa, comparada às breves, teria o dobro do tempo de duração para ser pronunciada: (¯) = (˘ ˘).

 São cinco as vogais em latim: *a, e, i, o, u*. No entanto, uma vez que elas podem ser longas ou breves, existem maneiras distintas de pronunciá-las: ā, ă, ē, ĕ, ī, ĭ, ō, ŏ, ū, ŭ*.

 O acento, marcação de intensidade na pronúncia, é determinado pela penúltima sílaba das palavras em latim. Todas as palavras têm acento** tônico na penúltima ou na antepenúltima sílaba (contando da direita para a esquerda), ou seja, as palavras são paroxítonas ou proparoxítonas. Não havia oxítonas em latim, salvo as palavras constituídas por uma única sílaba. Para acentuar uma palavra, devemos observar a penúltima sílaba:

---

* Acredita-se que as letras *e* e *o* longas teriam a pronúncia fechada: [ê] e [ô]. Quando breves, seriam abertas: [é] e [ó].

** Não se trata de acentos gráficos como os do português (agudo, circunflexo etc.), mas da intensidade na pronúncia.

- Palavras cuja penúltima sílaba é breve são proparoxítonas. Exemplo: *littĕra* (letra) pronuncia-se "lítera".
- Palavras cuja penúltima sílaba é longa são paroxítonas. Exemplo: *sagītta* (flecha) pronuncia-se "saguíta".

Uma sílaba é longa quando apresenta:

- uma vogal longa;
- um ditongo;
- uma vogal breve seguida de duas consoantes, desde que o grupo não contenha, como segunda consoante, ou a vibrante [r] ou a lateral [l];
- uma consoante dupla – *x* [ks].

Para o verso latino, a quantidade das sílabas era muito importante para a construção das sílabas poéticas e dos metros, esquemas rítmicos da poesia. Para analisarmos os poemas romanos, precisamos entender o conceito de *pé métrico*, que constitui um número estabelecido de sílabas poéticas que formam um verso. Para compor os textos, os poetas levam em consideração os pés, não as rimas que podem formar. Os pés são constituídos por uma alternância padrão dos tempos para se efetivar a pronúncia.

O metro canonicamente usado para a epopeia era chamado *hexâmetro datílico* e composto por seis pés métricos. Cada pé contém uma sequência de três sílabas poéticas, a primeira longa e as outras duas breves: : ( ¯ ˘ ˘ ).

Tente reproduzir o tempo do verso batendo os dedos sobre uma superfície: toda vez que for um tempo longo, procure fazê-lo com o dobro do tempo que levar para fazer o tempo breve:

$$- \smile \smile / - \smile \smile / - \smile \smile / - \smile \smile / - \smile \smile / - \smile *$$

Como cada sílaba longa corresponde a duas breves, podemos substituir, nesse metro, duas sílabas breves por uma longa. O quinto pé normalmente não sofre essa alteração.

## 1.4.3 Uso literário

Os autores romanos utilizavam a quantidade das sílabas para fins poéticos, a fim de traduzir, na forma, o conteúdo. Observe como trabalha Virgílio, na *Eneida*, ao descrever o Cíclope Polifemo**, machucado, atordoado e cego, após Ulisses ferir seu único olho.

Vejamos, primeiramente, a tradução do trecho em português:

> Nem acabava, e num cabeço vemos,
> Entre os gados movendo a vasta mole,
> O pastor Polifemo, às notas praias
> A descer; monstro horrendo, informe, ingente,
> A quem vazou-se o olho, e tenteando
> Num pinheiro esgalhado se abordoa.

---

* O último pé tem dois tempos, normalmente um longo e um breve.
** "Polifemo é também o nome do célebre Cíclope da *Odisseia*. É filho de Posídon e da ninfa Toosa, filha de Fórcis. A epopeia homérica apresenta-o como um gigante horrível e o mais selvagem de todos os Ciclopes. Vive da pastorícia e habita em uma caverna. Embora conheça o uso do fogo, devora carne crua; sabe o que é vinho, mas raramente o bebe e não se preocupa com o efeito da embriaguez" (Grimal, 2000, p. 384).

Grei lanosa o acompanha, o só deleite,
O alívio seu: do colo a flauta pende.
(Virgílio, 1958, p. 110-111, tradução de Manuel Odorico Mendes)

FIGURA 1.4 – POLIFEMO SENDO ATACADO POR ULISSES

Imagine a cena descrita e reflita sobre a imagem de Polifemo. Ele é um monstro gigante, pesado, está bêbado* e desesperado por ter acabado de ficar cego, saindo de sua caverna com raiva e procurando o responsável por sua desgraça.

---

* O episódio é um exemplo da inteligência de Ulisses, guerreiro protegido pela deusa da sabedoria, Minerva. Ulisses, para escapar da caverna, deixa o gigante bêbado com vinho, fura o olho do monstro com uma lança e foge com os companheiros agarrados na barriga das ovelhas de Polifemo, que, cego e com dor, não descobre a estratégia de fuga.

Vamos ver a descrição de Polifemo no texto virgiliano:

*pastorem Polyphemum et litora nota petentem,*
*monstrum horrendum, informe, ingens, cui lumen ademptum.*
*trunca manum pinus regit et vestigia firmat.* (Maro, 2020)

Você consegue identificar as palavras em latim para "pastor", "praia", "monstro" e "horrendo"? Note como são parecidas com os termos em português: *pastorem, litora, monstrum e horrendum.*

O pastor Polifemo, às notas praias
A descer; monstro horrendo, informe, ingente,
A quem vazou-se o olho, e tenteando
Num pinheiro esgalhado se abordoa.
(Virgílio, 1958, p. III, tradução de Manuel Odorico Mendes)

Lembre-se de que o metro canônico da epopeia é o hexâmetro datílico, composto por seis pés métricos, cada um formado por uma sílaba longa e duas breves. Veja a descrição de Polifemo nos versos escandidos e com os diacríticos mácron e braquia*:

*pāstō/rēm Pŏlў/phēmūm et/ lĭtŏră/ nōtă pĕ/tēntĕm,*
*mōnstrūm horr/ēndūm, in/fōrmē, in/gēns, cūi/ lūmĕn ă/dēmptŭm.*

Reparou que os versos possuem uma grande quantidade de sílabas longas? Como duas sílabas breves equivalem a uma longa, Virgílio optou por compor sua descrição utilizando-se desse recurso, o que resultou no seguinte esquema métrico:

---

* Note que a escansão considera a divisão em sílabas poéticas, e não a divisão silábica convencionada gramaticalmente.

```
- - / - ˘ ˘ / - - / - ˘ ˘ / - ˘ ˘ / - ˘
- - / - - / - - / - - / - ˘ ˘ / - ˘
```

Tente, agora, reproduzir o tempo dos versos virgilianos batendo os dedos sobre uma superfície. Percebeu como o ritmo deles parece mais "pesado"? Compare-os com a forma básica do hexâmetro:

```
- ˘ ˘ / - ˘ ˘/ - ˘ ˘ / - ˘ ˘ / - ˘ ˘ / - ˘
```

O que acarreta, na leitura, a repetição constante de sílabas longas? Percebeu como o ritmo dos versos virgilianos parece ficar cada vez mais lento? Virgílio usa as quantidades das sílabas para deixar a leitura lenta e pesada (plano da forma), condizente com a imagem do monstro gigante e cambaleante que está sendo descrito (plano do conteúdo). Esse é um belo exemplo da união poética entre forma e conteúdo, utilizando-se características prosódicas da língua.

umpontocinco
## Gênero épico

Um marco importante para a literatura romana é a tradução da *Odisseia* para o latim, feita por Lívio Andronico (285? a.C.-204? a.C.) por volta de 240 a. C. Embora a *Odisseia* seja uma epopeia grega escrita por Homero, sua tradução concede ao latim um atributo artístico, abrindo espaço para que outras obras possam ser escritas originalmente em latim e versem sobre temáticas romanas. Assim, a tradução propiciou o surgimento de outros poemas épicos, como os de Névio, Ênio e Virgílio. Na época de Nero, Lucano (39 d.C.-65 d.C) escreve *Farsália*, abandonando a tradição virgiliana, uma vez que não utiliza elementos mitológicos como personagens principais em seu poema. Segundo Zélia de Almeida Cardoso (2003a, p. 6),

> *Quando nos referimos à poesia épica somos levados, de imediato, a pensar no gênero a que se filiam as narrativas em verso que têm por assunto fatos heroicos vividos por personagens humanas excepcionais, manipuladas, de certa maneira, pelo poder dos deuses. A tradição grega é responsável por essa conceituação.*

O trecho sobre Polifemo está presente em *Eneida*, considerada a maior obra da literatura romana, a epopeia romana por excelência. De acordo com a tradição, em 29 a.C., Otávio Augusto solicitou a Virgílio a composição de um poema épico capaz de exaltar o espírito romano e o Império. A composição da obra se estendeu até 19 a.C. Por conter as premissas do que deveria ser um verdadeiro romano, chegou a ser incorporada ao currículo escolar. O texto traz o mito de Eneias, um troiano salvo antes de

Troia ser consumida pelo fogo no final da guerra, como narrativa central. A ela são acrescidos eventos históricos específicos que insinuam referências divinas a pessoas e acontecimentos. Eneias incorpora a vontade dos deuses e passa por cima de seus próprios sentimentos em busca de algo maior: fundar a nova Troia, ou seja, Roma. A obra é composta por 12 livros, sendo que os 6 primeiros fazem referência à *Odisseia* e os últimos, à *Ilíada*.

Ilustrativos do intuito de exaltar o espírito romano são os versos reproduzidos a seguir, referentes à ida de Eneias ao inferno, local em que se encontra com o pai, Anquises, já falecido. É ali que Eneias recebe o emblema do povo romano ao se confrontar com o passado e o futuro de Roma:

> Mas tu, Romano, aprimora-te na governância dos povos.
> Essas serão tuas artes e mais: leis impor e costumes,
> Poupar submissos e a espinha dos rebeldes e tercos.
> (Vergílio, 1993, p. 134, tradução de Carlos Alberto Nunes)

Para ilustrar o excerto, é possível citar a saída de Eneias de Troia com os penates*: ele carrega o pai (Anquises) nos ombros e tem o filho (Ascânio), ainda criança, ao seu lado. Interpretando tal gesto, vemos a importância dos antepassados, cujos valores herdamos (carregar o pai nos ombros), e dos descendentes, a quem transmitiremos os mesmos valores (o filho ao lado).

---

* Deuses protetores de uma casa ou de um Estado.

Figura 1.5 – Estátua de Eneias, Anquises e Ascânio, Galeria Borghese, em Roma, Itália

Vamos ler os primeiros versos da *Eneida*, livro i, versos i-xi (Maro, 2020, grifo nosso):

*Arma virumque canō, Trōiae quī prīmus ab ōrīs*
*Ītaliam, fātō profugus, Lāvīniaque vēnit*
*lītora, multum ille et terrīs iactātus et alto*
*vī superum saevae memorem Iūnōnis ob īram;*
*multa quoque et bellō passūs, dum conderet urbem,*
*inferretque deōs Latiō, genus unde Latīnum,*
*Albānīque patrēs, atque altae moenia Rōmae.*

*Mūsa, mihī causās memorā, quō nūmine laesō,*
*quidve dolēns, rēgīna deum tot volvere cāsūs*
*īnsīgnem pietāte virum, tot adīre labores*
*impulerit. Tantaene animīs caelestibus īrae?*

Observe, agora, duas traduções para o português.

1. Tradução de Manuel Odorico Mendes (Virgílio, 1958, p. 41-42, grifo nosso)

> Eu, que entoava na delgada avena
> Rudes canções, e egresso das florestas,
> Fiz que as vizinhas lavras contentassem
> A avidez do colono, empresa grata
> Aos aldeãos; de Marte ora as horríveis
> **Armas canto, e o varão que, lá de Troia**
> Prófugo, à Italia e de Lavino às praias
> Trouxe-o primeiro o fado. Em mar e em terra
> Muito o agitou violenta mão suprema,
> E o lembrado rancor da seva Juno;
> Muito em guerras sofreu, na Ausônia quando
> Funda a cidade e lhe introduz os deuses:
> Donde a nação latina e albanos padres,
> E os muros vem da sublimada Roma.
> **Musa, as causas me aponta, o ofenso nume,**
> Ou por que mágoa a soberana deia
> Compeliu na piedade o herói famoso
> A lances tais passar, volver tais casos.
> Pois tantas iras em celestes peitos!

2. Tradução de Carlos Alberto Nunes (Vergílio, 1993, p. 9, grifo nosso):

> **As armas canto e o varão que, fugindo das plagas de Troia**
> por injunções do Destino, instalou-se na Itália primeiro
> e de Lavínio nas praias. A impulso dos deuses por muito
> tempo nos mares e em terras vagou sob as iras de Juno,
> guerras sem fim sustentou para as bases lançar da Cidade
> e ao Lácio os deuses trazer – o começo da gente latina,
> dos pais albanos primevos e os muros de Roma altanados.
>
> **Musa! recorda-me as causas da guerra, a deidade agravada;**
> por qual ofensa a rainha dos deuses levou um guerreiro
> tão religioso a enfrentar sem descanso esses duros trabalhos?
> Cabe tão fero rancor no imo peito dos deuses eternos?

O trecho diz respeito ao tema do poema, o que será cantado: as guerras e o varão (homem), Eneias, e seus desafios para fundar Roma. Repare que isso já é dito no primeiro verso: *arma* (as armas, ou seja, as guerras); *uirumque* (*uir*, em latim, significa "homem", "pessoa do sexo masculino", podendo ser usado também para designar "marido*"); o *que* (*uirumque*) está aqui com a função da conjunção *e*; *cano* (eu canto).

Na segunda estrofe, há a invocação à musa: *Mūsa, mihī causās memorā, quō numine laeso*. Observe os dois versos em negrito no texto virgiliano em latim, bem como os das traduções, e veja como cada tradutor os traz para o português.

Compare as duas traduções e verifique as diferenças que saltam aos olhos em uma primeira leitura em relação:

---

* A raiz da palavra é a mesma presente nos termos "viril", "virilidade".

- ao vocabulário;
- ao comprimento dos versos;
- à fluência de leitura;
- ao entendimento dos dois trechos.

Qual das traduções você apreciou mais? Por quê? Veja a seguir algumas informações sobre cada uma delas e verifique se estão de acordo com suas primeiras impressões. A tradução de Manuel Odorico Mendes foi publicada na França, em 1858. A de Carlos Alberto Nunes data de 1981. Ambas são traduções poéticas, levando em consideração, por exemplo, os efeitos de sentido provocados pelo metro romano. Traçando um paralelo entre elas, notamos que a versão de Odorico Mendes é composta de termos rebuscados e neologismos. A sintaxe está a serviço da tradução poética da obra virgiliana, trazendo para o português os efeitos de ritmo e ordem expressiva dos versos latinos. Com esse intuito, o hexâmetro datílico do original foi vertido em decassílabos heroicos*.

A tradução de Carlos Alberto Nunes**, por sua vez, utiliza versos de 16 sílabas poéticas, deixando-a com uma estrutura mais próxima da prosa em relação à tradução de Odorico. Nunes busca reproduzir a sequência da alternância de sílabas longas

---

* A Universidade Estadual de Campinas (Unicamp), com apoio da Fundação de Amparo à Pesquisa do Estado de São Paulo (Fapesp), desenvolveu um importante estudo sobre a tradução de Manuel Odorico Mendes. A publicação *Eneida brasileira em versão bilíngue* é fruto desse trabalho (Virgílio, 2016).

** Há uma reedição bilíngue da tradução de Carlos Alberto Nunes organizada e anotada por João Angelo de Oliva Neto, professor da Universidade de São Paulo (USP), tradutor do *Livro de Catulo* e da *Priapeia* grega e romana (Virgílio, 2014).

e breves ( ¯ ˘ ˘ ) do hexâmetro, procurando vertê-las em tônicas e átonas para o português.

Virgílio está presente em obras importantes da tradição épica. É o caso de *Os Lusíadas*, de Camões, obra que é considerada pela tradição como a maior da língua portuguesa.

Vejamos os versos 1-24 do canto I da obra de Camões (2020, grifo nosso):

> **As armas e os barões assinalados,**
> Que da ocidental praia Lusitana,
>
> Por mares nunca de antes navegados
> Passaram ainda além da Taprobana,
> Em perigos e guerras esforçados
> Mais do que prometia a força humana,
> E entre gente remota edificaram
> Novo Reino, que tanto sublimaram;
>
> E também as memórias gloriosas
> Daqueles Reis, que foram dilatando
> A Fé, o Império, e as terras viciosas
> De África e de Ásia andaram devastando,
> E aqueles, que por obras valerosas
> Se vão da lei da morte libertando;
> Cantando espalharei por toda parte,
> Se a tanto me ajudar o engenho e arte.
>
> **Cessem do sábio Grego e do Troiano**
> As navegações grandes que fizeram;
> Cale-se de Alexandro e de Trajano
> A fama das vitórias que tiveram;
> Que eu canto o peito ilustre Lusitano,
> A quem Neptuno e Marte obedeceram:
> **Cesse tudo o que a Musa antiga canta,**
> Que outro valor mais alto se alevanta.

Agora, faça uma comparação com os versos i-xi do canto I da *Eneida* (Vergílio, 1993, p. 9, grifo nosso, tradução de Carlos Alberto Nunes):

> **As armas canto e o varao que, fugindo das plagas de Troia**
> *por injunções do Destino, instalou-se na Itália primeiro*
> *e de Lavínio nas praias. A impulso dos deuses por muito*
> *tempo nos mares e em terras vagou sob as iras de Juno,*
> *guerras sem fim sustentou para as bases lançar da Cidade*
> *e ao Lácio os deuses trazer – o começo da gente latina,*
> *dos pais albanos primevos e os muros de Roma altanados.*
>
> **Musa! recorda-me as causas da guerra, a deidade agravada;**
> por qual ofensa a rainha dos deuses levou um guerreiro
> tão religioso a enfrentar sem descanso esses duros trabalhos?
> Cabe tão fero rancor no imo peito dos deuses eternos?

Assim como Virgílio e seguindo a estrutura do gênero épico, Camões começa sua epopeia expondo o tema do poema e, posteriormente, invoca a Musa, que o ajudará a contar os feitos dos portugueses. O primeiro verso é inegavelmente uma alusão a Virgílio.

Para caracterizarem sua obra como pertencente a determinado gênero, é comum que os poetas citem autores ou trechos de textos canonicamente representantes da mesma tradição. Podem fazê-lo, também, com o intuito de se colocarem ao lado deles ou de se mostrarem até melhores. Como o poeta faz isso?

Observe os versos 17-24 do canto I de *Os Lusíadas* (Camões, 2020):

> Cessem do sábio Grego e do Troiano
> As navegações grandes que fizeram;
> Cale-se de Alexandro e de Trajano

> A fama das vitórias que tiveram;
> Que eu canto o peito ilustre Lusitano,
> A quem Neptuno e Marte obedeceram:
> Cesse tudo o que a Musa antíga canta,
> Que outro valor mais alto se alevanta.

Eles pedem para que tudo o que já foi cantado acerca de grandes feitos de grandes heróis, como os gregos e os troianos, seja esquecido em nome de um feito e de heróis maiores: os lusitanos. A alusão aos gregos tem a função de fazer referência a outras obras de gênero épico: a *Ilíada* e a *Odisseia*, de Homero. A alusão aos troianos remete à *Eneida*, uma vez que Eneias era troiano.

Assim como Camões, Dante Alighieri também retoma Virgílio em *A divina comédia*, um dos textos fundadores da língua italiana, escolhendo-o como guia para sua jornada pelo inferno e pelo purgatório. Vejamos os trechos a seguir, que integram o livro I – *Inferno*:

> Quando eu já para o vale descaído,
> tombava, à minha frente um vulto incerto
> que por longo silêncio emudecido
> parecia, irrompeu no grão deserto:
> "Tem piedade de mim", gritei-lhe então,
> "Quem quer que sejas, sombra ou homem certo".
> E ele me respondeu: "Homem já não,
> homem eu fui, e foi de pais lombardos,
> mantuanos ambos, minha gerção.
> Nasci *sub Julio*, inda que em tempos tardos,
> e vivi em Roma sob o bom Augusto,
> e os dolosos de então deuses bastardos.

> Poeta fui, cantei aquele justo
> filho de Anquise, de Troia a volver,
> quando o soberbo Ilio foi combusto.
> (Alighieri, 2004, p. 61-75, tradução de Italo Eugenio Mauro)

> "És tu aquele Virgílio, aquela fonte
> que expande do dizer tão vasto flume?"
> respondi eu com vergonhosa fronte,
> "Ó de todo poeta honor e lume,
> valha-me o longo estudo e o grande amor
> que me fez procurar o teu volume.
> Tu és meu mestre, tu és meu autor,
> foi só de ti que eu procurei colher
> o belo estilo que me deu louvor.
> (Alighieri, 2004, p. 79-87, tradução de Italo Eugenio Mauro)

A alusão a Virgílio como guia insere Dante em uma tradição épica, mostrando que a obra deste último tem influência direta de seu mestre literário.

## Síntese

Se você não tinha estudado latim antes, neste capítulo teve um primeiro contato com essa língua, entendendo um pouco de sua história e importância.

Diferenciamos o latim clássico, utilizado por autores em obras literárias, do latim vulgar, efetivamente usado nas trocas sociais entre os falantes e que serviu de fonte para as línguas românicas.

Mostramos as características do alfabeto latino e algumas das principais pronúncias empregadas em diferentes contextos.

Vimos a prosódia do latim e o fato de essa língua levar em consideração a quantidade das sílabas. Assim, as sílabas ou as vogais podem ser longas ou breves, marcadas, respectivamente, com os sinais mácron (¯) e braquia (˘). Essa característica da língua é importante para a poesia. Trabalhamos, também, o gênero épico, cujo maior representante na literatura latina foi Virgílio e sua obra *Eneida*.

É importante que você entenda que o latim é utilizado em muitos contextos ainda hoje. Procure perceber, sempre que puder, como essa língua e sua cultura estão presentes em nosso dia a dia!

## Indicações culturais

POMPEIA. Direção: Paul W. S. Anderson. EUA/Alemanha/Canadá: Constantin Film Produktion/Summit Entertainment, 2014.

O filme é inspirado na história de Pompeia, destruída em decorrência de uma erupção do vulcão Vesúvio em 79 a.C. em meio a uma nuvem de cinzas, rochas e fumaça. Retrata também a dominação romana sobre os povos celtas da Europa Ocidental e a transformação de capturados em escravos gladiadores.

USPFFLCH – Faculdade de Filosofia, Letras e Ciências Humanas da USP. Estudos Clássicos em dia. Disponível em: <https://www.youtube.com/playlist?list=PL-AoPPdfxKswp-0-ZagXiGXs6zKZIaKqq>. Acesso em: 30 abr. 2020.

Esse é um canal do Youtube que apresenta uma série de vídeos em que especialistas debatem a Antiguidade greco-latina, refletindo sobre essa cultura e sua influência nos dias de hoje.

THE LATIN LIBRARY. Disponível em: <https://www.thelatinlibrary.com>. Acesso em: 30 abr. 2020.

O *site* é uma fonte para pesquisa de textos em latim, já que dispõe de grande variedade de autores e abrange diferentes gêneros textuais de épocas distintas.

## Atividades de autoavaliação

1. A respeito da língua latina, considere as afirmativas a seguir:
   I. Apresentava variações a depender da região, da classe social e do nível de instrução.
   II. Só era usada em documentos e obras literárias.
   III. Na Idade Média, ainda tinha falantes nativos.
   IV. Deu origem às línguas neolatinas, como o português, o italiano, o espanhol e o francês.

   Estão corretas as afirmativas:
   a. I e III.
   b. II, III e IV.
   c. III e IV.
   d. I e IV.
   e. II e III.

2. Sobre a pronúncia do latim, considere as afirmativas a seguir e marque V (verdadeiro) ou F (falso):
   (   ) Existem três pronúncias: a tradicional portuguesa, a eclesiástica e a restaurada (ou reconstruída).
   (   ) A pronúncia tradicional portuguesa é muito parecida com a pronúncia do italiano.

( ) A pronúncia reconstruída é uma hipótese que os linguistas têm do que seria o latim falado na época do latim clássico.

( ) Na pronúncia reconstruída, o *c* tem som de "ss" e o *s* tem som de "z" entre vogais. Por isso, nesse caso, lemos "César", exatamente como leríamos em português.

Agora, assinale a alternativa que indica a sequência correta:

a. V, V, F, F.
b. F, V, V, V.
c. V, F, V, F.
d. V, F, V, V.
e. F, F, V, V.

3. Sobre a obra *Eneida*, leia as afirmativas a seguir e marque a correta:

a. Pertence ao gênero romance.
b. Seu autor é Camões.
c. Narra a história de Aquiles, na Guerra de Troia.
d. Conta a viagem de Eneias, que sai de Troia à procura de uma nova pátria.
e. Foi escrita no século V a.C., período arcaico da literatura latina.

4. Considere a oração Pai Nosso em latim e a versão para o português. Leia as afirmativas a seguir e marque V (verdadeiro) ou F (falso):

| Em latim | Em português |
|---|---|
| Pater noster, qui es in caelis sanctificetur nomen tuum, adueniat regnum tuum, fiat voluntas tua, sicut in caelo et in terra. | Pai nosso, que estás nos céus, santificado seja o teu nome, venha o teu Reino; seja feita a tua vontade, assim na terra como no céu. |
| Panem nostrum cottidianum da nobis hodie et dimitte nobis debita nostra, sicut et nos dimittimus debitoribus nostris et ne nos inducas in temptationem, sed libera nos a malo. Amen. (Furlan, 2006, p. 172) | Dá-nos hoje o nosso pão de cada dia. Perdoa as nossas dívidas, assim como perdoamos aos nossos devedores e não nos deixes cair em tentação, mas livra-nos do mal. Amém. |

( ) A expressão *in caelis* equivale a "nos céus" em português.
( ) O termo *cottidianum* equivale à expressão portuguesa "de cada dia".
( ) A palavra *debitoribus* é traduzida para o português como "dívidas".
( ) As palavras *noster* e *nostrum* foram traduzidas por "nosso".

Agora, assinale a alternativa que indica a sequência correta:
a. V, V, F, F.
b. F, V, V, V.
c. V, V, F, V.
d. V, F, V, V.
e. F, F, V, V.

5. Sobre os grafites de Pompeia, considere as afirmativas a seguir e marque V (verdadeiro) ou F (falso):

( ) Apresentam temática ligada ao cotidiano da cidade, como jogos de gladiadores.
( ) Fazem uso de recursos artísticos e estilísticos.
( ) Não têm relevância para os estudos do latim vulgar.
( ) Citam trechos de grandes autores romanos, como Virgílio.

Agora, assinale a alternativa que indica a sequência correta:
a. V, V, F, V.
b. F, V, V, V.
c. V, F, V, F.
d. V, F, V, V.
e. F, F, V, V.

## Atividades de aprendizagem

Questões para reflexão

1. Considere as seguintes afirmações sobre o latim clássico:
   I. É a variante linguística usada pela população em geral e que deu origem às línguas românicas.
   II. Corresponde ao conjunto de textos em latim usado em celebrações da Igreja Católica.
   III. É a variante culta do latim utilizada por escritores no século I a.C. em obras literárias.

   Reflita acerca dessas asserções. Você concorda com todas elas? Justifique.

2. Em consulta a diversos textos acadêmicos, você vai deparar-se com termos em latim, como *apud*. A fim de realizar um exercício de identificação, escolha algum trabalho de um tema que lhe interesse e, durante a leitura, destaque os termos latinos, tentando compreender seu significado e/ou função na sentença.

## Atividade aplicada: prática

1. Tente identificar, em sua rotina diária, usos contemporâneos do latim em inscrições, expressões, marcas, *slogans* etc. Anote os termos encontrados e tente deduzir seu sentido pelo contexto em que estão inseridos (fachada de uma igreja, rótulos de produtos, especialidade médica, documentos jurídicos, livros etc.). Ao final dos estudos, volte às suas anotações e tente traduzir os textos selecionados.

{

| um | História, pronúncia e usos da língua latina e o gênero épico |
| # **dois** | **Sistema nominal latino e o gênero romance** |
| três | Sistema verbal do latim e o gênero lírico |
| quatro | Adjetivos, aspectos verbais, tempo pretérito e o gênero trágico |
| cinco | Pronomes latinos e o gênero cômico |
| seis | Futuro do presente, palavras indeclináveis e a obra de Cícero |

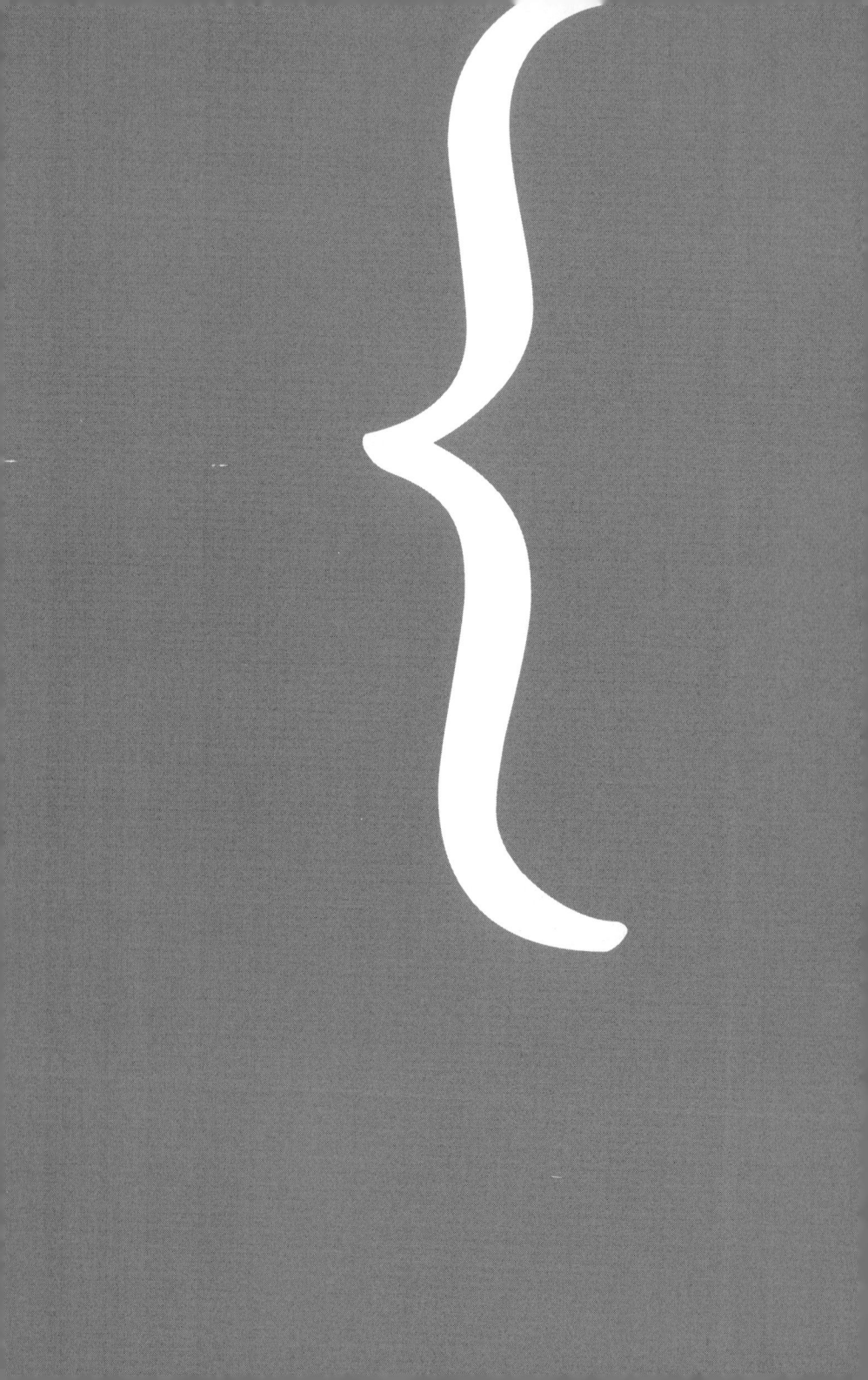

❰ NESTE CAPÍTULO, INICIAREMOS os estudos de gramática latina, com atenção especial ao sistema nominal. Veremos as características do funcionamento dos nomes na língua latina, comparando-a com o português.

Antes de começar, realize a leitura do trecho a seguir, retirado da obra *Satyricon*, de Petrônio (século I d.C.). Você é capaz de perceber uma crítica ou ironia a uma determinada profissão neste trecho? Tente localizar palavras que são familiares.

> *ego, inquit, poeta sum et, ut spero, non humillimi spiritus, si modo coronis aliquid credendum est, quas etiam ad imperitos deferre gratia solet. 'quare ergo, inquis, tam male vestitus es?' propter hoc ipsum. amor ingenii neminem unquam divitem fecit.* (PETRONIVS, 2020, cap. LXXXIII)

Provavelmente, você deve ter considerado – pelo menos – duas palavras nesta primeira leitura: *poeta* e *amor*.

Essas palavras são substantivos e chegaram ao português sem modificações. Contudo, o funcionamento dos substantivos na língua latina é diferente do funcionamento das mesmas palavras no português, a começar pela forma como aparecem no dicionário.

No dicionário de português, encontraremos as palavras exatamente assim, como escritas anteriormente. Num dicionário de latim, verificaremos as seguintes formas:

- *poeta, -ae;*
- *amor, -oris.*

Mas o que isso significa? É o que veremos ao longo deste capítulo.

Em primeiro lugar, é importante que você saiba que todo substantivo em latim é apresentado dessa maneira. O que aparece após a vírgula é muito importante, pois revela a que grupo de substantivos ele pertence. E isso fará toda a diferença em seu uso.

Antes de apresentarmos os grupos de substantivos, vamos descrever como ocorre o funcionamento das palavras nas sentenças em latim, comparando-o com o português.

> ## Curiosidade
>
> Como um dos temas de *Satyricon* aponta para a poesia, aproveitemos a oportunidade para ver uma representação daquele que era considerado o deus das artes: Apolo, o belo deus do Sol. Ele é filho de Zeus e Leto e irmão gêmeo de Ártemis, considerada a personificação da Lua. Depois de matar a serpente Píton, Apolo instituiu seu oráculo em Delfos. Nesse local eram festejados os Jogos Píticos em honra ao animal morto. A pitonisa, sacerdotisa de Apolo, proferia os oráculos sentada sobre o couro de Píton.
>
> De acordo com Grimal (2000, p. 34),
>
>> Era como deus da arte e da música e da poesia que Apolo era representado sobre o monte Parnasso, onde presidia aos jogos das Musas. Os seus oráculos eram geralmente expressos em fórmulas versificadas e passava por inspirar tanto os adivinhos como os poetas.
>
> Contam os relatos mitológicos que Hermes, recém-nascido, roubou o rebanho de Apolo, que então se viu no direito de reivindicar a posse de seus bens. Porém, quando viu a lira que Hermes havia inventado, ficou tão maravilhado, que trocou seus bois pelo instrumento. Outra narrativa envolvendo os irmãos conta que Apolo comprou a flauta de Hermes com o caduceu e ensillou-lhe a arte da adivinhação.

FIGURA 2.1 – FEBO, DEUS ROMANO EQUIVALENTE AO GREGO APOLO, CONSIDERADO O DEUS DAS ARTES, DA MÚSICA E DA POESIA

doispontoum
# Sistema nominal: introdução aos casos

Em português, o sentido de uma sentença é determinado pela ordem em que as palavras são inseridas. A sentença "O homem vê o menino" significa algo totalmente diferente de "O menino vê o homem", e isso acontece porque as palavras aparecem em ordens diferentes.

Para deixarmos esse aspecto mais claro, vamos recorrer à análise sintática. Na primeira sentença, "o homem" é o sujeito do verbo "ver", portanto é quem pratica a ação: o homem é quem está olhando para o menino. Nessa mesma sentença, "o menino" é objeto direto, ou seja, complemento direto do verbo "ver".

No segundo caso, a cena muda: "o menino" é o sujeito do verbo "ver" e, portanto, é quem pratica a ação: agora, o menino está olhando para o homem, que, por sua vez, é o objeto do verbo. Perceba também que, nas duas sentenças, as palavras "homem" e "menino" estão escritas da mesma forma, estando elas na posição de sujeito ou de objeto. Parece um tanto óbvio, não é mesmo? Talvez nem atentemos a esses detalhes porque estamos muito acostumados com a ordem do português: sujeito – verbo – complemento.

Todavia, em latim, a ordem das palavras tem menor importância, pois cada uma delas já sinaliza sua função sintática, isto é, se é sujeito, objeto etc., uma vez que a terminação* de cada qual revela a função desempenhada.

Para uma melhor compreensão, veja como ficariam as duas sentenças em latim:

> *uir uidet puerum.* (O homem vê o menino.)
> *puer uidet uirum.* (O menino vê o homem.)

Percebeu como as formas para "homem" e "menino" são escritas de maneira diferente em cada uma das sentenças? Isso acontece porque a terminação é que vai indicar sua função sintática. Assim, *uir* é sujeito e *uirum* é objeto direto; *puer* é sujeito

---

* No momento, usaremos a palavra *terminação*. Os conceitos de *radical*, *tema* e *desinências* serão estudados no decorrer do livro.

e *puerum* é objeto direto. Isso quer dizer que, se escrevermos a sentença em qualquer ordem, ela terá o mesmo significado básico:

> *uir puerum uidet.*
> *uir uidet puerum.*
> *puerum uir uidet.*
> *puerum uidet uir.*
> *uidet uir puerum.*
> *uidet puerum uir.*

Todas essas construções significam, basicamente, a mesma coisa: "O homem vê o menino."

Agora, se quisermos dizer que o menino vê o homem, também existirão várias formas possíveis no que se refere à ordem das palavras, mas cada uma delas permanecerá com a mesma terminação, pois é ela quem indicará que "o menino" é o sujeito e "o homem" é o objeto direto, complemento do verbo.

> *puer uirum uidet.*
> *puer uidet uirum.*
> *uirum puer uidet.*
> *uirum uidet puer.*
> *uidet puer uirum.*
> *uidet uirum puer.*

É importante, a partir de agora, que você tenha um olhar mais atento à terminação do que à ordem, pois, se levar em consideração somente a posição das palavras na sentença, correrá um grande risco de fazer interpretações equivocadas. Apesar de o verbo, geralmente, vir ao final das sentenças em latim, os termos podem aparecer em qualquer ordem. As sentenças terão o mesmo sentido básico, no entanto podem apresentar diferentes nuances quando a ordem mais comum é alterada, dando ênfase a um determinado termo. Como não estamos acostumados com essa dinâmica no português, devemos prestar muita atenção a esse aspecto!

O nome dado a cada forma dessas palavras também difere da nomenclatura em português. O que entendemos por *sujeito*, no português toma a forma do nominativo no latim. Então, *uir* e *puer* são formas de nominativo, isto é, têm terminações que correspondem ao sujeito da oração.

O **nominativo** é um dos seis casos do latim. Na língua latina, os casos correspondem às funções sintáticas que aprendemos quando estudamos a gramática do português. O outro caso que apareceu nos dois exemplos anteriores é o **acusativo**, que corresponde ao objeto direto: *uirum* e *puerum*.

Os seis casos do latim aparecem em substantivos, adjetivos e pronomes latinos e são os seguintes: (1) nominativo; (2) acusativo; (3) vocativo; (4) genitivo; (5) dativo; e (6) ablativo. Na sequência, vamos examinar as especificidades de todos os casos do latim.

## 2.1.1 Nominativo

O nominativo corresponde ao sujeito de uma sentença e ao complemento do verbo *sum*, que é o verbo "ser, existir, haver", muito utilizado. No português, chamamos o complemento do verbo "ser" de *predicativo do sujeito*. Portanto, se encontrarmos uma palavra com terminação de nominativo numa sentença em latim, ela será o sujeito de um verbo ou o predicativo do sujeito (complemento do verbo "ser"). Por exemplo: a sentença "A menina é bonita", em latim, seria escrita com dois nominativos: a palavra "menina" – *puella* – em forma de nominativo e a palavra "bonita" – *pulchra* – também com terminação de nominativo. Ficaria da seguinte forma:

> *puella pulchra est.*

E, como vimos, já que a ordem não é o mais importante, ela poderia também ser escrita assim:

> *pulchra est puella.*
> *puella est pulchra.*
> *pulchra puella est.*

Voltando ao texto inicial de Petrônio, ambas as formas que aparecem no trecho são assim escritas porque estão no caso nominativo. No caso de "poeta", a palavra tem a função de predicativo do sujeito ("Eu sou **poeta**"), ou seja, é complemento do verbo *sum*; no caso de "amor", o termo exerce a função de sujeito na sentença, ou seja, é sujeito do verbo *fecit* ("**O amor** às letras jamais fez alguém rico").

Observe a tradução de Marcos Santarrita (Petrônio, 1981, p. 112, grifo nosso) para esses trechos:

> *ego, inquit, poeta sum*
> (Eu sou poeta – disse-me)
> *amor ingenii neminem unquam divitem fecit.*
> (O amor às letras jamais enriqueceu pessoa alguma.)

Agora é mais fácil perceber que "o amor" funciona como sujeito do verbo "enriquecer" e que "poeta" é predicativo do sujeito, uma vez que se comporta como complemento de um sujeito já existente – o "eu" – e completa o sentido do verbo "ser".

## 2.1.2 Acusativo

O caso acusativo corresponde ao objeto direto de um verbo. Ele denota a pessoa ou coisa sobre a qual se exerce a ação: "O homem viu o menino".

Quando encontramos um verbo de ação em uma sentença, como o verbo "ver" no exemplo citado, precisamos pensar:

+ Quem viu? O que foi visto?

A resposta para a primeira pergunta será o sujeito; para a segunda, o objeto direto. Em latim, serão o nominativo e o acusativo, respectivamente. Isso acontece com verbos que denotam ação, pois vimos que, no caso do verbo *sum* (ser, existir, haver), seu complemento será um nominativo.

Vejamos outros exemplos de acusativo:

> *puellas uir uidet.* (O homem vê as meninas.)
> O termo "as meninas" é objeto direto da forma verbal "vê".
> *mater filiam uocat.* (A mãe chama a filha.)
> O termo "a filha" é objeto direto da forma verbal "chama".

Por enquanto, não se preocupe com singular ou plural ou em decorar as terminações para cada caso, pois isso vai depender de inúmeros fatores. Aos poucos, você vai assimilando o que é necessário saber para melhorar sua compreensão da língua.

## 2.1.3 Vocativo

O caso vocativo é usado quando nos dirigimos a alguém, quando chamamos uma pessoa. Por exemplo:

> *Salue, magistra!* (Olá, professora!)

A forma *magistra* corresponde ao vocativo e é usada somente para a situação mencionada, a de chamar alguém. Em português, utilizamos o vocativo (o nome é o mesmo) para chamar alguém ou, por exemplo, quando escrevemos um *e-mail*, como em:

> Olá, **Pedro!**

"Pedro" é o vocativo, e ele sempre deve ficar isolado por uma vírgula.

## 2.1.4 Genitivo

O caso genitivo não tem um correspondente exato no português. Geralmente é empregado para indicar posse ou origem e frequentemente o traduzimos utilizando a preposição "de". Veja o exemplo:

> *liber uiri* (o livro do homem)

A forma *uiri* corresponde ao genitivo. A forma de nominativo (*puellas uir uidet*) nós já vimos, você lembra?

Traduzimos *uir* por "o homem", enquanto *uiri* deve ser traduzido por "do homem". Se você já estudou inglês, deve recordar que a forma *'s* apresenta exatamente a mesma ideia (posse, pertencimento): *child's toy* (o brinquedo da criança).

Veja outros exemplos de palavras em latim no caso genitivo:

> *poetae familia* (a família do poeta)
> *feminae domus* (a casa da mulher)

Como você pode perceber, todos os exemplos funcionam com base na mesma ideia de posse e, se traduzidos para o português, apresentam a partícula "de".

O genitivo tem outros empregos em latim, como indicar a parte de um todo (genitivo partitivo) – *pars feminarum*, em português, "parte das mulheres" – e descrever uma qualidade – *puella magnae astutiae*, em português, "uma menina de grande astúcia".

## 2.1.5 Dativo

Vimos que o acusativo é o correspondente do objeto direto. O dativo, por sua vez, corresponde ao objeto indireto, isto é, ao complemento do verbo que é introduzido por uma preposição, obrigatoriamente.

Para entender o dativo, o mais fácil é usar o verbo "dar". Podemos dizer que quem dá, dá algo a alguém. Como vimos anteriormente, é necessário um sujeito (quem dá); depois, precisamos de um objeto direto (o que está sendo dado); por fim, acrescentamos o objeto indireto (para quem isso está sendo dado). Em latim, o sujeito será o nominativo; o objeto direto, o acusativo; e o objeto indireto, o dativo.

Muitas vezes, temos de inserir uma preposição em nossa tradução para o português, já que ela não aparece em latim – pois a terminação da palavra é que traz essa marca prepositiva. Analisemos a seguinte sentença:

> *puella uiro librum dat.* (A menina dá o livro para o homem.)

Veja que incluímos, na tradução, a preposição "para" (poderíamos, também, traduzir como "ao homem", que tem o mesmo valor). Os artigos "o(s)", "a(s)" não existem no latim.

A forma *puella*, portanto, está no nominativo, visto que corresponde ao sujeito, ou seja, quem pratica a ação de dar o livro; *librum* coincide com o acusativo, isto é, aquilo que a menina dá, o objeto direto; *uiro* é a palavra que está no caso dativo, exercendo a função de objeto indireto, ou seja, para quem a menina está dando o livro.

Lembre-se: nós poderíamos modificar a ordem das palavras e a expressão continuaria tendo o mesmo significado básico:

> *puella uiro librum dat.*
> *puella librum uiro dat.*
> *puella dat uiro librum.*
> *uiro puella librum dat.*
> *uiro librum puella dat.*
> etc.

E se quiséssemos dizer que o homem é quem dá o livro à menina? Deveríamos utilizar essas palavras com outras terminações (modificar o caso), para que expressassem a função sintática desejada. Vejamos como ficaria a sentença com esse outro significado:

> *puellae uir librum dat.*

A forma *librum* continuaria com a mesma terminação, pois ainda é objeto direto. Porém, agora, temos a forma *uir*, que é o sujeito, e *puellae*, que podemos traduzir como "para a menina" ou "à menina": "O homem dá o livro para a menina". Em português, bastaria mudar a ordem, pois as palavras continuariam sendo escritas da mesma forma.

O dativo apresenta outros empregos em latim, que consideraremos mais adiante.

## 2.1.6 Ablativo

O ablativo é o caso mais difícil de traduzir, pois corresponde aos adjuntos adverbiais, como conhecemos no português. Ele denota circunstância e não é um complemento do verbo, mas uma "informação a mais". Para deixarmos o conceito mais claro, vamos utilizar a mesma sentença que serviu de exemplo para o caso dativo, mas, agora, com o acréscimo de uma palavra no caso ablativo. Leia a sentença e tente perceber qual é essa palavra que está no ablativo e corresponde a um adjunto adverbial:

*nocte puella uiro librum dat.*

A forma *nocte* corresponde ao ablativo da palavra "noite", em latim, e significa "à noite, de noite". No exemplo, indica quando, em que momento a menina dá o livro ao homem: no período da noite. A tradução da sentença seria: "A menina dá o livro ao homem à noite".

De forma geral, podemos dizer que o caso ablativo equivale ao que chamamos de *adjunto adverbial*, que pode indicar diversas circunstâncias: modo, tempo, lugar, intensidade etc. O ablativo também é empregado para indicar instrumento, causa, meio, descrição etc.

Existe, ainda, o caso **locativo**, vestígio de um antigo caso utilizado apenas para algumas palavras que determinavam lugares, como *Romae*, que significa "em Roma".

## Resumo dos casos

De início, cabe ressaltar que vale a pena consultar uma boa gramática do português para retomar as funções sintáticas, pois, além de servir de revisão, isso facilitará muito o entendimento da língua latina.

Em síntese, podemos fazer a comparação mostrada no quadro a seguir.

QUADRO 2.1 – OS CASOS EM LATIM E AS FUNÇÕES SINTÁTICAS CORRESPONDENTES EM PORTUGUÊS

| Casos | Funções sintáticas |
|---|---|
| Nominativo | sujeito ou predicativo do sujeito |
| Acusativo | complemento verbal direto/objeto direto |
| Vocativo | vocativo |
| Genitivo | adjunto adnominal (posse) |
| Dativo | complemento verbal indireto/objeto indireto |
| Ablativo | adjunto adverbial (circunstâncias) |

Vistos os seis casos do latim, precisamos considerar mais algumas informações importantes, como as flexões de número e de gênero.

## doispontodois
# Número e gênero

Os substantivos em latim, assim como ocorre em português, podem estar no singular ou no plural. É o que chamamos de *número*. Para cada um dos seis casos que vimos, há uma terminação de singular e outra de plural.

Observe as formas de nominativo singular e plural de algumas palavras: *poeta* – "poeta", *poetae* – "poetas"; *templum* – "templo", *templa* – "templos"; *uir* – "homem", *viri* – "homens".

Com relação ao gênero, em português, temos dois tipos de gêneros gramaticais: o masculino e o feminino. No latim, além destes, há um terceiro, o neutro.

O gênero é fruto de uma convenção cultural e corresponde a uma propriedade gramatical, por isso nem sempre é possível deduzir o gênero de um termo em uma língua. Em latim, *thesaurus, -i* (tesouro) é masculino; já *aurum, -i* (ouro) é neutro, o que mostra que palavras de um mesmo campo semântico nem sempre têm o mesmo gênero. O inglês também apresenta três gêneros (masculino, feminino e neutro), podendo gerar dúvidas em um estudante iniciante. Dificuldade semelhante ocorre a um falante de outra língua quando está aprendendo português. É comum ouvirmos "o morte", "a jardim" etc. É por meio de uma busca no dicionário ou por outros termos presentes na sentença, como adjetivos, por exemplo, que sabemos se uma palavra é masculina, feminina ou neutra.

doispontotrês
# As cinco declinações

Em latim, os substantivos são separados em declinações, ou seja, em grupos de palavras que se declinam da mesma maneira. São cinco os grupos existentes, ou seja, o latim possui cinco declinações. O que isso quer dizer?

**Declinar** é colocar uma palavra em cada um dos seis casos, no plural e no singular. Em cada caso, a palavra apresentará uma terminação específica que evidenciará sua função sintática. As palavras que, quando declinadas, apresentam as mesmas terminações para todos os casos são agrupadas em um mesmo conjunto, ao qual chamamos de *declinação*. É comum ouvirmos dizer que até os substantivos são conjugados em latim. A comparação é interessante, já que os verbos que se conjugam da mesma forma em todas as pessoas, tempos, modos e número são agrupados em conjugações. No entanto, chamamos de *conjugações* os grupos verbais e de *declinações* os grupos nominais.

O genitivo é o caso latino que expressa a que declinação pertence determinado substantivo. É aquela forma cuja terminação aparece no dicionário, logo após a vírgula.

+ *poeta, -ae* ou *poetae* (poeta);
+ *amor, -oris* ou *amoris* (amor).

A primeira forma que aparece é a do nominativo. É a designação inicial do nome e, como vimos, tem a função de sujeito ou predicativo do sujeito quando está inserido em uma oração.

A seguir, observe o Quadro 2.2 com as cinco declinações e a apresentação das palavras nas respectivas formas de nominativo e genitivo.

QUADRO 2.2– AS DECLINAÇÕES EM LATIM

| Declinação | Terminação do genitivo | Exemplos |
|---|---|---|
| 1ª | -ae | rosa, rosae (rosa)<br>uita, uitae (vida)<br>puella, puellae (menina) |
| 2ª | -i | dominus, domini (senhor)<br>pomum, pomi (fruto)<br>uinum, uini (vinho) |
| 3ª | -is | flos, floris (flor)<br>homo, hominis (ser humano)<br>ars, artis (arte) |
| 4ª | -us | domus, domus (casa)<br>manus, manus (mão)<br>cornu, cornus (chifre) |
| 5ª | -ei | spes, spei (esperança)<br>dies, diei (dia)<br>res, rei (coisa) |

Ao procurar um substantivo em um dicionário de latim, preste atenção a essa terminação no genitivo. Isso é essencial pois, sabendo a que declinação o substantivo pertence, você pode consultar o quadro de declinação correspondente com as terminações de todos os outros casos. O genitivo também é importante porque dele é retirado o radical que formará os demais casos. Veja o exemplo:

> Substantivo: *rosa, -ae*
> Nominativo: *rosa*
> Genitivo: *rosae*
> Radical: *ros-*

O que é o **radical** de uma palavra?

As palavras são formadas de diferentes unidades significativas. Assim, é possível decompor a palavra "gatas" em "gat-a-s". Denominamos *radical* a parte da palavra que transmite uma base significativa, ou seja, aponta o sentido básico dessa palavra. Palavras de uma mesma família têm o mesmo radical. Em "gatas", o radical é "gat-", com o qual podemos formar "gataria" e "gatinho", por exemplo.

Para saber o radical em latim, basta retirar a terminação de genitivo (*-ae*). A esse radical serão acrescentadas as terminações dos outros casos, a depender da função sintática que exercerão nas sentenças.

Chamamos *morfema* a mínima unidade significativa de uma língua. Ao observarmos a formação do plural em português, vemos que o acréscimo do morfema "-s" é capaz de alterar o número de uma palavra: "menina" (singular), "meninas" (plural).

Dizemos que o morfema de singular, por oposição ao de plural, é o morfema zero (Ø). Entretanto, a depender da palavra, a manifestação do plural pode se dar de diferentes maneiras.

Em latim, os morfemas usados para indicar caso e número também podem manifestar-se de formas diferentes, a depender da palavra. Isso significa dizer que as terminações resultam do acréscimo dos morfemas ao tema das palavras. Com base em um estudo mais aprofundado sobre os casos em latim, é possível constatar alterações fonéticas provenientes da junção entre um tema e um morfema.

A título de exemplo, vejamos o genitivo plural de uma palavra da primeira declinação: *femina, ae* (mulher). A forma de genitivo plural é *feminarum* (das mulheres). O morfema formador desse caso é *-sum*, porém sua manifestação é *-rum*. Ao se acrescentar o morfema *-sum* à palavra *femina*, de tema em *-a*, tivemos como resultado a terminação *-rum*. Isso ocorre por um processo chamado *rotacismo*: a passagem de *s* para *r*.

Consideremos agora a forma verbal "gostamos". Vamos decompô-la em "gost-a-mos". A primeira parte (gost-) é o radical e a última (-mos) é o morfema de número e pessoa em que se encontra o verbo. Mas e o "-a" que aparece entre elas? Ele é chamado de *vogal temática* e indica a que conjugação esse verbo pertence, no caso, à primeira conjugação. É a vogal temática que une o radical às desinências. Há também a vogal de ligação, que liga o radical a uma desinência, mas para facilitar a pronúncia, sem indicar um paradigma capaz de agrupar determinado grupo de palavras em um conjunto.

A união do radical e da vogal temática é chamada de *tema*. Em latim, usamos essa denominação para indicar a que declinação uma palavra pertence. Temos, então, os temas em *-a* (primeira declinação), em *-o* (segunda declinação), em *-u* (quarta declinação) e em *-e* (quinta declinação). A terceira declinação tem temas em *-i* e temas consonânticos, também denominados *atemáticos*, uma vez que não apresentam vogal temática. Podemos dizer também que, nesses casos, o tema é o radical.

Chamamos de *desinência* os morfemas que se flexionam para indicar o gênero, o número e o caso de substantivos, adjetivos e pronomes e o número e a pessoa dos verbos. Neste material, vamos usar *terminação* como sinônimo de *desinência* para apontar as marcas de caso, número e pessoa em que uma palavra se encontra, já resultante da junção de temas e morfemas.

Agora, vamos apresentar com mais detalhes as cinco declinações e esclarecer o funcionamento dos casos latinos.

## 2.3.1 Primeira declinação

Neste grupo da primeira declinação, a maioria das palavras é feminina, existem algumas poucas masculinas e nenhuma neutra. Assim, vamos utilizar como exemplo da primeira declinação a palavra *puella, -ae*. A forma de nominativo nós já vimos, é aquela que aparece em primeiro lugar no dicionário de latim: *puella*. A forma de genitivo é a que vem em seguida, com a terminação específica para as palavras da primeira declinação (*-ae*): *puellae*.

Para a construção dos outros casos, utilizaremos o radical mais as terminações que indicam o caso e o número. Para saber o radical, basta retirar a terminação de genitivo -*ae*. Teremos, então, *puell*-.

A esse radical acrescentam-se as terminações a seguir:

> Nominativo singular: -*ă*
> Nominativo plural: -*ae*
> Acusativo singular: -*am*
> Acusativo plural: -*as*
> Vocativo singular: -*ă*
> Vocativo plural: -*ae*
> Genitivo singular: -*ae*
> Genitivo plural: -*arum*
> Dativo singular: -*ae*
> Dativo plural: -*is*
> Ablativo singular: -*ā*
> Ablativo plural: -*is*

A seguir, observe, no Quadro 2.3, a palavra *puella, -ae* declinada em todos os casos.

Quadro 2.3 – Primeira declinação

| Caso | Singular | Plural |
|---|---|---|
| Nominativo | *puellă* | *puellae* |
| Acusativo | *puellam* | *puellas* |

(continua)

*(Quadro 2.3 – conclusão)*

| Caso | Singular | Plural |
|---|---|---|
| Vocativo | puellă | puellae |
| Genitivo | puellae | puellarum |
| Dativo | puellae | puellis |
| Ablativo | puellā | puellis |

 Você pode estar se perguntando: Como isso funciona na prática? Observe os exemplos a seguir, que contêm somente os substantivos da primeira declinação.

- *puella magistram uocat.* (A menina chama a professora.) – *puella* está no nominativo, exercendo a função de sujeito; *magistram*, no acusativo, cumprindo a função de objeto direto.
- *magistra puellam uidet.* (A professora vê a menina.) – *magistra* é nominativo, exercendo a função de sujeito; *puellam* é acusativo, exercendo a função de objeto direto.
- *puellae magistras uocant.* (As meninas chamam as professoras.) – *puellae* é nominativo, exercendo a função de sujeito, e agora aparece no plural; *magistras* é acusativo, cumprindo a função de objeto direto, e também está no plural.
- *magistrae puellas uident.* (As professoras veem as meninas.) – *magistrae* está no nominativo, exercendo a função de sujeito, e agora aparece no plural; *puellas* está no acusativo, exercendo a função de objeto direto, e encontra-se no plural.

- *puella magistrae filiam uocat.* (A menina chama a filha da professora.) – *puella* é nominativo, exercendo a função de sujeito; *filiam* é acusativo, exercendo a função de objeto direto; *magistrae* é genitivo singular, representando a ideia de posse.
- *puellae magistrarum filias uocant.* (As meninas chamam as filhas das professoras.) – *puellae* é nominativo plural; *filias* é acusativo plural; *magistrarum* é genitivo plural.
- *puella magistrae rosam dat.* (A menina dá uma rosa para a professora.) – *puella* é nominativo singular; *rosam* é acusativo singular, ou seja, o objeto direto do verbo *dat*, "dá"; *magistrae* é dativo singular, o objeto indireto do verbo *dat*.
- *puellae magistris rosas dant.* (As meninas dão rosas para as professoras.) – *puellae* é nominativo plural; *rosas* é acusativo plural, ou seja, o objeto direto do verbo *dant*; *magistris* é dativo plural, o objeto indireto do verbo *dant*.
- *in schola puella magistrae filias uocat.* (A menina chama as filhas da professora na escola.) – *puella* é nominativo singular; *filias* é acusativo plural; *magistrae* é genitivo singular; *schola* é ablativo singular e indica o local onde a menina realiza a ação.
- *in scholis puellae magistrarum filias uocant.* (As meninas chamam as filhas das professoras nas escolas.) – *puellae* é nominativo plural; *filias* é acusativo plural; *magistrarum* é genitivo plural; *scholis* é ablativo plural.

Após esses exemplos, podemos observar que:

a. existem terminações iguais para casos diferentes e é o contexto que vai resolver a dúvida, se ela existir. Volte à tabela da primeira declinação (Quadro 2.3) e perceba que o nominativo e o vocativo singular têm um *a* final breve (ă), já o ablativo apresenta um *a* longo (ā). No entanto, essa diferença não é marcada nos textos em latim, conforme vimos no capítulo anterior;

b. na tradução para o português, devemos incluir palavras que não estão nas sentenças em latim (artigos*, preposições);

c. cada uma das sentenças aqui analisadas poderia ter sido escrita utilizando-se uma ordem diferente, pois, como vimos no início do capítulo, é a terminação das palavras que indica sua função sintática, diferentemente do que ocorre no português;

d. algumas formas são parecidas com o português: é o caso do nominativo singular, terminado em *-a*, e do acusativo plural, terminado em *-as* (*puella*: a menina; *puellas*: as meninas). Contudo, é importante notar que, nos exemplos apresentados, "menina" seria o sujeito de uma sentença, enquanto "meninas", o objeto direto.

Agora que você já compreendeu o funcionamento dos casos na primeira declinação, ficará mais fácil entender as outras.

---

* Em latim, não são encontrados artigos como em português, muitas vezes, no exercício de tradução, temos que incluir.

## 2.3.2 Segunda declinação

Os substantivos da segunda declinação são masculinos em sua grande maioria. No nominativo dos substantivos masculinos, há três possíveis terminações: -us, -er e -ir. Considere estes exemplos:

- *lupus,- i* ou *lupi* (lobo);
- *culter, -i* ou *cultri* (faca);
- *uir, -i* ou *uiri* (homem).

Há poucas palavras femininas, as quais seguem as mesmas terminações das masculinas. Os substantivos de gênero neutro da segunda declinação têm o nominativo singular em *-um*. Observe:

- *templum, -i* ou *templi* (templo);
- *bellum, -i* ou *belli* (guerra).

Há somente três substantivos neutros com nominativo em -us, os quais são empregados apenas no singular: *pelagus, -i* (mar); *uirus, -i* (veneno); *uulgus, -i* (povo).

Vejamos as formas masculinas e femininas da segunda declinação, tomando como exemplos os substantivos *lupus, lupi* (lobo) e *culter, cultri* (faca).

## Quadro 2.4 – Segunda declinação (masculino e feminino)

| Caso | Singular | Plural |
|---|---|---|
| Nominativo | lupus | lupi |
| Acusativo | lupum | lupos |
| Vocativo | lupe | lupi |
| Genitivo | lupi | luporum |
| Dativo | lupo | lupis |
| Ablativo | lupo | lupis |
| **Caso** | **Singular** | **Plural** |
| Nominativo | culter | cultri |
| Acusativo | cultrum | cultros |
| Vocativo | culter | cultri |
| Genitivo | cultri | cultrorum |
| Dativo | cultro | cultris |
| Ablativo | cultro | cultris |

Para os substantivos cujo nominativo termina em *-er* ou *-ir*, essas desinências se mantêm iguais no vocativo, como é o caso de *culter*; somente os substantivos cujo nominativo termina em *-us* têm o vocativo em *-e*, como ocorre com *lupus*, cujo nominativo termina em *-us*. Lembre-se de que o radical será sempre retirado da forma de genitivo. Observe a diferença no quadro a seguir.

Quadro 2.5 – Substantivos masculinos da segunda declinação

| Nominativos terminados em *-us* | Nominativos terminados em *-er* | Nominativos terminados em *-ir* |
|---|---|---|
| Substantivo: *lupus, -i* <br> Nominativo: *lupus* <br> Genitivo: *lupi* <br> Radical: *lup-* | Substantivo: *culter, -i* <br> Nominativo: *culter* <br> Genitivo: *cultri* <br> Radical: *cultr-* | Substantivo: *uir, -i* <br> Nominativo: *uir* <br> Genitivo: *uiri* <br> Radical: *uir-* |

Portanto, é com esse radical que todas as outras formas serão declinadas. Isso significa que o acusativo singular de *culter* será *cultrum*, e não "*culterum*", e assim por diante com os demais casos.

Agora, observe, no Quadro 2.6, como se comportam os neutros da segunda declinação. O exemplo é *templum, templi*.

## Quadro 2.6 – Segunda declinação (neutro)

| Caso | Singular | Plural |
|---|---|---|
| Nominativo | templum | templa |
| Acusativo | templum | templa |
| Vocativo | templum | templa |
| Genitivo | templi | templorum |
| Dativo | templo | templis |
| Ablativo | templo | templis |

Note que os três casos – nominativo, acusativo e vocativo –, tanto no singular como no plural, apresentam as mesmas terminações. Observe também que o plural é manifesto com a terminação *-a*. Essa é uma característica de todos os substantivos neutros, independentemente da declinação à qual pertencem.

## 2.3.3 Terceira declinação

A terceira declinação é a mais complexa das cinco. Nesse grupo, há substantivos masculinos, femininos e neutros, com diversos registros de terminação de nominativo. Isso ocorre porque essa declinação engloba temas em *-i* e palavras atemáticas (sem vogal temática), bem como temas em *-u* ou *-ou*, palavras com duplo radical e nomes gregos.

Inicialmente, as palavras de tema em *-i* apresentavam um paradigma de declinação diferente do das palavras atemáticas.

QUADRO 2.7 – TERCEIRA DECLINAÇÃO (TEMAS EM *-I*)

| Caso | Singular | Plural |
|---|---|---|
| Nominativo | -is | -(is)es |
| Acusativo | -im(-em) | -is(-es) |
| Vocativo | -is | -(is)es |
| Genitivo | -is | -ium |
| Dativo | -i | -ibus |
| Ablativo | -i(d) | -ibus |

Já a declinação das palavras atemáticas segue o paradigma indicado no Quadro 2.8.

QUADRO 2.8 – TERCEIRA DECLINAÇÃO (ATEMÁTICOS)

| Caso | Singular | Plural |
|---|---|---|
| Nominativo | variável | -es |
| Acusativo | -em | -es |
| Vocativo | variável | -es |

(continua)

*(Quadro 2.8 – conclusão)*

| Caso | Singular | Plural |
|---|---|---|
| Genitivo | -is | -um |
| Dativo | -i | -ibus |
| Ablativo | -e | -ibus |

Comparando os dois quadros, notamos que:

a. o nominativo singular não apresenta um padrão, com relação aos atemáticos;
b. o genitivo plural dos temas em *-i* é *-ium* e o dos atemáticos é *-um*;
c. o ablativo singular dos temas em *-i* é *-i* e o dos atemáticos é *-e*.

No período clássico, por influência da declinação dos substantivos atemáticos, a maioria dos substantivos de tema em *-i* tomava as desinências *-em* para o acusativo singular, *-e* para o ablativo singular e *-es* para o acusativo plural. Foram, então, agrupados em uma única declinação.

Perceba, no exemplo de declinação do Quadro 2.9, essa influência de substantivos atemáticos em palavras com temas em *-i*.

## Quadro 2.9 – Terceira declinação (temas em -*i*)

| *ignis, is* (**fogo**) | | |
|---|---|---|
| **Caso** | **Singular** | **Plural** |
| Nominativo | *ignis* | *ignes* |
| Acusativo | *ignem* | *ignes* |
| Vocativo | *ignis* | *ignes* |
| Genitivo | *ignis* | *ignum* |
| Dativo | *igni* | *ignibus* |
| Ablativo | *igni(-e)* | *ignibus* |

| *amor, -oris* (**amor**) | | |
|---|---|---|
| **Caso** | **Singular** | **Plural** |
| Nominativo | *amor* | *amores* |
| Acusativo | *amorem* | *amores* |
| Vocativo | *amor* | *amores* |
| Genitivo | *amoris* | *amorum* |
| Dativo | *amori* | *amoribus* |
| Ablativo | *amore* | *amoribus* |

Pelo fato de os substantivos atemáticos não apresentarem uma vogal temática entre eles e os morfemas formadores de nominativo, é difícil estabelecer um padrão. As terminações que marcam esse caso vão depender de processos fonéticos resultantes da contração da consoante ou semivogal do radical com o morfema de nominativo e vocativo.

A título de analogia, voltemos a pensar na formação do plural em português. Vimos que o acréscimo do morfema "-s" é capaz de alterar o número de uma palavra: "menina" (singular), "meninas" (plural). Para fazermos o plural de "pastel", acrescentamos o morfema "-s", no entanto, pelo fato de essa palavra terminar em "l", o plural é "pastéis". Outro exemplo é o substantivo "bar" (singular), com plural "bares". Em outras palavras, a regra é a mesma, ou seja, há o acréscimo do morfema "-s", porém as realizações fonéticas, condicionadas pelo som seguinte, determinam que ela se manifeste de forma diferente.

Veja alguns exemplos no quadro a seguir.

QUADRO 2.10 – SUBSTANTIVOS DA TERCEIRA DECLINAÇÃO

| Masculinos | Femininos | Neutros |
|---|---|---|
| *homo, -inis*: homem | *uulpes, -is*: raposa | *nomen, -inis*: nome |
| *dux, ducis*: guia, general | *auis, -is*: ave | *carmen, -inis*: poema |
| *dolor, -oris*: dor | *lex, legis*: lei | *tempus, -oris*: tempo |
| *labor, -oris*: trabalho | *ars, artis*: arte | *caput, itis*: cabeça |
| *amor, -oris*: amor | *religo, -onis*: religião | *flumen, -inis*: rio |

E quando uma palavra aparece em um texto em algum dos casos e não sabemos seu nominativo para procurá-la no dicionário e descobrir seu significado? Lembre-se de que o radical das palavras é encontrado quando retiramos a marca de genitivo singular *-is*.

Voltemos ao texto de Petrônio:

> *amor ingenii* **neminem** *unquam divitem fecit.*
> (Petronivs, 2020, cap. LXXXIII, grifo nosso)

Suponhamos que queremos saber o significado do termo *neminem*. O procedimento a seguir será basicamente este: sabemos, por meio de sua terminação, que a palavra é da terceira declinação e que está no acusativo singular. Sabemos também que o radical ao qual as desinências são acrescentadas é dado a partir do genitivo singular. Deduzimos, então, que a marca de acusativo *-em* foi acrescida a esse radical, que, portanto, é *nemin-*. A esse radical acrescentamos a desinência de nominativo singular de terminações dos temas em *-i* (apresentadas no Quadro 2.9) e chegamos a *neminis*. Vamos até o dicionário de latim para procurá-la e descobrimos que ela não existe! Há algo de errado com todo o raciocínio feito? Não exatamente. A questão é que nem sempre a simples justaposição do morfema indicador de nominativo ao radical nos permite chegar à forma correta. Na terceira declinação, isso é ainda mais recorrente.

O morfema formador do nominativo e do vocativo singular da terceira declinação é *-s* ou Ø (zero) e, por termos radicais terminados por diferentes consoantes, há particularidades para cada um deles.

Os temas cujo morfema formador de nominativo é o -s são denominados *sigmáticos*. Já os formados com o morfema Ø recebem o nome de *assigmáticos*.

Os temas sigmáticos, que fazem o nominativo com a adição de -s (*sigma*, em grego), manifestam-se tal como mostra o quadro a seguir.

QUADRO 2.11 – SUBSTANTIVOS DE TEMAS SIGMÁTICOS DA TERCEIRA DECLINAÇÃO

| Nomes | Tradução | Nominativo singular | Genitivo singular |
|---|---|---|---|
| *hiem-* | inverno | *hiems* | *hiemis* |
| *princip-* | príncipe | *princeps* | *principis* |
| *urb-* | cidade | *urbs* | *urbis* |
| *aetat-* | idade, era | *aetas* | *aetatis* |
| *custod-* | guardião | *custos* | *custodis* |
| *duc-* | general | *dux* | *ducis* |
| *reg-* | rei | *rex* | *regis* |

As transformações ocorridas nos temas em *t-*, *d-*, *c-* e *g-* podem ser explicadas por mudanças fonéticas:

- *actat-* + *-s* > *aetats* > *aetas* (o *t-* se assimila ao *-s*);
- *custod-* + *-s* > *custods* > *custos* (o *d-* se assimila ao *-s*);

- *duc-* + *-s* > *ducs* > *dux* (o encontro do *c-* e do *-s* resulta em uma consoante dupla, que é grafada com *x*);
- *reg-* + *-s* > *regs* > *rex* (o encontro do *g-* e do *-s* resulta em uma consoante dupla, que é grafada com *x*).

O radical a ser usado para declinar as palavras desse tipo nos demais casos (que não o nominativo e o vocativo singular) é o do genitivo singular. Assim, o nominativo de "rei", por exemplo, é *rex* e seu genitivo é *regis*, portanto o radical a ser usado para declinar os demais casos é *reg-*. Observe o quadro a seguir.

Quadro 2.12 – Terceira declinação (sigmáticos)

| Caso | Singular | Plural |
|---|---|---|
| Nominativo | rex | reges |
| Acusativo | regem | reges |
| Vocativo | rex | reges |
| Genitivo | regis | regum |
| Dativo | regi | regibus |
| Ablativo | rege | regibus |

A exceção aqui é para os temas neutros em *-t*. Seu nominativo não é feito com *-s*, mas com Ø. São exemplos: *caput, capitis* (cabeça).

Observe, agora, os temas assigmáticos (sem sigma), cujo morfema formador de nominativo é Ø.

QUADRO 2.13 – SUBSTANTIVOS DE TEMAS ASSIGMÁTICOS DA TERCEIRA DECLINAÇÃO

| Nomes | Tradução | Nominativo singular | Genitivo singular |
|---|---|---|---|
| soror- | irmã | soror | sororis |
| consul- | cônsul | consul | consulis |
| leon- (masculino) | leão | leo | leonis |
| flumen- (neutro) | rio | flumen | fluminis |
| uetus- | idoso | uetus | ueteris |

Os temas em -n de substantivos masculinos e femininos, como *leo*, perdem o -n no nominativo singular, mas o apresentam nos demais casos: *leo* (nominativo), *leonis* (genitivo), *leonem* (acusativo) etc.

Já as palavras neutras conservam o -n no nominativo, como *flumen*. Observe o radical de genitivo singular: *fluminis*. Quando a marca de genitivo -*is* é acrescida ao radical *flumen*, este sofre alteração na vogal intermediária, processo chamado de *alçamento*, e o -*e* passa a ser -*i*. E a esse radical que as demais desinências de caso serão acrescentadas: *fluminem* (acusativo singular), *fluminibus* (dativo e ablativo plural) etc.

E a palavra *neminem*? Seu nominativo singular é *nemo* (ninguém). Como chegamos a essa forma? Seguindo o mesmo procedimento e fazendo diferentes suposições quanto ao comportamento da expressão com base no que foi visto. Isso nem sempre é fácil (*neminem* > *nemin* > *nemi* > *nemo*), mas é um ótimo exercício linguístico.

Vale lembrar que os substantivos neutros têm formas idênticas para o nominativo, o vocativo e o acusativo, tanto no singular como no plural. Note também que o plural desses casos tem a terminação *-a*. O exemplo a seguir é a declinação de *opus*, *operis* (obra).

Quadro 2.14 – Terceira declinação (neutros)

| Caso | Singular | Plural |
|---|---|---|
| Nominativo | *opus* | *opera* |
| Acusativo | *opus* | *opera* |
| Vocativo | *opus* | *opera* |
| Genitivo | *operis* | *operum* |
| Dativo | *operi* | *operibus* |
| Ablativo | *opere* | *operibus* |

Diferentes gramáticas e métodos de latim apresentam abordagens distintas para o ensino da terceira declinação, cada qual com uma lista maior ou menor de exceções*. Cabe consultar a uma boa gramática para sanar eventuais dúvidas.

FIGURA 2.2 – TEXTO EM LATIM DO SÉCULO XVIII

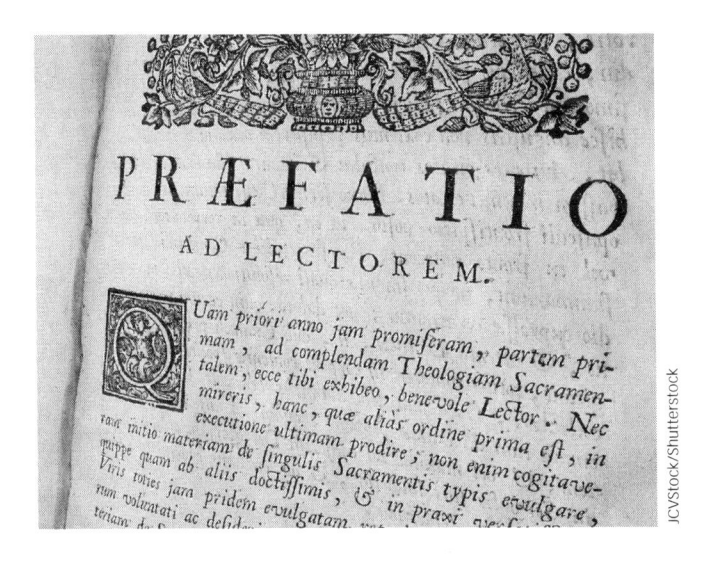

JCVStock/Shutterstock

Na figura, é possível perceber no título duas palavras da terceira declinação: *praefatio* (*praefatio, -onis*) e *lectorem* (*lector, -oris*). A tradução seria: "Prefácio ao leitor".

Várias palavras femininas da terceira declinação que têm nominativo em *-io* chegam ao português com a terminação em *-ão*, mantendo o gênero:

---

* Como em português, existem, em latim, muitas exceções no que se refere a regras gramaticais. A intenção em mostrá-las é evidenciar a importância de saber consultar uma gramática ou um dicionário. Assim, nessa etapa, o exercício não corresponde a uma memorização das exceções.

- *manifestatio, -onis* (manifestação);
- *compensatio, -onis* (compensação);
- *conditio, -onis* (condição);
- *configuratio, -onis* (configuração);
- *definitio, -onis* (definição);
- *expeditio, -onis* (expedição);
- *opinio, -onis* (opinião);
- *punitio, -onis* (punição);
- *ratio, -onis* (razão);
- *relatio, -onis* (relação);
- *religio, -onis* (religião);
- *usucapio, -onis* (usucapião).

## 2.3.4 Quarta declinação

Na quarta declinação, há poucos substantivos dos três gêneros. Os substantivos cujo nominativo termina em *-us* são masculinos ou femininos (Quadro 2.15); quando terminados em *-u*, isso significa que são do gênero neutro (Quadro 2.16).

QUADRO 2.15 – QUARTA DECLINAÇÃO (MASCULINO E FEMININO)

| Caso | Singular | Plural |
|---|---|---|
| Nominativo | *manus* | *manus* |
| Acusativo | *manum* | *manus* |

(continua)

*(Quadro 2.15 – conclusão)*

| Caso | Singular | Plural |
|---|---|---|
| Vocativo | manus | manus |
| Genitivo | manus | manuum |
| Dativo | manui | manibus |
| Ablativo | manu | manibus |

QUADRO 2.16 – QUARTA DECLINAÇÃO (NEUTRO)

| Caso | Singular | Plural |
|---|---|---|
| Nominativo | cornu | cornua |
| Acusativo | cornu | cornua |
| Vocativo | cornu | cornua |
| Genitivo | cornus | cornuum |
| Dativo | cornui | cornibus |
| Ablativo | cornu | cornibus |

## 2.3.5 Quinta declinação

Na quinta declinação predominam os substantivos do gênero feminino. Apenas *dies, -ei* (dia) e *meridies, -ei* (meio-dia) são masculinos. O quadro dessa declinação é bastante simples, como podemos ver a seguir. O exemplo que utilizaremos é *res, -ei* (coisa).

## Quadro 2.17 – Quinta declinação

| Caso | Singular | Plural |
|---|---|---|
| Nominativo | res | res |
| Acusativo | rem | res |
| Vocativo | res | res |
| Genitivo | rei | rerum |
| Dativo | rei | rebus |
| Ablativo | re | rebus |

Neste livro, os vocabulários trarão, após as formas de nominativo e genitivo, a indicação da declinação à qual a palavra pertence, bem como a indicação do gênero: *m.* para substantivos masculinos, *f.* para femininos e *n.* para neutros. Assim, a palavra *poeta*, por exemplo, será enunciada: *poeta, -ae* 1m.: poeta. O número 1 significa que a palavra pertence à primeira declinação e o *m.* indica que ela é masculina.

Para fixar como funciona o sistema de declinações no latim, vamos realizar uma análise do trecho que apresentamos no início do capítulo. Depois, você poderá ler a tradução para o português e verificar a função sintática de cada palavra.

Preste atenção nos termos em negrito e na análise realizada. Se necessário, consulte os quadros de declinações ao longo da explicação.

> ego, inquit, **poeta** sum et, ut spero, non humillimi **spiritus**, si modo coronis aliquid credendum est, quas etiam ad **imperitos** deferre **gratia** solet. 'quare ergo, inquis, tam male vestitus es?' propter hoc ipsum. **amor** ingenii **neminem** unquam divitem fecit. (Petronivs, 2020, cap. LXXXIII, grifo nosso)

Assim, temos:

- *poeta* – É uma palavra da primeira declinação (*poeta, -ae*) e está no nominativo singular, correspondendo ao predicativo do sujeito do verbo *sum* (ser): "eu sou **poeta**". Poderíamos traduzir também por: "eu sou **um poeta**".
- *spiritus* – É uma palavra da quarta declinação (*spiritus, -us*) e está no genitivo, concordando com *humillimi*, que exprime a ideia de qualidade, podendo ser traduzida por: "**de espírito muito humilde**".
- *gratia* – É uma palavra da primeira declinação (*gratia, -ae*) e está no ablativo singular, podendo ser traduzida por: "**como agradecimento**".
- *amor* – É uma palavra da terceira declinação (*amor, -oris*) e está no nominativo singular, como sujeito do verbo *fecit*.
- *imperitos* – É uma palavra da segunda declinação (*imperitus, -i*) e está no acusativo plural, em razão da preposição *ad* (para), podendo ser traduzida por: "**aos inábeis**".
- *neminem* – É uma palavra da terceira declinação (*nemo, -inis*) e está no acusativo singular, complementando o verbo *fecit*.

Observe uma tradução mais filológica do trecho, ou seja, sem a pretensão de considerar questões estilísticas ou artísticas do autor. A tradução tem a intenção, somente, de manter o sentido básico do trecho, com foco no vocabulário e nos conteúdos vistos.

> ego, inquit, **poeta** sum et, ut spero, non humillimi **spiritus**, si modo coronis aliquid credendum est, quas etiam ad imperitos deferre **gratia** solet. 'quare ergo, inquis, tam male vestitus es?' propter hoc ipsum. **amor ingenii neminem** unquam divitem fecit. (Petronivs, 2020, cap. LXXXIII, grifo nosso)

> – Eu, diz, sou poeta e, conforme espero, não de baixíssima inspiração, se desse modo algum crédito deve ser dado às coroas, as quais se costuma dar até aos inábeis por gratidão. "Por que, então, está tão mal vestido, você diz?" Por isso mesmo, o amor de um dom nunca tornou ninguém rico. (Petronivs, 2020, cap. LXXXIII, tradução nossa)

Observe, agora, diferentes traduções para o português para esse trecho:

> – Eu sou poeta – disse-me. – E gabo-me de ser um poeta de algum mérito, a julgar pelo número de lauréis que me têm concedido. É verdade que os dão frequentemente também, por favor, a ignorantes. Por que então, me perguntarás tu, estás tão mal vestido? Pelo fato mesmo de ser poeta, eu te respondo: o amor às letras jamais enriqueceu pessoa alguma. (Petrônio, 1981, p. 112, tradução de Marcos Santarrita)

> 'Eu', disse ele, 'sou poeta e, assim espero, não um poeta de humílima inspiração, se pelo menos se pudesse dar algum crédito às coroas, que, por amizade, costuma-se conceder até mesmo aos inábeis. Você deve estar dizendo: "Por que, então, você se veste tão

mal?" – Exatamente pela seguinte razão: O amor pela habilidade intelectual nunca fez ninguém ficar rico.' (Petrônio, 2004, p. 145, tradução de Sandra M. G. B. Bianchet)

– Sou poeta – disse ele – e, pelo menos espero-o, a minha inspiração não é vulgar, a dar crédito às coroas que, muitas vezes também, o favor faz atribuir aos incapazes. Porque estás então, dirás tu, tão mal vestido? Precisamente por isso. O amor do talento nunca enriqueceu ninguém. (Petrônio, 2000, p. 88, tradução de Jorge de Sampaio)

> Antes de continuarmos, responda:
> a. De qual tradução você gostou mais? Por quê?
> b. Selecione uma frase e compare a tradução de cada um dos textos. Eles exprimem a mesma ideia?
> c. As traduções apresentadas são de anos diferentes. Você acha que isso pode ter influenciado o tradutor nas escolhas dele?

No trecho da obra aqui analisado, há uma crítica sobre o fato de os poetas e escritores, em geral, não terem muito dinheiro. É interessante notar que esse tema percorre a literatura sob várias formas.

Na obra *A arte de amar*, de Ovídio (1943), escritor anterior a Petrônio, já era possível encontrar a mesma ideia. Dois trechos desse texto aludem ao fato de os poetas nunca possuírem riquezas, ou seja, de que essa profissão não era algo que trazia retorno financeiro.

Observe:

*A doctis pretium scelus est sperare poetis;*
*Me miserum! scelus hoc nulla puella timet.*
(Naso, 2020b, livro III, 551-552)

Esperar dinheiro dos poetas é um crime,
ai de mim!, é um crime
que nenhuma mulher teme cometer.
(Ovídio, 1992, p. 115, tradução de Natália Correia e David Mourão-Ferreira)

*Pauperibus vates ego sum, quia pauper amavi;*
*Cum dare non possem munera, verba dabam.*
(Naso, 2020b, livro II, 165-166)

Para os pobres o meu poema imaginei
pois na pobreza amei.
Quando presentes não podia dar
palavras oferecia.
(Ovídio, 1992, p. 115, tradução de Natália Correia e David Mourão-Ferreira)

Em várias outras obras podemos perceber a mesma temática. Trazemos aqui outro exemplo, desta vez da literatura irlandesa, muito posterior aos textos latinos. Trata-se da peça teatral *Esperando Godot*, publicada por Samuel Beckett em 1952. Observe o trecho em que o personagem Estragon conta a Vladimir que foi poeta.

> Estragon – Lembro dos mapas da Terra Santa. Coloridos. Bem bonitos. O Mar Morto de um azul bem claro. Dava sede só de olhar. É para lá que vamos, eu dizia, é para lá que vamos na lua de mel. E como nadaremos. E como seremos felizes.

> Vladimir – Você devia ter sido poeta.
>
> Estragon – Eu fui. (Indicando os farrapos com um gesto) Não está na cara? (Beckett, 2015)

---

Você se lembra de outro autor que retoma este mesmo tema? De que forma ele faz essa retomada?

---

doispontoquatro
## Gênero romance

A obra *Satyricon* foi escrita por Petrônio no século I d.C. e é considerada o primeiro romance da literatura latina. O texto é uma sátira à sociedade romana da época de Nero e conta as aventuras do triângulo amoroso composto por Encólpio, Ascilto e Gitão, em Roma, juntamente com o poeta Eumolpo, personagem que profere o trecho que examinamos ainda há pouco.

Outra importante obra de referência para o estudo do romance antigo é *O asno de ouro* ou *As metamorfoses*, de Apuleio (125-170). Ele nasceu em Madaura e faleceu em Cartago. Estudou filosofia, poesia e outras manifestações artísticas, bem como ritos esotéricos. Foi acusado pelos parentes da esposa de utilizar magia para casar-se com ela, uma vez que era bem mais velha que o futuro marido. Como advogado, fez sua própria defesa (Apulcio, 2019). *O asno de ouro*, assim como o *Satyricon*, ambos textos do século II d.C., são considerados os exemplares romanos dos primeiros romances da Antiguidade.

O livro conta a história de Lucius, equivocadamente transformado em asno durante uma magia que supostamente o transformaria em pássaro.

Na condição de burro, ele passa por diversas situações engraçadas, trágicas e constrangedoras. A história da trajetória do protagonista asno é interrompida diversas vezes pela inserção de vários contos, prática narrativa proveniente dos primeiros romances de tradição grega, seguida posteriormente por Boccaccio no *Decamerão* e por Cervantes em *Dom Quixote*, para citar dois exemplos entre tantos.

Veja um trecho do início da obra *O asno de ouro*:

> [...] *non spreveris inspicere –, figuras fortunasque hominum in alias imagines conversas et in se rursus mutuo nexu refectas ut mireris.* (Apvleivs, 2020)

> Verás, encantado, seres humanos, despojados de sua imagem e condição, tomarem outra forma; depois, ao contrário, e por uma ordem inversa, serem convertidos em si mesmos. (Apuleio, [S.d.], p. 15, tradução de Ruth Guimarães)

O conto mais famoso presente na obra relata o mito de Eros e Psiquê\*, o qual influenciou, ao longo do tempo, grandes autores de diferentes áreas do conhecimento, como a literatura, a filosofia e a psicologia.

Psiquê (em grego antigo Ψυχή, *Psychē*) é a personificação da alma. Com base nisso, a leitura mais comumente atribuída ao texto de Apuleio concebe-o como uma alegoria à jornada da alma

---

\* Os termos "psicologia", "psicanálise" etc. têm essa raiz.

humana: depois de ser testada por meio de terríveis provações, a alma é purificada ao demonstrar pureza, coragem e determinação, tornando-se merecedora da intervenção e do auxílio de alguns elementos da natureza.

Segundo o conto presente em O *asno de ouro*, Psiquê era uma jovem tão perfeita, que os homens deixaram de cultuar Afrodite\* para admirar a virgem. Como Psiquê era uma simples mortal, a deusa se enfureceu e enviou Eros para executar sua vingança: ele deveria atingir Psiquê com uma flecha, fazendo com que ela se apaixonasse por um ser desprezível.

O pai de Psiquê se preocupava com o fato de já ter casado as outras duas filhas, de beleza muito inferior à de Psiquê, mas ainda não ter conseguido encontrar um noivo à altura de sua filha mais nova. Então, consultou o oráculo de Apolo, que previu o casamento da jovem com uma criatura monstruosa. Como sacrifício, a virgem deveria ser deixada à própria sorte no alto de um rochedo.

Com o objetivo de executar a missão dada pela mãe, Eros dirige-se ao penhasco onde está Psiquê. Ao contemplar a extraordinária beleza da jovem, Eros acaba se ferindo com a própria flecha e apaixona-se pela virgem. Em segredo, faz com que Psiquê adormeça e seja levada pelo vento Zéfiro até seu palácio. Lá, Psiquê é auxiliada por servos invisíveis, de quem somente ouve as vozes. Assim, todas as noites, Eros dormia com a esposa no palácio e, todas as manhãs, antes que Psiquê despertasse, o deus

---

\* Deusa da beleza e mãe de Eros, deus do amor.

deixava o leito nupcial. Embora se sentisse amada, Psiquê nunca havia visto seu marido. Essa era a condição de Eros para permanecer com a jovem: ela nunca conheceria a verdadeira identidade do marido com quem dividia o leito.

    Psiquê cumpria a promessa até que, um dia, instigada pelas irmãs e movida por uma imensa curiosidade, espera Eros dormir e clareia seu rosto com uma lâmpada a óleo. Impactada pela formosura do deus, Psiquê deixa que uma gota do óleo quente caia sobre o peito do deus alado, que acorda com a dor do ferimento. Enfurecido pela traição da esposa à promessa anteriormente feita, Eros expulsa a jovem do palácio e revela à mãe todo o ocorrido. Afrodite se enfurece ainda mais com Psiquê, impondo-lhe uma série de provas praticamente impossíveis de serem cumpridas. Determinada a ter novamente o amor de Eros, a jovem submete-se à vontade da deusa, disposta a realizar as tarefas impostas por ela.

    A primeira tarefa determinada por Afrodite é que Psiquê separe, no espaço de uma única noite, diferentes tipos de grãos misturados em um monte. Após muito esforço e pouco progresso, Psiquê fica exausta e dorme. Nesse momento, as formigas sentem piedade da jovem e separam os grãos dentro do prazo estipulado.

    Inconformada com o sucesso da nora, Afrodite determina, como segunda tarefa, que Psiquê traga a lã do velocino de ouro. Seguindo o conselho de uma voz vinda do rio, Psiquê recolhe a lã deixada pelos carneiros ao passar pelos espinhos das plantas, concluindo, assim, o segundo trabalho imposto. A deusa, convencida de que a jovem havia trapaceado, ordena que a nora traga um pouco de água da nascente do Rio Estige. Esse local ficava no alto de uma montanha extremamente íngreme, impossível de ser escalada. Nessa empreita, Psiquê é ajudada por uma águia que, voando, enche uma jarra de água e leva até a jovem, fazendo com que novamente outra tarefa fosse cumprida.

    Afrodite, então, impõe à jovem uma tarefa ainda mais difícil: descer ao Hades e trazer um pouco da beleza de Perséfone. Desesperada, Psiquê sobe no topo de uma torre e vê no suicídio uma maneira de chegar ao mundo subterrâneo. Desta vez, a torre ajuda Psiquê e lhe ensina como passar pelo cão Cérbero, munindo-a da moeda para pagar Caronte pela travessia do Rio Estige; a jovem também é advertida para que sempre mantenha fechada a caixa com a beleza de Perséfone. Movida por uma incontrolável curiosidade, Psiquê se esquece da advertência e abre a caixa, caindo em sono profundo. Eros, curado de seu ferimento e ainda apaixonado por Psiquê, intercede pela esposa, pedindo a Zeus que aplaque a ira de Afrodite. Psiquê é levada por Hermes à Assembleia dos deuses, que decidem torná-la imortal. Finalmente, Afrodite se convence do amor de Psiquê por Eros e aceita a jovem como nora. O casal passa a viver no Olimpo, onde geram uma filha chamada Volúpia.

    Em muitas obras de arte, Psiquê é representada como uma jovem com asas de borboleta, o símbolo da transformação. Nesse processo, Psiquê passa de lagarta rastejante a borboleta exuberante.

    Esse conto ganhou muitas leituras no decorrer dos séculos. É estudado, por exemplo, como alegoria à imortalidade ou evolução da alma, uma vez que Psiquê, em grego, designa "alma", "sopro". É também digna de nota a interpretação de viés jungiano, que considera o conto como a representação do caminho do ego para a individuação. Há ainda o entendimento segundo o qual a história trata, alegoricamente, do desenvolvimento da psiquê feminina ou da busca da alma por amor, uma vez que Eros é a personificação do amor.

FIGURA 2.3 – EROS E PSIQUÊ

peacefoo / shutterstock.com

Considerando essas informações, leia o poema a seguir, de Fernando Pessoa (2020, p. 71), que faz alusão ao mito.

### Eros e Psique

...E assim vêdes, meu Irmão, que as verdades que vos foram dadas no Grau de Neófito, e aquelas que vos foram dadas no Grau de Adepto Menor, são, ainda que opostas, a mesma verdade.

*(Do Ritual Do Grau De Mestre Do Átrio*
*Na Ordem Templária De Portugal)*

Conta a lenda que dormia
Uma Princesa encantada
A quem só despertaria
Um Infante, que viria
De além do muro da estrada.

Ele tinha que, tentado,
Vencer o mal e o bem,
Antes que, já libertado,
Deixasse o caminho errado
Por o que à Princesa vem.

A Princesa Adormecida,
Se espera, dormindo espera,
Sonha em morte a sua vida,
E orna-lhe a fronte esquecida,
Verde, uma grinalda de hera.

Longe o Infante, esforçado,
Sem saber que intuito tem,
Rompe o caminho fadado,
Ele dela é ignorado,
Ela para ele é ninguém.

Mas cada um cumpre o Destino
Ela dormindo encantada,
Ele buscando-a sem tino
Pelo processo divino
Que faz existir a estrada.

E, se bem que seja obscuro
Tudo pela estrada fora,
E falso, ele vem seguro,
E vencendo estrada e muro,
Chega onde em sono ela mora,

> E, inda tonto do que houvera,
> À cabeça, em maresia,
> Ergue a mão, e encontra hera,
> E vê que ele mesmo era
> A Princesa que dormia.

Observe que a fonte da epígrafe – *"Do Ritual Do Grau De Mestre Do Átrio Na Ordem Templária De Portugal"* – refere-se à ordem iniciática dos templários, cujos ensinamentos são secretos e pertencentes a uma tradição transmitida de mestre a discípulo. Por meio de dedicação, tempo de estudo e ampliação do nível de aprendizado, o discípulo atinge graus cada vez mais elevados, acompanhados de ascensão ou evolução espiritual. Nessa perspectiva, o poema ilustra a jornada do herói.

Se utilizarmos a chave junguiana para interpretar o texto de Pessoa, teremos a saga do príncipe em busca da princesa, bem como o encontro consigo mesmo no final da jornada, isto é, a representação do caminho do ego para a individuação.

Também se sustenta para o poema a leitura de que ele se constitui em uma alegoria ao desenvolvimento da psiquê feminina: a busca do príncipe e os desafios trazidos por ela têm como motivação uma princesa.

## Mãos à obra

Leia o conto *A Bela e a Fera* ou assista ao filme *homônimo*. Depois, trace paralelos com o mito de Eros e Psiquê.

# Síntese

Neste capítulo, você descobriu como funciona o sistema nominal no latim. Vimos que, diferentemente do português, no latim, podemos colocar a mesma setença em diversas ordens (não somente na sequência sujeito + verbo + complemento), pois é a terminação das palavras que determina sua função, e não sua disposição na sentença. Examinamos os seis casos latinos – nominativo, acusativo, vocativo, genitivo, dativo e ablativo – e as respectivas funções sintáticas correspondentes no português. Se feita essa correlação com o português, concluímos que:

- o nominativo desempenha a função de sujeito ou de predicativo do sujeito;
- o acusativo, de objeto direto;
- o dativo, de objeto indireto;
- o ablativo, de adjunto adverbial.

O vocativo, em português, apresenta a mesma nomenclatura e função. Já o genitivo não tem um correspondente exato, podendo ser traduzido pela ideia de posse, por isso poderíamos classificá-lo como pertencente à categoria dos adjuntos adnominais. Vimos também que, quanto ao gênero, o latim tem uma terceira categoria, o neutro, além do masculino e do feminino.

Posteriormente, analisamos as cinco declinações dos substantivos. Comparamos as sintaxes do latim e da língua portuguesa. Como exemplo de texto da literatura latina, destacamos um trecho de *Satyricon*, de Petrônio, e observamos duas diferentes traduções para o português. Vimos também como a temática nele expressa aparece em diferentes autores. Por fim, você pôde conhecer um pouco do romance antigo e outro representante desse gênero, o autor Apuleio.

## Indicações culturais

SATYRICON. Direção: Federico Fellini. Itália: Produzioni Europee Associati, 1969.

O filme é uma livre adaptação da obra de mesmo título, escrita por Petrônio. Na condição de livre adaptação, não há um compromisso de fidelidade com o texto latino, o que não diminui o valor do filme de Fellini, no qual ambientes bizarros e surreais se fazem presentes. Merece destaque a cena do banquete de Trimalquião, com a materialização de alguns pratos excêntricos descritos por Petrônio.

IMPÉRIO Romano. Direção: Richard Lopez. EUA/Canadá: Netflix, 2016. Minissérie.

A minissérie é uma mistura de épico e documentário baseada em fatos históricos, narrando os acontecimentos das épocas de Cômodo, Júlio César e Calígula.

SAPERE AUDE. Disponível em: <https://www.youtube.com/channel/UCChyRWeMffEC42zmJBLhBRA/featured>. Acesso em: 30 abr. 2020.

Esse é o canal da Universidade Federal de Ouro Preto (Ufop) no YouTube, com vídeos sobre diversos temas de estudos clássicos, como educação em Platão, mitologia e história do livro.

## Atividades de autoavaliação

1. As palavras a seguir estão declinadas em que caso e número, respectivamente? Consulte o vocabulário para verificar a que declinação cada uma delas pertence.

   I. *amicam*
   II. *oratoris*
   III. *noctium*
   IV. *cursibus*
   V. *dies*

   > **Vocabulário**
   >
   > *amica, amicae*: amiga
   > *orator, oratoris*: orador
   > *nox, noctis*: noite
   > *cursus, cursus*: caminho
   > *dies, diei*: dia

   Marque a alternativa que apresenta a sequência correta:
   a. I. acusativo plural; II. genitivo singular; III. dativo plural; IV. ablativo plural; V. genitivo singular.
   b. I. nominativo singular; II. genitivo plural; III. ablativo plural; IV. dativo plural; V. genitivo singular.
   c. I. acusativo singular; II. genitivo singular; III. genitivo plural; IV. ablativo plural; V. nominativo singular.

d. I. dativo singular; II. nominativo singular; III. vocativo plural; IV. ablativo plural; V. acusativo singular.
e. I. nominativo plural; II. dativo singular; III. acusativo plural; IV. vocativo singular; V. nominativo singular.

2. Como ficariam os substantivos a seguir se declinados no caso que se pede? Consulte o vocabulário.

I. *poeta, poetae* (dativo plural)
II. *discipula, discipulae* (genitivo plural)
III. *seruus, serui* (acusativo singular)
IV. *ager, agri* (acusativo plural)
V. *oculus, oculi* (nominativo plural)

### Vocabulário

*poeta, poetae*: poeta
*discipula, discipulae*: aluna
*seruus, serui*: escravo
*ager, agri*: campo
*oculus, oculi*: olho

Marque a alternativa que apresenta a sequência correta:
a. I. *poetae*; II. *discipularum*; III. *seruus*; IV. *ageros*; V. *oculos*.
b. I. *poeta*; II. *discipulae*; III. *serui*; IV. *agerum*; V. *oculis*.
c. I. *poetas*; II. *discipula*; III. *seruum*; IV. *agros*; V. *oculum*.
d. I. *poetarum*; II. *discipulis*; III. *serue*; IV. *ageros*; V. *oculus*.
e. I. *poetis*; II. *discipularum*; III. *seruum*; IV. *agros*; V. *oculi*.

3. Observe a tradução das seguintes sentenças:

I. *seruus sum.* (Sou um escravo.)
II. *domine, uir es!* (Senhor, você é um homem!)

Observe, agora, o verbo *sum* (ser) conjugado no presente do indicativo e o vocabulário a seguir:

---

*sum*: sou
*es*: tu és; você é
*est*: ele/a é
*sumus*: nós somos
*estis*: vós sois; eles são
*sunt*: eles/as são

---

### Vocabulário

*seruus, serui*: escravo
*dominus, domini*: senhor
*uir, uiri*: homem
*serua, seruae*: escrava
*domina, dominae*: senhora
*femina, feminae*: mulher

---

Como ficariam as duas sentenças em latim se passadas para o feminino e para o plural?

a. I. *seruae sumus.* II. *dominae, feminae estis!*
b. I. *seruas sumus.* II. *dominas, feminas estis!*

c. I. *seruam sumus*. II. *dominas, feminae estis!*
d. I. *seruis sumus*. II. *dominae, feminis estis!*
e. I. *serua sumus*. II. *domina, feminam estis!*

4. Leia os versos de Ovídio para responder às questões 4 e 5:

> A *doctis pretium scelus est sperare poetis;*
> *Me miserum! scelus hoc nulla puella timet.*
> (Naso, 2020c, livro III, v. 551-552)

> **Vocabulário**
>
> *sperare*: infinitivo do verbo *spero*: esperar
>
> *pretium*: acusativo singular de *pretium, -i* 2n.: ouro, prêmio, recompensa
>
> *scelus, -eris* 3n.: crime, ato criminoso

Considere o primeiro verso: "A *doctis pretium scelus est sperare poetis*". Uma possível tradução para ele é: "Esperar recompensa de um sábio poeta é um crime". A ordem dos termos é muito interessante. O termo *doctis* (sábio, douto), no início do verso, está concordando com *poetis*, no final. Sabemos disso pois ambos estão no ablativo plural, ou seja, no mesmo caso e número. Isso acontece porque a preposição *a, ab* (de, a partir de) pede (ou rege) o caso ablativo. Aqui, os termos *doctis* e *poetis* têm a mesma terminação, mas isso nem sempre acontece. Veremos essas particularidades de concordância nominal quando estudarmos os adjetivos. Ovídio não apresenta os termos na ordem mais comum em latim nesse verso. Ele faz isso por questões estilísticas e para respeitar os padrões do gênero poético ao qual se filia.

Com base nessas informações, marque V (verdadeiro) ou F (falso) para as sentenças a seguir:

( ) Se quiséssemos colocar as palavras desse verso em uma ordem mais próxima da do português, teríamos *sperare pretium a poetis doctis est scelus*.

( ) Se invertermos a ordem dos termos na oração, teremos o mesmo significado básico, embora com diferentes nuances de sentido.

( ) O termo *scelus* apresenta a forma *scelum* quando declinado no acusativo singular.

Agora, assinale a alternativa que indica a sequência correta:

a. V, V, V.
b. F, F, V.
c. V, F, V.
d. F, V, V.
e. V, V, F.

5. Considere a primeira parte do segundo verso: "*Me miserum!*", cuja tradução seria algo como "Pobre de mim!". Uma forma de exclamação em latim pode ser feita utilizando-se os termos no acusativo; chamamos isso de *acusativo exclamativo*. O termo *me* é o acusativo do pronome *ego* (veremos os pronomes com mais detalhes nos capítulos posteriores). Nos versos ovidianos, o eu lírico é masculino, e percebemos isso porque *miserum* está no acusativo singular, seguindo a segunda declinação. Se o eu lírico

fosse feminino, precisaríamos colocar este termo no acusativo singular da primeira declinação.

Com base nessas informações, marque V (verdadeiro) ou F (falso) para as sentenças a seguir:

( ) A tradução para a nova expressão seria a mesma, ou seja, "Pobre de mim!". No entanto, saberíamos que é alguém do sexo feminino quem a está enunciando.

( ) A nova expressão formada seria *"Me misera!"*.

( ) O caso acusativo em latim equivale, na maioria das vezes, ao objeto direto em português.

Agora, assinale a alternativa que indica a sequência correta:

a. V, V, V.
b. F, F, V.
c. V, F, V.
d. F, V, V.
e. V, V, F.

## Atividades de aprendizagem

### Questões para reflexão

1. Com base no vocabulário a seguir, traduza a adaptação do trecho de *Satyricon* (Petronivs, 2020). Se quiser, empregue elementos estéticos e prosódicos em sua tradução.

    *Homines pulchras coronas poetis dant. Coronas habeo, poeta igitur sum. Semper male vestitus sum, nam amor ingenii pecuniam non fert.*

> **Vocabulário**
>
> *fert*: 3ª pessoa do singular do verbo irregular *fero, fers, ferre, tuli, latum*: levar, trazer
> *igitur*: portanto
> *ingenium, -i* 2n.: talento, inteligência, inspiração
> *pecunia, -ae* 1f.: dinheiro, fortuna, riqueza

2. Considere o texto extraído de *A arte de amar*, de Ovídio, e o vocabulário a seguir:

   *Pauperibus vates ego sum, quia pauper amavi;*
   *Cum dare non possem munera, verba dabam.* (Naso, 2020c)

   Eu sou o poeta dos pobres, porque sendo pobre, amei;
   Quando não podia dar presentes, dava palavras.
   (Ovídio, 1992, p. 115, tradução de Natália Correa e David Mourão)

> **Vocabulário**
>
> *ego*: eu
> *munus, -eris* 3n.: presente, graça
> *vates (vatis), -is* 3n.: profeta, oráculo, vate, poeta
> *pauper, -is* – adjetivo: pobre
> *quia*: porque
> *amaui* – 1ª pessoa do pretérito perfeito do verbo *amo*: amei
> *cum possem*: quando eu podia
> *non*: não
> *do, -as, -are, -aui, -atum*: dar, entregar

a. Com base no vocabulário e na tradução dos versos, verta para o latim a sentença "Eu não dou presentes, dou palavras".

b. Considere o início do primeiro verso: *"Pauperibus vates ego sum"* (Eu sou o poeta dos pobres). Observe que a terminação de *pauperibus* (*-ibus*) está no dativo plural, no entanto, traduzimos o termo por "dos pobres", ou seja, um poeta que pertence aos pobres ou age no interesse deles. Você aprendeu que é o genitivo o caso que indica posse. Porém, há um uso do dativo chamado *dativo de posse* ou *dativo de interesse*. Ele designa algo ou alguém que está sendo beneficiado ou prejudicado pela ação do verbo a que se refere. É esse o uso que está sendo feito aqui por Ovídio. Nesse sentido, podemos entender que o poeta (*vates*) existe no interesse dos pobres, em benefício dos pobres, para os pobres, ou ainda que há para os pobres um poeta. Com base nessa informação, verta para o latim a sentença "Sou o senhor dos poetas" seguindo a mesma ordem da oração ovidiana para os termos. Use, para essa atividade, a palavra *dominus, -i* 2m.: "senhor" e *poeta, -ae* 1m.: "poeta".

## Atividades aplicadas: prática

1. Observe esta sentença em latim: *quod oculus non uidet, cor non dolet.*

   Você consegue identificar a que declinação as palavras *oculus* e *cor* pertencem? E em que caso cada uma delas está? Qual seria a tradução dessa sentença? Considere o vocabulário a seguir:

> **Vocabulário**
>
> *oculus, oculi*: olho
> *cor, cordis*: coração
> *non*: não
> *uidet*: vê
> *dolet*: sente
> *quod*: o que

+ A tradução para o português desse ditado é bastante conhecida. Você sabe qual é?
+ E, se quiséssemos escrever o sujeito no plural, como ficaria o substantivo?

2. Observe esta sentença em latim: *uerba uolant, scripta manent.*

   Você consegue identificar a que declinação essas palavras pertencem e em que caso estão? Dica: ambas são da mesma declinação e estão no plural.

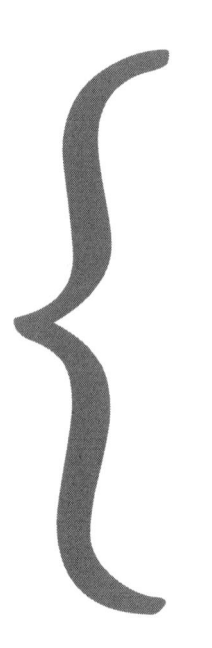

{

um   História, pronúncia e usos da língua latina
     e o gênero épico
dois  Sistema nominal latino e o gênero romance
# três  Sistema verbal do latim
        e o gênero lírico
quatro  Adjetivos, aspectos verbais, tempo pretérito
        e o gênero trágico
cinco   Pronomes latinos e o gênero cômico
seis    Futuro do presente, palavras indeclináveis
        e a obra de Cícero

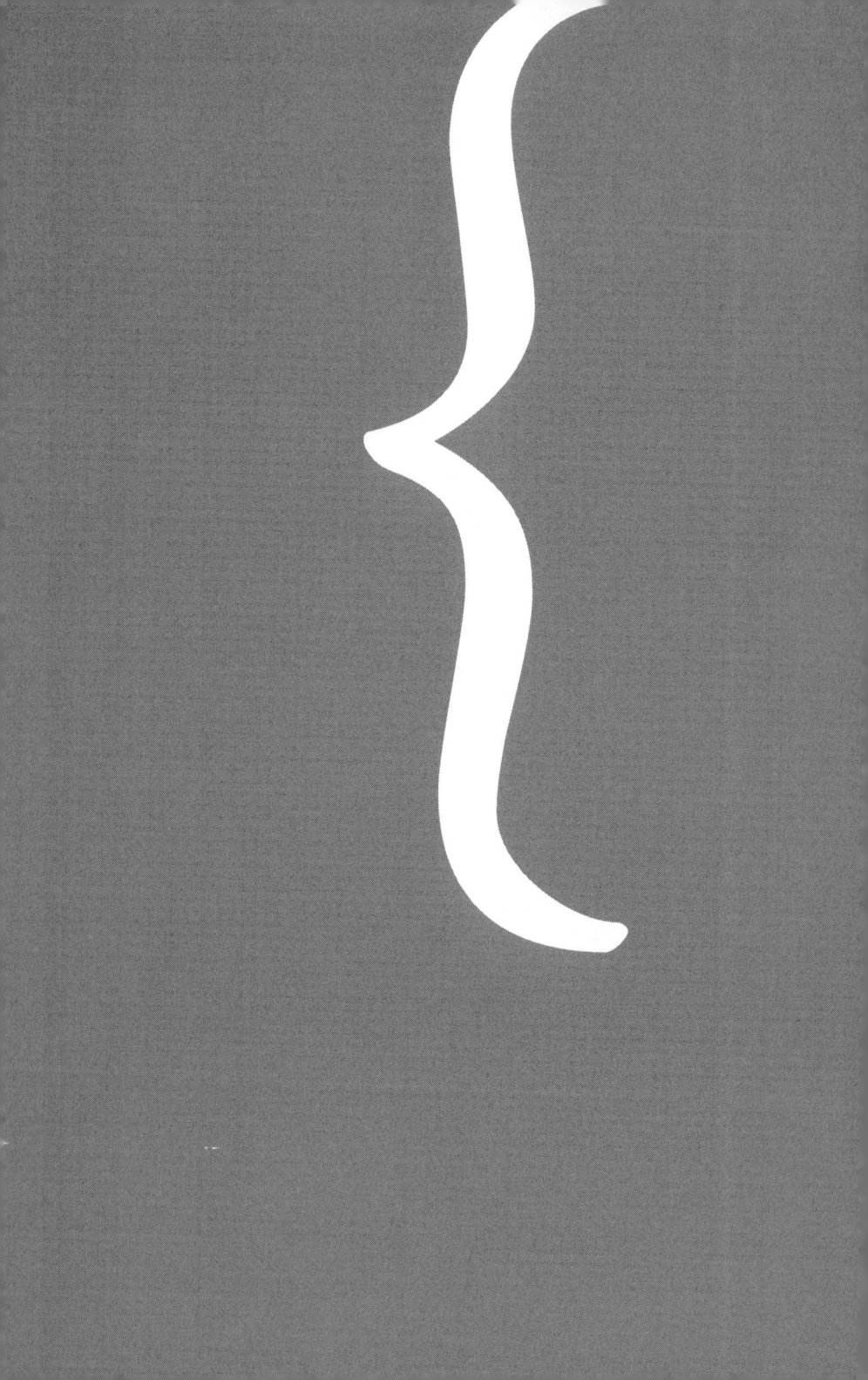

{

❰ NESTE CAPÍTULO, TRATAREMOS do sistema verbal do latim, que, como você verá, é muito semelhante ao sistema verbal do português.

Como consideração inicial, vale dizer que, assim como acontece com os substantivos nas declinações, há diferentes grupos de verbos, os quais seguem paradigmas na conjugação.

No latim, há cinco conjugações e, ao conhecê-las, você vai perceber as semelhanças com as do português.

trêspontoum
# O latim e seu sistema verbal: considerações iniciais

Antes de conhecer os verbos na língua latina, realize a leitura do poema a seguir, escrito por Caio Valério Catulo, poeta do século I a.C.

> *odi et amo. quare id faciam, fortasse requiris.*
> *nescio, sed fieri sentio et excrucior.* (Catvllvs, 2020, LXXXV)

FIGURA 3.1 – ESTÁTUA DO POETA CATULO, EM SIRMIONE, ITÁLIA

SueTot/Shutterstock

Nesse pequeno poema, existem oito verbos. Você consegue identificá-los? Achou algum deles parecido com o correspondente em português? Observe quais são eles e as respectivas traduções:

> *odi*: odeio
> *amo*: amo
> *facio*: faço
> *requiris*: tu perguntas/você pergunta
> *nescio*: não sei
> *fieri*: acontece
> *sentio*: sinto
> *excrucior*: torturo-me

O verbo *amo*, na 1ª pessoa do presente do indicativo, chegou ao português sem modificações. Os demais lembram muito as formas verbais do português, concorda? Agora, você pode estar se perguntando: Todos os verbos são como os do poema, tão parecidos com os da nossa língua? Nem sempre, a começar pela maneira como podemos encontrá-los no dicionário.

Uma das dificuldades que o estudante de latim tem quando inicia os estudos é justamente encontrar no dicionário as formas verbais. Estamos acostumados a procurar um verbo em português pelo seu infinitivo: "amar", "ler", "ouvir"... Então, você pode estranhar um pouco a forma como os verbos aparecem num dicionário de latim. Utilizaremos, como exemplo, o verbo *amo*, o primeiro que aparece no poema de Catulo. Você o encontrará da seguinte maneira:

*amo, -as, -āre, -aui, -atum*

E o que são essas formas? *amo* é 1ª pessoa do singular do presente do indicativo ativo e pode ser traduzida por "eu amo"; *amas* é a 2ª pessoa do singular do presente do indicativo ativo e pode ser traduzida por "tu amas ou você ama"; *amare* corresponde ao infinitivo, que indica que o verbo pertence à primeira conjugação, e traduz-se como o infinitivo no português: "amar"; *amaui* é a 1ª pessoa do singular do perfeito, correspondente ao pretérito perfeito do português, ou seja, "eu amei"; *amatum* é o supino, uma forma verbo-nominal pela qual se forma o particípio, e pode ser traduzida por "amado".

O fato de todas essas formas estarem descritas no dicionário é extremamente importante, pois elas indicam os radicais com os quais podemos conjugar os verbos em qualquer modo e tempo.

> ## Preste atenção!
>
> As letras *j* e *v* não existiam em latim clássico, porém os dicionários apresentam essas letras em sua divisão. Assim, palavras que têm a letra *i* podem estar na letra *i* ou na *j*. Já as palavras escritas com *u*, *V* ou *v* podem ser apresentadas na letra *u* ou na letra *v* nos dicionários.

## 3.1.1 Primeira conjugação

Da mesma forma que fizemos com o sistema nominal, utilizaremos aqui os conceitos de *radical*, *tema*, *desinência* e *terminação*. No caso dos verbos, aos temas são acrescidas as desinências modo-temporais e número-pessoais. Na primeira conjugação, a letra *a* é a vogal temática e será sempre longa no infinitivo do verbo, como podemos observar em *amo*:

> *amo, -as, -āre, -aui, -atum* (amar)

Relembrando:

> *amo*: 1ª pessoa do singular do presente do indicativo ativo (eu amo)
> *amas*: 2ª pessoa do singular do presente do indicativo ativo (tu amas/você ama)
> *amāre*: infinitivo (amar)
> *amaui*: 1ª pessoa do singular do pretérito perfeito (eu amei)
> *amatum*: supino (amado)

Outros exemplos de verbos da primeira conjugação:

- *seruo, -as, -are, -aui, -atum* (cuidar);
- *uoco, -as, -are, -aui, -atum* (chamar);
- *paro, -as, -are, -aui, -atum* (preparar).

## 3.1.2 Segunda conjugação

Na segunda conjugação, a letra *e* é a vogal temática e será sempre longa no infinitivo do verbo, como em *habeo*:

> *habeo, -es, -ēre, habui, habitum* (ter)*

Vejamos a conjugação desse verbo:

> *habeo*: 1ª pessoa do singular do presente do indicativo ativo (eu tenho)
> *habes*: 2ª pessoa do singular do presente do indicativo ativo (tu tens/você tem)
> *habēre*: infinitivo (ter)
> *habui*: 1ª pessoa do singular do pretérito perfeito (eu tive)
> *habitum*: supino (tido, possuído)

Outros exemplos de verbos da segunda conjugação:

- *deleo, -es, -ere, -eui, -etum* (destruir, apagar);**
- *uideo, -es, -ere, -eui, -etum* (ver, olhar);
- *timeo, -es, -ere, -ui* (temer).

---

* O verbo *habeo* está presente nas conhecidas expressões jurídicas *habeas corpus* e *habeas data*, que significam, literalmente, "que você tenha seu corpo" (para comparecer ao julgamento) e "que você tenha seus dados".

** Este verbo chegou ao inglês (*to delete*) e, por conta de seu uso abrangente na informática, foi traduzido para o português como "deletar".

Observe que o verbo *timĕō, ēs, ēre, timŭi* (temer) não apresenta radical de supino, o do passado também difere do padrão apresentado para a segunda conjugação: *-eui*. O mesmo ocorre com verbos como *manĕō, ēs, ēre, mansī, mansum* (ficar, permanecer, residir) e *docĕō, ēs, ēre, docŭī, doctum* (ensinar, instruir). Apesar dessa característica, *maneo* e *doceo* pertencem à segunda conjugação. Portanto, para se certificar de que o verbo pertence a essa conjugação, atente para a 2ª pessoa do singular, *-ēs*, e para a forma de infinitivo, *-ēre*, observando que ambas apresentam o *ē* longo.

## 3.1.3 Terceira conjugação

A terceira conjugação não apresenta vogal temática. A vogal *i* é uma vogal de ligação, que serve para unir o radical às desinências de número e pessoa. Vamos tomar como exemplo a entrada no dicionário da palavra *dico*:

*dico, -is, -ĕre, dixi, dictum* (dizer)

Agora, vejamos sua conjugação:

*dico*: 1ª pessoa do singular do presente do indicativo ativo (eu digo)
*dicis*: 2ª pessoa do singular do presente do indicativo ativo (tu dizes/você diz)
*dicĕre*: infinitivo (dizer)
*dixi*: 1ª pessoa do singular do pretérito perfeito (eu disse)
*dictum*: supino (dito)

Outros exemplos de verbos da terceira conjugação:

- *duco, -is, -ere, duxi, ductum* (conduzir);
- *lego, -is, -ere, legi, lectum* (reunir, ler).

Perceba que o *e* da forma de infinitivo é breve – dicĕre, diferentemente do infinitivo da segunda conjugação, cujo *e* é longo – habēre. No caso da segunda conjugação, o *e* é a vogal temática, mantendo-se longo, já a terceira conjugação não apresenta vogal temática.

## 3.1.4 Quarta conjugação

Na quarta conjugação, a vogal *i* é a vogal temática e será sempre longa no infinitivo do verbo, como em *audio*:

*audio, -is, -īre, -iui ou -ii, -itum* (ouvir)

Quando conjugada, observe que há duas formas de 1ª pessoa do pretérito perfeito – *audiui* ou *audii*.

*audio*: 1ª pessoa do singular do presente do indicativo ativo (eu ouço)

*audis*: 2ª pessoa do singular do presente do indicativo ativo (tu ouves/você ouve)

*audīre*: infinitivo (ouvir)

*audiui* ou *audii*: 1ª pessoa do singular do pretérito perfeito (eu ouvi)

*auditum*: supino (ouvido)

Outros exemplos de verbos da quarta conjugação:

* *uincio, -is, -ire, uinxi, uinctum* (amarrar);
* *scio, -is, -ire, -iui ou ii, -itum* (saber, conhecer)*.

## 3.1.5 Conjugação mista

Na conjugação mista**, assim como na terceira conjugação, a vogal *i* é a vogal de ligação. Perceba que ela é breve na forma de infinitivo do verbo, como em *capio*:

*capio, -is, -ĕre, cepi, captum* (pegar, tomar)

A conjugação mista é, portanto, uma mistura da terceira e da quarta conjugações. Observe:

*capio*: 1ª pessoa do singular do presente do indicativo ativo (eu pego)
*capis*: 2ª pessoa do singular do presente do indicativo ativo (tu pegas/você pega)
*capĕre*: infinitivo (pegar)
*cepi*: 1ª pessoa do singular do pretérito perfeito (eu peguei)
*captum*: supino (pegado)

---

* Daí decorre a palavra *scientia*, que significa "conhecimento", "ciência". Há também a forma negativa: *nescio*, presente no poema de Catulo lido no início do capítulo e que significa "não saber", originando a palavra em português *néscio* (ignorante), que já caiu em desuso.
** Alguns teóricos consideram a conjugação mista um subgrupo da terceira conjugação. É o caso de Almeida (2001).

Outros exemplos de verbo da conjugação mista:

* *facio, -is, -ere, feci, factum* (fazer, executar);
* *fugio, -is, -ere, fugi, fugitum* (fugir).

## trêspontodois
# Aspecto e tempos verbais

Os tempos verbais do latim se dividem em dois grupos, conforme o radical que indica seu aspecto.

O aspecto é uma propriedade verbal relacionada à duração da ação expressa pelo verbo, apontando se ela foi concluída ou não. O aspecto **perfectivo** indica ações inteiramente concluídas, sendo possível verificar seu início, desenvolvimento e fim\*. O aspecto **imperfectivo** denota que a ação não foi totalmente concluída.

Ao grupo do radical de *infectum* (que significa "não feito") pertencem os tempos que denotam ações não concluídas, as quais ainda podem estar em prosseguimento: presente, imperfeito, futuro do presente. Ao grupo do radical de *perfectum* (que significa "feito") pertencem os tempos que denotam ações concluídas, terminadas: pretérito perfeito, pretérito mais-que-perfeito e futuro do pretérito.

---

\* De acordo com a segunda acepção do *Dicionário Houaiss da língua portuguesa*, o adjetivo "perfeito" tem o sentido "cabal, rematado, total". Etimologicamente, deriva do latim *perfectus, -a, -um*: "fazer inteiramente, acabar" (Houaiss, 2009, p. 1472).

Quadro 3.1 – *Infectum e perfectum*

| | |
|---|---|
| *infectum*: ações inacabadas | ⟶ |
| *perfectum*: ações acabadas | ● |
| Com o radical de *infectum* formamos os tempos: | Presente |
| | Imperfeito |
| | Futuro do presente |
| Com o radical de *perfectum* formamos os tempos: | Pretérito perfeito |
| | Pretérito mais-que-perfeito |
| | Futuro do pretérito |

Aqui fica clara a importância de aparecerem no dicionário todas aquelas formas verbais: elas apresentam os radicais de *infectum* e *perfectum*, com os quais é possível formar todos os tempos verbais. Vamos retomar o verbo *amo* para deixar a ideia mais clara:

> *amo, -as, -are, -aui, -atum* (amar)
> As formas *amo* e *amas* trazem o radical de *infectum*: *am-*
> A forma *amaui* traz o radical de *perfectum*: *amau-*

Observe a conjugação desse verbo em todos os tempos, de acordo com cada aspecto.

*infectum* (radicais em destaque):

- Presente indicativo: *amo, -as, -at, -āmus, -ātis, -ant* (eu amo, tu amas/você ama etc.).
- Imperfeito indicativo: *amabam, -abas, -abat, -abamus, -abatis, -abant* (eu amava, tu amavas/você amava etc.).
- Futuro do presente indicativo: *amabo, -abis, -abit, -abimus, -abitis, -abunt* (eu amarei, tu amarás/você amará etc.).

*perfectum* (radicais em destaque):

- Pretérito perfeito indicativo: *amaui, -isti, -it, -imus, -istis, -erunt* (eu amei, tu amaste/você amou etc.).
- Pretérito mais-que-perfeito indicativo: *amaueram, -eras, -erat, -eramus, -eratis, -erant* (eu amara/tinha amado, tu amaras ou tinhas amado/você amara ou tinha amado etc.).
- Futuro do pretérito ou futuro perfeito: *amauero, -eris, -erit, -erimus, -eritis, -erint* (eu terei amado, tu terás amado/você terá amado etc.).

## trespontotrês
# Conjugação no presente do indicativo ativo

Observe as formas verbais na inscrição em latim que pode ser vista na imagem a seguir, um detalhe do obelisco da Praça de São Pedro, no Vaticano.

Figura 3.2 – Inscrição em latim na base do Obelisco do Vaticano

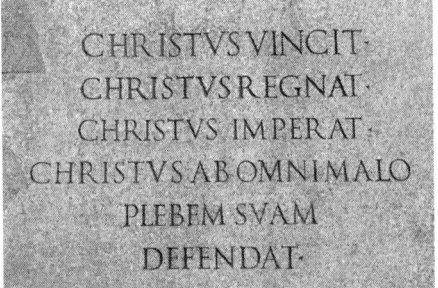

> CHRISTVS VINCIT·
> CHRISTVS REGNAT·
> CHRISTVS IMPERAT·
> CHRISTVS AB OMNI MALO
> PLEBEM SVAM
> DEFENDAT·

Geothea/Shutterstock

Os verbos são: *uincit, regnat, imperat, defendat*. A forma *uincit* é da terceira conjugação e as demais pertencem à primeira. Todos os verbos estão conjugados no presente e na 3ª pessoa do singular, pois o sujeito é *Christus* para todas as formas verbais.

A tradução do texto todo é a seguinte: "Cristo vence, Cristo reina, Cristo impera. Cristo defende seu povo de todo o mal". Nesta seção, vamos nos concentrar na conjugação do tempo presente.

O tempo presente indica as ações inacabadas realizadas no presente e pode ser traduzido conforme o presente no português ou pelo gerúndio, que também indica ação em curso no tempo presente. Assim, o verbo *amo* pode ser traduzido por "(eu) amo" ou "(eu) estou amando". A escolha da tradução é feita pelo autor com base no contexto*.

---

* Há também uma outra possível tradução para o presente do indicativo, que expressa uma afirmação enfática: "Eu realmente amo".

Os verbos no presente são formados com o radical do *infectum* mais a vogal temática ou vogal de ligação (a depender da conjugação) e as desinências número-pessoais, que indicam o número e a pessoa em que o verbo está sendo conjugado.

As desinências número-pessoais para o presente são as seguintes:

- *-o* (1ª pessoa do singular);
- *-s* (2ª pessoa do singular);
- *-t* (3ª pessoa do singular);
- *-mus* (1ª pessoa do plural);
- *-tis* (2ª pessoa do plural);
- *-nt* (3ª pessoa do plural).

A 2ª pessoa do singular, que corresponde ao "tu" do português e tem formas bem parecidas com as formas dessa língua, também pode ser traduzida por "você". Isso também acontece com a 2ª pessoa do plural: em vez de "vós", podemos traduzir por "vocês". Atualmente, os pronomes "você" e "vocês" são mais utilizados em português do que "tu" e "vós". Verifique:

- *amas*: tu amas/você ama;
- *amatis*: vós amais/vocês amam.

A seguir, no Quadro 3.2, observe atentamente as cinco conjugações para perceber quais são as semelhanças e as diferenças entre elas e em relação à língua portuguesa.

## Quadro 3.2 – As conjugações do latim

| 1ª conjugação | 2ª conjugação | 3ª conjugação | Conjugação mista | 4ª conjugação |
|---|---|---|---|---|
| amo | habeo | dico | capio | audio |
| amas | habes | dicis | capis | audis |
| amat | habet | dicit | capit | audit |
| amamus | habemus | dicimus | capimus | audimus |
| amatis | habetis | dicitis | capitis | auditis |
| amant | habent | dicunt | capiunt | audiunt |

Vejamos algumas particularidades dos verbos no presente.

A primeira conjugação, no tempo presente, é formada com o radical de *infectum*, seguido da vogal temática *-a-* e das desinências número-pessoais. Porém, a vogal temática não aparece na 1ª pessoa do singular – única exceção, pois ela se contraiu com a desinência (antes do latim clássico, era *amao*). Assim, temos:

> *amo*: *am-* (radical de *infectum*) + *-o* (desinência número-pessoal indicativa de 1ª pessoa do singular)

Mas:

> *amas*: *am-* (radical de *infectum*) + *-a-* (vogal temática da primeira conjugação) + *-s* (desinência número-pessoal indicativa de 1ª pessoa do singular)
> *amat*: *am-* (radical de *infectum*) + *-a-* (vogal temática da primeira conjugação) + *-t* (desinência número-pessoal indicativa de 2ª pessoa do singular)
> E assim por diante.

A segunda conjugação é formada com o radical de *infectum*, seguido da vogal temática *-e-* e das desinências número-pessoais. Assim, temos:

> *habeo*: *hab-* (radical de *infectum*) + *-e-* (vogal temática) + *-o* (desinência número-pessoal indicativa de 1ª pessoa do singular)
> *habes*: *hab-* (radical de *infectum*) + *-e-* (vogal temática) + *-s* (desinência número-pessoal indicativa de 2ª pessoa do singular)
> E assim por diante.

Os verbos da terceira conjugação não têm vogal temática, portanto são formados com o radical de *infectum*, seguido da vogal de ligação *-i-* (na 2ª e 3ª pessoas do singular e na 1ª e 2ª pessoas do plural) e das desinências número-pessoais. A 3ª pessoa do plural tem a particularidade da terminação *-unt*. Veja:

> *dico*: *dic-* (radical de *infectum*) + *-o* (desinência número-pessoal indicativa de 1ª pessoa do singular) – A vogal temática não aparece.
>
> *dicis*: *dic-* (radical de *infectum*) + *-i-* (vogal de ligação) + *-s* (desinência número-pessoal indicativa de 2ª pessoa do singular)
>
> *dicunt*: *dic-* (radical de *infectum*) + *-u-* (vogal de ligação) + *-nt* (desinência número pessoal indicativa de 3ª pessoa do plural)

Os verbos da conjugação mista também não têm vogal temática, portanto são formados com o radical de *infectum*, seguido da vogal de ligação *-i-* para todas as pessoas e das desinências número-pessoais. A 3ª pessoa do plural apresenta a terminação *-iunt*. Observe:

> *capio*: *cap-* (radical de *infectum*) + *-i-* (vogal de ligação) + *-o* (desinência número-pessoal indicativa de 1ª pessoa do singular)
>
> *capis*: *cap-* (radical de *infectum*) + *-i-* (vogal de ligação) + *-s* (desinência número-pessoal indicativa de 2ª pessoa do singular)
>
> *capiunt*: *cap-* (radical de *infectum*) + *-iu-* (vogais de ligação) + *-nt* (desinência número-pessoal indicativa de 3ª pessoa do plural)

A quarta conjugação é formada com o radical de *infectum*, seguido da vogal temática *-i-* e das desinências número-pessoais. Ela também apresenta a 3ª pessoa do plural em *-unt*. Assim, temos:

> *audio*: *aud-* (radical de *infectum*) + *-i-* (vogal temática) + *-o* (desinência número-pessoal indicativa de 1ª pessoa do singular)
>
> *audis*: *aud-* (radical de *infectum*) + *-i-* (vogal temática) + *-s* (desinência número-pessoal indicativa de 2ª pessoa do singular)
>
> *audiunt*: *aud-* (radical de *infectum*) + *-i-* (vogal temática) + *-u-* (vogal de ligação) + *-nt* (desinência número-pessoal indicativa de 3ª pessoa do plural)

Vamos, agora, analisar algumas sentenças simples para que você possa entender o funcionamento dos verbos na prática.

1. *philosophum non facit barba.*\*

O verbo *facit* pertence à conjugação mista: *facio, -is, -ĕre, feci, factum* (fazer). Está conjugado na 3ª pessoa do singular e pode ser traduzido por "faz". O sujeito de *facit* é *barba*, que pertence à primeira declinação: *barba, -ae* (barba). Você se lembra da forma de nominativo da primeira declinação, terminada em *-a*?

Já o objeto direto do verbo é *philosophum*, substantivo da segunda declinação: *philosophus, -i* (filósofo). *non* é uma palavra indeclinável e corresponde ao "não" em português.

Portanto, a tradução seria: "A barba não faz o filósofo". Você consegue imaginar qual é o sentido dessa famosa sentença? Em português, temos uma equivalente a ela: "O hábito não faz o monge".

---

\* A sentença é uma forma vulgarizada com origem em um trecho das *Quaestiones convivales*, de Plutarco (46 d.C -127 d.C.), historiador e filósofo grego, formado na Academia de Platão. No livro IX de Aulo Gélio, vemos uma variação para ela: "*Barbam et pallium philosophum nondum uideo*" ("Vejo a barba e o manto, mas ainda não o filósofo") (Gelli, 2020, tradução nossa).

2. *caecus caecum ducet in foueam.*\*

O verbo *ducet* pertence à segunda conjugação: *duco, -is, -ere, duxi, ductum* (conduzir). Está conjugado na 3ª pessoa do singular e pode ser traduzido por "conduz".

O sujeito de *ducet* é *caecus*, adjetivo que segue a segunda declinação\*\* e está no nominativo. Podemos traduzi-lo por "o cego" ou "um cego". Esse adjetivo aparece novamente na sentença em sua forma de acusativo: *caecum*. Reveja a segunda declinação para confirmar as terminações *-us* e *-um* de nominativo e acusativo, respectivamente.

Já o objeto direto do verbo é *philosophum*, substantivo da segunda declinação: *philosophus, -i* (filósofo). *foueam* é palavra da primeira declinação, *fouea, -ae* (buraco), e está no acusativo por conta da preposição *in*, indicando movimento. A expressão *in foueam* pode ser traduzida por "para o buraco".

Portanto, a tradução literal seria: "O cego conduz o cego para o buraco". Podemos adaptá-la de outras maneiras, sem que perca o sentido: "Um cego conduz outro cego para o buraco", por exemplo.

---

\* Essa expressão apresenta muitas variações ao decorrer do tempo: "são numerosas as suas variações [...] registradas na coletânea das sentenças medievais, e essa tradição deu origem a um provérbio ainda vivo em todas as línguas europeias, segundo a qual, 'se um cego guia o outro, ambos caem no buraco'" (Tosi, 2000, p. 470).

\*\* Trataremos dos adjetivos que seguem a primeira e segunda declinações no Capítulo 4.

3. *labor omnia uincit.**

O verbo *uincit* pertence à terceira conjugação: *uinco, -is, -ĕre, uici, uictum* (vencer). Está conjugado na 3ª pessoa do singular e pode ser traduzido por "vence".

O sujeito de *uincit* é *labor*, que pertence à terceira declinação, *labor, -oris* (trabalho), e está no nominativo, pois é o sujeito do verbo.

Já o objeto direto é *omnia*, adjetivo que segue a terceira declinação**, *omnis, -e* (tudo), e está no acusativo plural, no gênero neutro (lembre-se de que os neutros plurais sempre terminam em *-a*). Nesse caso, uma possível tradução é "todas as coisas".

Portanto, a frase poderia ser traduzida da seguinte maneira: "O trabalho vence todas as coisas".

4. *plus uident oculi quam oculus.*

O verbo *uident* pertence à segunda conjugação: *uideo, -es, -ēre, uidi, uisum* (ver). Está conjugado na 3ª pessoa do plural e pode ser traduzido por "veem".

O sujeito de *uident* é *oculi*, que pertence à segunda declinação: *oculus, -i* (olho). Você se lembra da forma de nominativo plural da segunda declinação, terminada em *-i*? A tradução seria "olhos" ou "os olhos". *oculus* é nominativo singular. A tradução seria "olho" ou "o olho", ou ainda "um olho". *quam* é uma palavra

---

* O ditado popular alude ao verso 69 do livro X das *Bucólicas*, de Virgílio (2005, p. 69, tradução nossa): "*Omnia uincit amor*" ("O amor vence tudo/todas as coisas").
** Trataremos dos adjetivos que seguem a terceira declinação no Capítulo 4.

indeclinável ligada a *plus*, e a expressão comparativa toda tem o sentido de "mais que".

Portanto, a tradução seria: "Os olhos veem mais que o olho". Uma tradução mais elaborada poderia trazer esta interpretação, por exemplo: "Dois olhos veem melhor que um".

## 3.3.1 Verbo *sum*

O verbo *sum* é irregular e significa "ser", "estar" ou "haver", dependendo do contexto. Veja a seguir sua conjugação no presente indicativo ativo.

| Presente indicativo do verbo *sum* |
|---|
| sum |
| es |
| est |
| sumus |
| estis |
| sunt |

Esse verbo aparece em inúmeras expressões latinas. Esta é uma expressão bastante conhecida: *iustitia caeca est* (A justiça é cega). Nesse caso, o verbo está conjugado na 3ª pessoa do singular, concordando com o sujeito, que está no singular (*iustitia* é uma palavra da primeira declinação e, aqui, está no nominativo, pois é sujeito da frase).

Muitas vezes, o verbo *sum* está subentendido na frase, mas a tradução normalmente o recupera. A famosa máxima de Horácio é um exemplo: "*uita breuis*". Aqui, não vemos o verbo na sentença, mas ele está implícito: *uita breuis est*. A tradução é: "A vida é breve". Quando o verbo aparece no início da oração, pode ter sentido enfático: "é, sim!", "é mesmo!", como *est uita breuis*, que em português significa "É, fato, a vida breve". Pode ainda indicar a existência de algo, como na tradução de *est locus amoenus*: "há, existe/existem", "Há um lugar tranquilo".

Para fixar como funciona o sistema de conjugações no latim, vamos realizar uma análise do trecho que apresentamos no início deste capítulo. Depois, você poderá ler a tradução para o português e verificar o uso de cada um dos verbos. Preste atenção no poema e em sua análise. Consulte os quadros de conjugações ao longo da explicação.

> *odi et amo. quare id faciam, fortasse requiris.*
> *nescio, sed fieri sentio et excrucior.* (Catvllvs, 2020, LXXXV)

A seguir, propomos uma tradução que está longe de levar em consideração os efeitos de sentido obtidos pela sintaxe e escolha de palavras de Catulo. A intenção é apenas deixar mais claros o vocabulário e os conteúdos vistos neste capítulo.

> Odeio e amo. Por que supostamente faço isso, talvez queira saber. Não sei, mas sinto acontecer e torturo-me. (Catvllvs, 2020, LXXXV, tradução nossa)

O poema é conciso, composto por apenas dois versos ou um dístico elegíaco, mas dotado de uma intensa expressividade ao versar sobre a contradição do sentimento amoroso. Na primeira frase, temos dois verbos com ideias opostas: "odeio" e "amo", que constituem um oxímoro*, pois duas ideias contrárias são aproximadas, em vez de serem contrastadas.

A concisão do poema acontece graças ao grande número de verbos (oito, no total: *odi*, *amo*, *faciam*, *requiris*, *nescio*, *fieri*, *sentio* e *excrucior*) e à ausência de substantivos. Todos os verbos têm sujeito oculto. O poema dialoga com um interlocutor que parece perguntar como é possível amar e odiar ao mesmo tempo. Ao responder que não sabe (*nescio*), o eu-lírico mostra não ter explicação racional para abrigar sentimentos tão antagônicos.

Vamos analisar as poucas palavras presentes no poema com o intuito de interpretá-lo:

- *odi*: 1ª pessoa do singular do verbo irregular *odi*, *odisti*, *odisse* (odiar, detestar)**;
- *amo*: 1ª pessoa do verbo da primeira conjugação *amo*, *-as*, *-are*, *-atum* (amar) – "amo";
- *quare*: palavra irregular, funciona como expressão interrogativa e significa "por que razão?", "por quê?";
- *id*: forma neutra do pronome *is*, *ea*, *id* (este, esta, isto);

---

* "Oxímoro vem do grego *Oxus* – añado, penetrante, agudo – e *Moros* – tolo, idiota, estúpido. A partir daí, podemos dizer que Oxímoro é uma figura de pensamento que consiste numa frase de sentido, aparentemente, absurdo, já que resulta da reunião de ideias contrárias num só pensamento. Essa figura de pensamento nos leva a enunciar uma verdade com aparência de mentira" (Otsuka, 2020, grifo do original).

** As formas do perfeito desse verbo têm significação de presente: "odeio"; "detesto".

- *faciam*: 1ª pessoa do subjuntivo do verbo da conjugação mista *facio, -is, -ere, feci, factum* (fazer, executar) – "supostamente faço isso";
- *fortasse*: advérbio que significa "talvez", "acaso";
- *requiris*: 2ª pessoa do verbo da terceira conjugação *requiro, -is, -ere, -quisiui* ou *-quisii, -quisitum* (perguntar, interrogar) – "perguntas", "você pergunta, quer saber";
- *nescio*: 1ª pessoa do verbo da quarta conjugação *nescio, -is, ire, -iui ou ii, itum* (não saber, ignorar);
- *sed*: conjunção "mas";
- *fieri*: infinitivo do verbo *fio, fis, fieri, factus sum* (ser feito, ser criado, dar-se, acontecer); verbo semidepoente* (formado com o particípio de *facio*) – "acontecer";
- *sentio*: 1ª pessoa do verbo *sentio, -is, -ire, sensi, sensum* (sentir, perceber pelos sentidos) – "sinto";
- *et*: conjunção "e";
- *excrucior*: 1ª pessoa da voz passiva do verbo *excrucio, -as, -are, aui, atum* (submeter à tortura, fazer sofrer, crucificar) – "sou torturado", "sou submetido à cruz".

Quando lemos *odi et amo*, tendemos a unir as três palavras ao pronunciá-las ("odietamo"). De fato, temos aqui uma elisão, reforçando a ideia de que os dois sentimentos, embora

---

* Os verbos em latim podem aparecer nas vozes ativa e passiva. No entanto, há conjuntos de verbos que apresentam formas ativas, mas com sentido passivo. *amor* é a 1ª pessoa do verbo amar na voz passiva: "sou amado". Já *mentior* corresponde à 1ª pessoa do verbo *mentior, -iris, -ire, -itus sum* e significa "eu minto". Outros verbos são conjugados na voz ativa nos temas de *infectum* e na voz passiva nos tempos de *perfectum*, mesmo conservando o sentido ativo. A esses verbos dá-se o nome de *semidepoentes*.

contraditórios, atingem o poeta ao mesmo tempo, de forma conjunta. O verbo *requiris*, na 2ª pessoa, alude a um possível interlocutor que indaga o eu-lírico sobre como é possível se sentir assim. A presença desse interlocutor é reforçada por *faciam*, verbo na voz ativa, sugerindo alguma vontade do poeta nesse sentimento. A resposta a essa indagação é o verbo *nescio* (não sei), seguido por *sed* (mas), reforçando a contradição presente em todo o poema e a falta de controle do eu-lírico. O efeito de sentido aqui é a constatação da impossibilidade de dar uma explicação racional: o eu-lírico é impotente perante os sentimentos de amor e ódio. Isso é reforçado pelo verbo *fieri* (é feito, acontece), uma forma passiva de *fio*, ou seja, é algo que acontece, que o acomete sem que ele possa mudar a realidade que sente (*sentio*). Ligado a *sentio* por *et* (e) está *excrucior* (me submeto, sou torturado), pena destinada aos escravos. A condição de amar e odiar ao mesmo tempo tem o poder de torturar o eu-lírico e reverter a hierarquia social, transformando o poeta em escravo.

Para que fique ainda mais claro o quão expressivo é o verbo *excrucior*, Vasconcellos (Catulo, 1991, p. 23), em comentários acerca dos poemas de Catulo, afirma:

> Um homem de livre nascimento deve ser sempre ativo, até mesmo em sua vida afetiva; não pode abdicar de seu título de dominus nem sequer na vida privada. Quem comanda outros, deve mostrar de que tal é digno, subordinando primeiramente suas próprias inclinações, domando seus instintos, organizando suas pulsões, tornando-se, em suma, o senhor de si mesmo. Sob o domínio da paixão, porém, o homem perde sua audácia, avilta-se, escraviza-se, aliena-se.

## trêspontoquatro
# O gênero lírico

A palavra *lírico* (λυρικός), de acordo com Bowra (1961), aparece pela primeira vez em Alexandria, onde os poetas alexandrinos, com o intuito de classificar os poetas que os precederam, elaboraram uma lista de nove poetas líricos (εννέα λυρικοί). Cada um desses poetas, para os alexandrinos, era chamado de *lírico* (λυρικός) por compor canções para a lira (λύρα)*. É o que também afirma Lesky (1995, p. 134): "Se, no Helenismo, a expressão 'lírico' (λυρικός) se torna comum, ela tem um sentido bem concreto: uma poesia que se cantava ao som da lira". A associação entre poesia e música é recorrente, já que a poesia, ao que tudo indica, originou-se da *mousiké*, "a arte das musas", compartilhando com ela o ritmo e a melodia. Aos poucos, música e poesia ficaram cada vez mais independentes**, a ponto de não mais usarmos o termo *lírica* somente para poemas que eram cantados ao som da lira (Lesky, 1995).

A lírica latina começou a se desenvolver a partir da divulgação de obras de autores gregos em Roma, como Alceu, Safo,

---

* Bowra (1961) mostra que existe um problema nessa classificação, já que também a epopeia era acompanhada, nos primórdios, por uma espécie de lira (φόρμιγξ). Além disso, mesmo os poetas líricos não se restringem ao uso da lira, como Píndaro e Baquílides, que mencionam flautas (instrumentos usados para acompanhar elegias) como parte do acompanhamento musical.
** Não discutiremos aqui o quanto ainda há de musicalidade na poesia, pois o tema extrapolaria os objetivos do livro.

Anacreonte, Píndaro, Calímaco etc., poetas da época alexandrina (século IV a.C- I a.C.).

Um importante poeta lírico romano foi Catulo (87 ou 84 a.C.–57 ou 54 a.C.), que viveu em Roma no final do período republicano, sendo, portanto, contemporâneo a César e a Cícero. Catulo foi responsável, juntamente com seu grupo, os *poetae noui* (poetas novos, poetas "modernos"), por romper com a tradição literária das epopeias, cujos poemas eram extensos e tratavam de um passado mitológico. O grupo escrevia de forma concisa (como vimos, o poema LXXXV de Catulo tem somente dois versos), utilizava vocabulário coloquial e versava sobre temas considerados "menores", como casos amorosos. A expressão que os nomina *poetae noui* é de de cunho pejorativo e foi criada por Cícero para designar os poetas "moderninhos".

É na época de Augusto que a poesia lírica atinge seu apogeu. Conforme atesta Cardoso (2003a, 59), "enquanto a época de Júlio César foi marcada pela presença de importantes prosadores, tais como Cícero, Salústio e o próprio Júlio César, a de Augusto é conhecida como o 'período áureo' da poesia latina, o momento em que desabrocharam, em sua plenitude, os gêneros épico e lírico".

Nas fronteiras do Império Romano, a situação nunca foi tranquila e os conflitos ainda ocorriam. Era certo que Augusto pôs fim às guerras civis, estabelecendo a *Pax Romana*. Assim, com o passar do tempo e à medida que Roma se embelezava com a construção de novos edifícios, reestruturava templos antigos e reurbanizava a cidade, o povo começou a viver a expectativa de dias tranquilos, as artes se desenvolveram e o mundo poético pôde apresentar outras figuras de realce (Cardoso, 2003a).

Entre 31 a.C a 37 a.C, Virgílio publica as *Bucólicas*, e Horácio, entre 41 a.C a 30 a.C, os *Epodos* e as *Sátiras*, bem como as primeiras *Odes*. Um gênero de destaque na época de Augusto foi elegia erótica. É Catulo quem introduz o gênero em Roma, mas são Tibulo, Propércio e Ovídio os autores que mais se destacaram na composição de poemas elegíacos.

Você pode estar se perguntando: O que é elegia? De acordo com o *Dicionário Houaiss da língua portuguesa* (Houaiss, 2009, p. 727), *elegia* é:

> 1 LIT *poema composto de versos hexâmetros e pentâmetros alternados* 2 LIT *poema lírico de tom ger. terno e triste* 3 MÚS *canção de lamento; nênia.* ETIM lat. elegía ou elegéa,ae 'elegia, espécie de poesia; musa da elegia', do gr. elegeía, -as 'elegia, canto elegíaco'; ver elegi(o)- SIN/VAR trenó. HOM elegia (*fl. leger*)

Comentemos, em primeiro lugar, as acepções 2 e 3. O termo *elegia* nos remete a algo triste, melancólico. No primeiro estágio de desenvolvimento da elegia, sua estrutura rítmica era considerada adequada para a lamentação. A distinção entre os antecessores e os elegíacos da época augustana apoia-se no propósito de firmar a caracterização da elegia como o espaço ideal para a expressão do sentimento, da paixão e do amor. A partir do helenismo, que bebeu nas fontes da lírica, da tragédia e da comédia nova, a expressão de sentimentos pessoais e da experiência erótica pôde ser posta em literatura.

De acordo com Boschiero (2006, p. 37-38),

> Catulo foi o primeiro romano a fazer um uso diversificado do metro. Ele antecipou os usos que dele fariam os elegíacos posteriores, com um tom ora carinhoso, ora amargo, ora lamentoso. Antecipou também Marcial no que diz respeito ao uso do metro para dar a "ferroada" do epigrama. É digno de nota que, no poema 65, em que Catulo marca o início da parte elegíaca de sua obra, está ilustrada a passagem da lamentação – função primeira da elegia – para a temática erótica – principal tema da elegia romana.

Embora a lista de poetas que cantaram o amor seja extensa, somente quatro – Galo, Tibulo, Propércio e Ovídio – são mencionados por Quintiliano (1944) como elegíacos*. Segundo Flores (2014, p. 98), "A elegia (de Tibulo, Propércio e Ovídio) centra-se no tema amoroso, escrita sempre em dísticos elegíacos; as *Bucólicas*, escritas em hexâmetro, permanecem em ambiente e temas pastoris; e a *Eneida*, uma épica heróica hexamétrica".

Nesse momento, você pode se questionar mais uma vez: O que é um dístico elegíaco? Voltemos agora à acepção 1 do verbete citado: "LIT poema composto de versos hexâmetros e pentâmetros alternados" (Houaiss, 2009, p. 727). Quando estudamos a *Eneida*, aprendemos que o metro canonicamente usado para o gênero épico era o hexâmetro datílico, composto por seis pés métricos. Os pés implicam uma alternância padrão dos tempos

---

* Sulpícia foi elencada por teóricos como a representante feminina da poesia elegíaca.

em que a pronúncia ocorre, para a enunciação das sílabas poéticas. Cada pé do hexâmetro contém uma sequência de três sílabas poéticas, a primeira longa e as outras duas breves: (‾ ˘ ˘).

```
- ˘ ˘ / - ˘ ˘/ - ˘ ˘ / - ˘ ˘ / - ˘ ˘ / - ˘˘
```

Lembre-se de que duas sílabas breves correspondem a uma longa. Então, no esquema métrico apresentado, podemos substituir duas sílabas breves por uma longa. O quinto pé normalmente não sofre essa alteração.

As elegias eram compostas em dísticos elegíacos, caracterizados pela alternância entre hexâmetros e pentâmetros, isto é, versos com cinco pés métricos:

```
- ˘ ˘ / - ˘ ˘/ - // - ˘˘ / - ˘ ˘ / -
```

Perceba que o esquema é de um hexâmetro "manco", como se tivesse sido partido ao meio e depois justaposto. Assim, um dístico (dois versos) elegíaco apresentava o seguinte esquema:

```
- ˘ ˘ / - ˘ ˘/ - ˘ ˘ / - ˘ ˘ / - ˘ ˘ / - ˘
- ˘ ˘ / - ˘ ˘/ - // - ˘˘ / - ˘ ˘ / -
```

Para Veyne (1985, p. 79), a elegia é "uma poesia pseudo-autobiográfica onde o poeta é conveniente com seus leitores às custas de seu próprio Ego". O teórico afirma que a elegia era, na verdade, "poesia divertida, [...] no fato de que não era para ser levada a sério". Nesse sentido, até mesmo as *puellae* ("meninas", "moças") a quem os poemas se endereçavam eram referências metatextuais. A Lésbia, musa inspiradora de Catulo, está associada à ilha onde Safo escrevia seus poemas. A Cynthia cantada por Propércio está ligada a Cynthus, a colina em Delos, onde Apolo, o deus da poesia, e sua irmã Diana, a deusa da caça, nasceram (a forma Κύνθιος foi usada por Calímaco para designar Apolo). Já a Corina de Ovídio está associada a uma poetisa grega (famosa pela beleza e por versos difíceis), que muitos vinculam à preceptora de Píndaro.

Muitos críticos tentaram traçar a biografia dos autores latinos baseados nas obras que estes escreveram, apesar de os próprios autores declararem que tal empresa seria inútil. Essa distinção entre o personagem real (o "eu histórico") e o ego presente nos poemas elegíacos é amplamente discutida no tocante às elegias. De acordo com Martins (2009, p. 142),

> A presença de dados na poesia que asseguram uma leitura equivocada balizada no biografismo fundamenta-se, portanto, no desconhecimento do conceito de *fides*, que dá crédito de confiança ao efeito da verossimilhança, aproximando-a muito daquilo que é verdadeiro, contudo, paradoxalmente, não sendo necessário sê-lo, ou melhor, não se pretende como tal. Assim, a poesia antiga, que se debruça sobre um *nomen*, confunde a recepção moderna/romântica que despreza ou desconhece o limite tênue entre o verossímil e o verdadeiro.

Vale lembrar que o gênero épico era tido como o mais elevado na literatura romana. Os outros gêneros, principalmente o lírico, eram vistos como secundários, servindo de primeiro estágio para que os autores "treinassem" seu ofício e atingissem a maturidade como poetas. Os elegíacos reivindicaram os próprios lugares de destaque na literatura, bem como seu valor como grandes poetas, mesmo não escrevendo poemas épicos. Segundo Martins (2009, p. 69):

> *O fulcro dessas elegias nasce da controvérsia alexandrina entre a poesia épica e a poesia elegíaca. Seria a poesia épica grave, imponente, de valor superior e que confere ao construtor um status elevado (o vate), por conta dos temas de que trata e por conta da emulação com poemas homéricos (apesar da lição de Platão); enquanto a poesia lírico-elegíaca seria suave, descomprometida, de valor inferior, que não confere ao poeta status algum.*

Ovídio era consciente de sua importante contribuição para o gênero elegíaco, como atestam as passagens *Tristia*, livro IV, poema X, 47-56, ou *Remedia Amoris*, 395-396:

> *Tantum se nobis elegi debere fatentur,*
> *Quantum Vergilio nobile debet epos.*
> (Naso, 2020c)

> As elegias confessam que devem a mim tanto quanto a nobre épica deve a Virgílio.
> (Naso, 2020c, tradução nossa)

Observe o poema *Amores*, livro I, poema I, em que Ovídio discorre sobre sua opção pelo gênero elegíaco em detrimento do épico:

> *Arma gravi numero violentaque bella parabam*
> *edere, materia conveniente modis.*
> par erat inferior versus—risisse Cupido
> dicitur atque unum surripuisse pedem.
> [...]
> cum bene **surrexit** versu nova pagina primo,
> **attenuat nervos** proximus ille meos.
> (Naso, 2020a, grifo nosso)

> **Ser de Homero rival lembrou-me um dia;**
> **Cantar guerras, heróis; e em nobres vôos**
> **À grandeza do assunto alçar meus versos.**
> Já na destra o clarim, na fronte os louros,
> Na mente a glória, me ensaiava aos cantos.
> **Riu-se Cupido... e rindo-se furtou-me**
>     **O laurel, o instrumento;**
>       De rosas e de murtas
>       C'roou-me num momento;
>       Pôs-me nas mãos a lira
>       Tão cara à mãe de Amor.
> [...]
> Apenas tenho escrito uma só linha
> Em majestoso estilo,
> Ei-lo acode a afrouxar-me, e a destruí-lo!
> (Ovídio, 1943, p. 231, grifo nosso, tradução de Antônio Feliciano de Castilho)

Primeiramente, cabe observar o diálogo que essa elegia metatextual trava com o gênero épico. Tal diálogo é prontamente estabelecido na primeira palavra do poema, ou seja, *arma*. Ao lerem *arma*, os leitores são facilmente remetidos aos primeiros versos da *Eneida* (Virgílio, 1958): *arma uirumque cano* ("canto as armas e o homem"). Lembre-se de que, ao aludir a obras de determinado gênero, busca-se inserir a nova obra em uma tradição. No entanto, Cupido, representante do amor, rouba um pé métrico do verso, transformando a epopeia em uma elegia.

Ovídio, neste poema, faz um jogo de palavras com os termos *pes, pedis*: "pé" (membro do corpo) e "pé" (esquema rítmico poético). Ovídio se exime de culpa por compor elegias, uma vez que foi Cupido quem roubou um pé (métrico) do segundo verso, transformando-o em um pentâmetro. Como o primeiro verso do poema não sofreu roubo de Cupido, ele ainda é um hexâmetro. Ou seja, os versos do poema que Ovídio estava escrevendo tomaram a forma de dísticos elegíacos e o poeta se viu obrigado a escrever elegias. Para Flores (2008, p. 110):

> *fica clara a ligação direta entre o pé do* epos *e o da elegia, sendo que este último seria quebrado e teria um pé a menos, que fora roubado pelo Amor, o que explicaria que ele passasse, por uma "falha", a alterar o centro temático do poema; no lugar das batalhas bélicas, vem os* militia amoris, *as batalhas na cama, contra e com a amada. A explicação ganha força se levarmos em conta que o ritmo do pentâmetro realmente se aproxima do hexâmetro, mas nos dá a sensação de acabar antes, e com o último pé "quebrado", de certo modo escazonte.*

No poema 9, livro I, de *Amores*, Ovídio mostra a equidade entre um amante e um soldado e, consequentemente, entre os temas elegíacos e épicos:

*Militat omnis amans, et habet sua castra Cupido;*
*Attice, crede mihi, militat omnis amans.*

Combate todo amante, e tem Cupido seus quartéis;
Ático, crê em mim, combate todo amante.
(Naso, 2020a, tradução nossa)

Assim como o soldado nos campos de batalha, o amante enfrenta o mau tempo, as marchas e, igualmente, fica em frente à porta da amada, à espera para saber suas vontades, tal qual o soldado aguarda as ordens do general.

Os autores líricos continuaram ecoando na história da literatura: Horácio está em Fernando Pessoa; é o nome dado ao amigo de Hamlet por Shakespeare. *As Metamorfoses*, de Ovídio, foi uma das mais importantes fontes de relatos mitológicos durante toda a Idade Média. Muito lido e estudado, o estilo do poeta influenciou o de grandes autores ao longo do tempo. Para citar mais um exemplo shakespeariano, o mito de Pirâmo e Tisbe, presente em *As metamorfoses*, é claramente retomado na comédia *Sonho de uma noite de verão*. Assim, Cardoso (2003a, p. 65) defende que "A Idade Média muito deveu ao poeta das *Bucólicas*, como agente influenciador, e sua influência se estendeu aos tempos modernos, fazendo-se presente no Renascimento e, sobretudo, no Neoclassicismo, quando a poesia arcádica retomou o filão da inspiração pastoril".

O gênero elegíaco continuou a ser cultivado e ganhou outros contornos com as *Elegias romanas* de Goethe, mas também de outros autores como Rainer Maria Rilke, Vinicius de Moraes e Cecília Meireles.

## Síntese

Neste capítulo, você conheceu o sistema verbal do latim. Primeiramente, examinamos as conjugações por meio de várias citações e pela análise de um poema de Catulo, em que os verbos têm um papel essencial na interpretação. Vimos também as formas de *infectum* e *perfectum*, determinantes para formar os diferentes tempos verbais. Ao grupo do radical de *infectum* (que significa "não feito") pertencem os tempos que denotam ações não concluídas, as quais ainda podem estar em prosseguimento – presente, imperfeito e futuro do presente. Ao grupo do radical de *perfectum* (que significa "feito") pertencem os tempos que denotam ações concluídas, terminadas – pretérito perfeito, pretérito mais-que-perfeito e futuro perfeito.

Ainda, vimos como buscar um verbo no dicionário, verificando as diferenças entre os dicionários em língua portuguesa e em língua latina. Para localizarmos um verbo em latim no dicionário, devemos identificar a primeira pessoa do singular do presente do indicativo, como no caso de *amo* (eu amo). Ao localizarmos essa palavra, encontramos também as formas *-as, -are, -aui, -atum* (amar). A forma *amo* refere-se à 1ª pessoa do singular do presente do indicativo ativo (eu amo); *amas*, à 2ª pessoa do singular do presente do indicativo ativo (tu amas/você ama); *amare*, ao infinitivo (amar); *amaui*, à 1ª pessoa do singular do pretérito perfeito (eu amei); e *amatum*, ao supino (amado).

Por fim, tratamos do gênero lírico, mais detidamente da elegia erótica romana, comparando-o ao épico, visto no Capítulo 1. O gênero épico era tido como o mais elevado na literatura romana. Os poetas elegíacos, como Ovídio, reivindicaram seus lugares de destaque na literatura, bem como seu grande valor poético, mesmo não escrevendo epopeias.

## Indicações culturais

CLEÓPATRA. Direção: Joseph L. Mankiewicz. EUA/Reino Unido/Suíça: 20th Century Fox, 1963. 251 min.

O filme se passa no século I a.C., quando Roma invade o Egito e conquista Alexandria. Trata-se de um drama histórico que narra a ascensão e a queda de Cleópatra, suas tentativas em manter o território egípicio, as intrigas políticas romanas e a relação da rainha com Júlio César e Marco Antônio. Apesar dos problemas de produção, a obra é considerada um clássico do cinema, ganhador de Oscars, com atuação de Elizabeth Taylor, Richard Burton, Rex Harrison, Roddy McDowall e Martin Landau.

PROFESSOR DR. PAULO MARTINS. Disponível em: <https://www.youtube.com/channel/UC3Tx-FZTPPrIGa3cI5mP-Sw>. Acesso em: 5 maio 2020.

Esse é o canal no Youtube do professor doutor Paulo Martins, docente do Departamento de Letras Clássicas e Vernáculas da Faculdade de Filosofia, Letras e Ciências Humanas (FFLCH) da Universidade de São Paulo (USP), autor de importantes publicações. Os vídeos do canal trazem aulas de língua e literatura latina, bem como discussões sobre temas de interesse para a área de estudos clássicos.

LATINITAS BRASIL. Disponível em: <https://www.latinitasbrasil.org>. Acesso em: 5 maio 2020.

O conteúdo desse *site* é resultado do programa Latinitas: Leitura de Textos em Língua Latina, proveniente da experiência didática de ensino de latim do professor doutor José Amarante. Nele está disponível a edição integral do material didático *Latinitas*, de autoria do professor.

## Atividades de autoavaliação

1. Os verbos a seguir estão conjugados no presente do indicativo. Em que pessoa e número eles estão flexionados, respectivamente?

    I. *habent*
    II. *capio*
    III. *audimus*
    IV. *uolas*
    V. *scribitis*

> ### Vocabulário
>
> *habeo, -es, -ere, habui, habitum*: ter (segunda conjugação)
> *capio, -is, -ire, cepi, captum*: tomar, agarrar (conjugação mista)
> *audio, -is, -ire, -iui ou -ii, -itum*: ouvir (quarta conjugação)
> *uolo, -as, -are, -aui, -atum*: voar (primeira conjugação)
> *scribo, -is, -ere, scripsi, scriptum*: escrever (conjugação mista)

a. I. 2ª pessoa do plural; II. 1ª pessoa do plural; III. 2ª pessoa do singular; IV. 1ª pessoa do singular; V. 3ª pessoa do plural.
b. I. 1ª pessoa do plural; II. 2ª pessoa do plural; III. 3ª pessoa do plural; IV. 2ª pessoa do plural; V. 3ª pessoa do singular.
c. I. 3ª pessoa do singular; II. 1ª pessoa do plural; III. 2ª pessoa do plural; IV. 1ª pessoa do singular; V. 3ª pessoa do plural.
d. I. 3ª pessoa do plural; II. 2ª pessoa do singular; III. 3ª pessoa do singular; IV. 2ª pessoa do singular; V. 1ª pessoa do plural.
e. I. 3ª pessoa do plural; II. 1ª pessoa do singular; III. 1ª pessoa do plural; IV. 2ª pessoa do singular; V. 2ª pessoa do plural.

2. Como ficariam os verbos a seguir se conjugados no presente do indicativo, na pessoa e no número indicados em cada caso?

I. *cumulo, -as, are, -aui, -atum*: acumular (3ª pessoa do plural)
II. *deleo, -es, -ere, -eui, -etum*: apagar, destruir (3ª pessoa do singular)
III. *fido, -is, -ere, fisus sum*: ter confiança em (1ª pessoa do singular)
IV. *fugio, -is, -ere, fugi, fugitum*: fugir, correr (1ª pessoa do plural)
V. *scio, -is, -ire, sciui ou scii, scitum*: saber (2ª pessoa do singular)

Assinale a alternativa correta:
a. I. *cumulat*; II. *deles*; III. *fido*; IV. *fugiunt*; V. *scit*.
b. I. *cumulo*; II. *delet*; III. *fidis*; IV. *fugis*; V. *scio*.
c. I. *cumulas*; II. *delemus*; III. *fidunt*; IV. *fugio*; V. *scimus*.
d. I. *cumulamus*; II. *deletis*; III. *fiditis*; IV. *fugimus*; V. *sciunt*.
e. I. *cumulant*; II. *delet*; III. *fido*; IV. *fugimus*; V. *scis*.

3. Observe a tradução das seguintes formas verbais:

I. *nectit* (ele reúne)
II. *renouas* (você renova)
III. *uideo* (eu vejo)

> ## Vocabulário
>
> *necto, -is, -ere, nexui ou nexi, nexum*: ligar, reunir
> *renovo, -as, -are, -aui,I. -atum*: renovar
> *uideo, -es, -ere, uidi, uisum*: ver

Como ficariam esses verbos em latim se passados para o plural?

a. I. *nectant*; II. *renouat*; III. *uidetis*.
b. I. *nectis*; II. *renouo*; III. *uides*.
c. I. *nectunt*; II. *renouatis*; III. *uidemus*.
d. I. *necto*; II. *renouant*; III. *uidet*.
e. I. *nectitis*; II. *renouatis*; III. *uident*.

4. Ao procurarmos o verbo *deleo* no dicionário, encontramos: *deleo, -es, -ēre, -eui, -etum*. O que cada forma representa?

a. 1ª pessoa do singular, 2ª pessoa do singular, infinitivo, radical de *perfectum*, supino.
b. Supino, 1ª pessoa do singular, radical de *perfectum*, infinitivo, 2ª pessoa do singular.
c. 2ª pessoa do singular, infinitivo, radical de *perfectum*, supino, 1ª pessoa do singular.

d. 1ª pessoa do singular, infinitivo, supino, radical de *perfectum*, 2ª pessoa do singular.
e. Infinitivo, 1ª pessoa do singular, 2ª pessoa do singular, radical de *perfectum*, supino.

5. Os tempos verbais do latim dividem-se em dois grupos, conforme o radical que indica seu aspecto. Ao grupo do radical de *infectum* pertencem os tempos que denotam ações não concluídas, as quais ainda podem estar em prosseguimento (*infectum* significa "não feito"). Quais são esses tempos?
a. Pretérito perfeito, imperfeito, pretérito mais-que-perfeito.
b. Presente, futuro do presente, pretérito mais-que-perfeito.
c. Futuro do pretérito, presente, futuro do presente.
d. Pretérito perfeito, imperfeito, presente.
e. Presente, imperfeito, futuro do presente.

## Atividades de aprendizagem

### Questões para reflexão

1. Identifique o verbo na sentença a seguir e conjugue-o no presente do indicativo:

> *non scholae sed uitae discimus.*

2. Observe o verbo destacado na sentença a seguir:

*omnia uincit **amor**.*

O amor vence todas as coisas.
(Virgílio, 2005, p. 4, tradução e grifo nosso)

Agora, responda:
a. Em que número e pessoa essa forma verbal está?
b. A que conjugação ela pertence?
c. Qual é a forma desse verbo no plural?

3. Caso queira encontrar as palavras a seguir no dicionário, como as procuraria? Dica: algumas delas são verbos; outras, substantivos.
   I. *pietatis, portatis*
   II. *vulneras, olivas*
   III. *deles, duces*

## Atividades aplicadas: prática

1. Observe a sentença em latim:

> *uerba mouent, exempla trahunt.*

Você consegue dizer a que conjugação os verbos em negrito pertencem e em que pessoa e número estão? Dica: eles não pertencem à mesma conjugação, mas ambos estão no presente do indicativo e na mesma pessoa e número.

Depois de identificar os verbos, tente traduzir a sentença.

2. A partir deste capítulo, você vai traduzir trechos de um texto adaptado de *As metamorfoses*, de Ovídio. A obra não se enquadra no conjunto de elegias do autor. É composta em hexâmetros datílicos, e não em dísticos elegíacos. Seu tema são as transformações de seres em plantas ou animais, desde o começo do mundo até a época de Augusto, com etiologias curiosas e interessantes. O texto conta que a deusa da sabedoria, Minerva, é responsável pelo surgimento da aranha*.

*Minerua est dea. est dea sapientiae. est dea lānae quoque. Arachnē est puella. est puella perīta in lānā. pictūrās pulchrās in textilī fōrmat. Minerua cum deīs in Olympō habitat. Arachnē in casā paruā in Lydiā habitat.*

*Arachnē est superba quod pictūrās pulchrās fōrmat. saepe nymphae siluae spectant dum puella perīta lānam glomerat et pictūrās in textilī fōrmat. pictūrae sunt pulchrae. pictūrae fābulās dē uītā agricolārum et dē uītā incolārum Lydiae nārrant.* (Goldman; Nyenhuis, 1982, p. 19)

Agora, com a ajuda do vocabulário a seguir, tente traduzir o trecho.

---

* O texto utilizado para a atividade de tradução neste e nos capítulos posteriores tem como fonte Goldman e Nyenhuis, 1982 (Capítulos III, IV e V). Por esse motivo, foram mantidas as indicações de mácron (¯) e braquia (˘) presentes no texto do método citado.

## Substantivos

*agricola, -ae* 1m.: agricultor
*Arachnē, -ae* 1f.: Aracne (nome de uma menina)
*casa, -ae* 1f.: casa
*dea, -ae* 1f.: deusa
*deus, -i* 2m.: deus
*fabula, -ae* 1f.: conto, história, fábula, narração
*incola, -ae* 1 m./f.: habitante
*lāna, -ae* 1f.: lã
*Lydia, -ae* 1f.: Lídia (uma região da Ásia Menor)
*Minerua, -ae* 1f.: Minerva (uma deusa)
*nympha, -ae* 1f.: ninfa
*Olympus, -i* 2m.: Olimpo
*pictūra, -ae* 1f.: figura, pintura, painel, quadro
*puella, -ae* 1f.: menina
*sapientia, -ae* 1f.: sabedoria
*silua, -ae* 1f.: selva, floresta, mata
*textile, -is* 3n.: tecido, teia, bordado. (*in* + ablativo: em, no, na)
*uīta, -ae* 1f.: vida

## Adjetivos**

*perita*: hábil, experiente
*superba*: soberba, orgulhosa, presunçosa
*parua*: pequena
*pulchra*: bela, bonita

## Verbos

*formō, -ās, -āre, -āuī, -ātum* 1: dar forma a, criar (*format*: 3ª pessoa do singular no presente)
*glomĕrō, -ās, -āre, -āuī, -ātum* 1: aglomerar, reunir (*glomerat*: 3ª pessoa do singular no presente)
*habito, -as, -are, -aui, -atum* 1: habitar, morar, viver (*habitat*: 3ª pessoa do singular no presente)
*narro, -as, -are, -aui, -atum* 1: narrar, contar, expor (*narrant*: 3ª pessoa do plural no presente)
*specto, -as, -are, -avi, -atum* 1: observar, apreciar (*spectant*: 3ª pessoa do plural no presente)

## Outros

*cum*: com
*dum* (+ presente do indicativo): enquanto
*quod*: porque, pois
*quoque*: também
*saepe*: muitas vezes, com frequência
*de*: preposição que rege ablativo: sobre, a respeito de
*in*: em, na, no (a preposição *in* pode reger acusativo e ablativo; aqui, ela está regendo o ablativo de *textile, -is*)

---

** No vocabulário, os adjetivos não estão nas formas encontradas no dicionário, pois essa categoria será abordada no próximo capítulo.

um     História, pronúncia e usos da língua latina e o gênero épico
dois     Sistema nominal latino e o gênero romance
três     Sistema verbal do latim e o gênero lírico

# quatro Adjetivos, aspectos verbais, tempo pretérito e o gênero trágico

cinco     Pronomes latinos e o gênero cômico
seis     Futuro do presente, palavras indeclináveis e a obra de Cícero

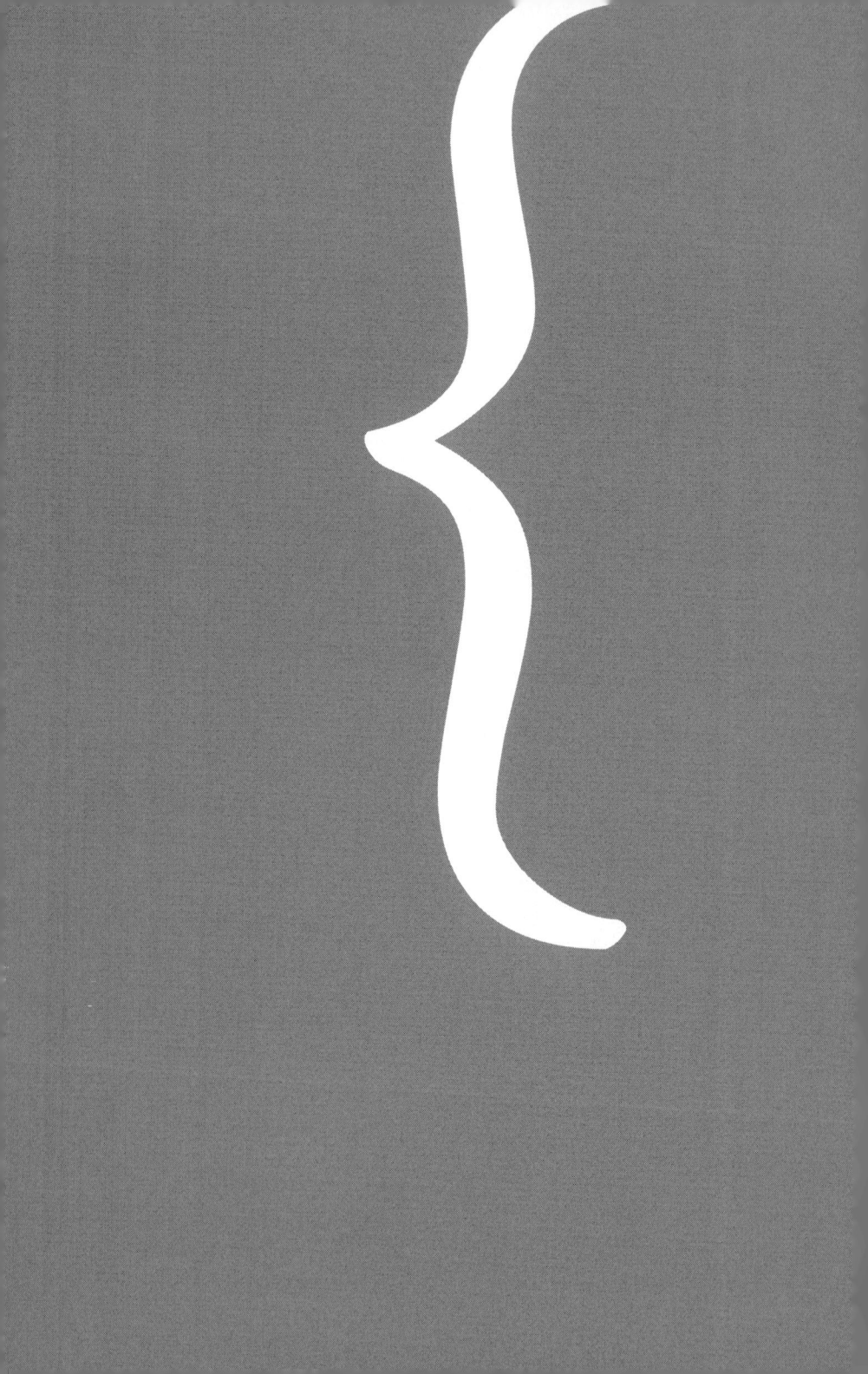

❰ NESTE CAPÍTULO, TRATAREMOS da declinação dos adjetivos e prosseguiremos no estudo de algumas formas verbais: perfeito e imperfeito. Os adjetivos seguem os quadros de primeira, segunda e terceira declinações dos substantivos. Assim, como você já teve contato com esse conteúdo, será muito fácil assimilar os novos pontos abordados. Quanto aos verbos, examinaremos duas formas que têm radicais diferentes, a do perfeito, que indica uma ação acabada (radical de *perfectum*), e a do imperfeito, que indica ação inacabada (radical de *infectum*).

Antes de conhecer essas formas da língua latina, proceda à leitura do trecho reproduzido a seguir, retirado da tragédia *Hercules furens* (*Hércules furioso* ou *As loucuras de Hércules*), escrita por Lúcio Aneu Sêneca (4 a.C.-65 d.C.). O excerto mostra um diálogo entre os personagens Lico (LYC.), um rei que pretende desposar Mégara, esposa de Hércules, e Anfitrião (AM.), pai dela.

Leia o trecho todo em latim e procure identificar algum termo que lhe remeta ao português.

> LYC. Quemcunque **miserum** uideris, hominem scias.
> AM. Quemcumque **fortem** uideris, **miserum** neges.
> (Sêneca, Hercules furens, v. 463-465, citado por Marchiori, 2008, p. 112, grifo nosso)

Foi possível reconhecer alguma palavra? Qual significado pode ter?

Vejamos, agora, a tradução. Dê especial atenção aos termos destacados, que têm a função de adjetivos.

> Lico: Quando alguém te parece **infeliz**, deves considerá-lo humano.
> Anfitrião: Quando alguém te parece **forte**, deves negar que ele é **infeliz**.
> (Sêneca, 2014, grifo nosso, tradução de de Zélia de Almeida Cardoso)

## Curiosidade

Hércules ou Héracles é um herói grego, filho de Zeus com a mortal Alcmena*. Hera, ao descobrir a traição do marido e o nascimento de Hércules, inicia uma perseguição implacável ao herói. Já no nascimento, Hera envia duas serpentes para matá-lo. O recém-nascido, demonstrando desde cedo a força descomunal que o caracteriza, esmaga os animais, salvando a si e a seu irmão (Grimal, 2000).

---

* Ao tratarmos da comédia latina, veremos mais detalhadamente como se deu a concepção de Hércules.

Quando adulto, Hera provoca em Hércules um ataque de fúria, fazendo com que o semideus mate sua esposa e filhos*. Como penitência pelo terrível ato, Hércules teve de cumprir 12 tarefas, conhecidas como os *Doze Trabalhos de Hércules*:

1. Matar o Leão de Nemeia.
2. Matar a Hidra de Lerna.
3. Capturar o Javali de Erimanto.
4. Capturar a Corsa de Cerineia.
5. Expulsar as aves do Lago Estínfale.
6. Limpar os estábulos do Rei Áugias.
7. Capturar o Touro de Creta.
8. Capturar os Cavalos de Diomedes.
9. Obter o cinto de Hipólita.
10. Capturar os bois de Gerião.
11. Obter as maçãs de ouro do jardim das Hespérides.
12. Capturar Cérbero, o cão do inferno.

No Brasil, Monteiro Lobato é um dos autores que lançam mão do mito de Hércules, resgatando a história em uma das narrativas que envolvem os personagens do Sítio do Pica-Pau Amarelo:

> Pedrinho deu uma pitada de pó a cada um e contou: Um... dois e... TRÊS! Na voz de Três, todos levaram ao nariz as pitadinhas e aspiraram nas a um tempo. Sobreveio o *fiun* e pronto.

---

* Ao tratarmos da gênero trágico, veremos esse episódio com maior profundidade.

> Instantes depois Pedrinho, o Visconde e Emília acordavam na Grécia Heroica, nas proximidades da Neméia. Era para onde haviam calculado o pó, pois a primeira façanha de Hércules ia ser a luta do herói contra o leão da lua que havia caído lá. (Lobato, 1995, p. 23, grifo do original)

Agora, com base na citação, reflita sobre possíveis narrativas que estabeleçam relações intertextuais entre as histórias do Sítio e o mito de Hércules.

FIGURA 4.1 – ESTÁTUA DE HÉRCULES

Mastering_Microstock/Shutterstock

quatropontoum
# Adjetivos

Adjetivos são palavras com função caracterizadora. Você já deve ter estudado alguns adjetivos em outras línguas, como no inglês, e percebeu suas particularidades. Na língua inglesa, por exemplo, os adjetivos aparecem antes dos substantivos que qualificam: *good man* (homem bom). Na maioria dos casos, o adjetivo em inglês é utilizado para as três formas a seguir, sem variação de gênero: *good man* (homem bom), *good woman* (mulher boa), *good wine* (vinho bom). Os adjetivos, nessa língua, também não sofrem mudança quanto ao número, isto é, utiliza-se a mesma forma tanto para o singular quanto para o plural: *good men* (homens bons), *good women* (mulheres boas), *good wines* (vinhos bons).

Em português, devemos fazer a concordância nominal ao qualificar os substantivos com adjetivos, e a ordem dos termos também pode ser modificada, a depender da ênfase e do sentido que queremos dar:

> homem bom – homens bons/bom homem – bons homens
> mulher boa – mulheres boas/boa mulher – boas mulheres*

No latim, veremos que a ordem mais comum é parecida com a do inglês. O adjetivo, geralmente, vem antes do substantivo,

---

\* Algumas nuances de sentido podem ser percebidas pelo aspecto semântico de adjetivos específicos: uma mulher boa é diferente de uma boa mulher, por exemplo.

apesar de que, como vimos, isso pode ser modificado, pois a terminação das palavras declináveis em latim indica seu número, seu gênero e sua função sintática. Os adjetivos devem concordar em gênero, número e caso com os substantivos aos quais se referem.

## 4.1.1 Declinação dos adjetivos

Inicialmente, é preciso entender que os adjetivos dividem-se em dois grupos, os quais chamamos de *classes*.

Os adjetivos da **primeira classe** seguem a primeira e a segunda declinações, a depender de seu gênero, e são apresentados no dicionário da seguinte forma:

> *bonus, -a, -um (bonus, bona, bonum)*
> *pulcher, -a, -um (pulcher, pulchra, pulchrum)*

Essas três formas indicam:

- *bonus*: nominativo masculino singular (bom);
- *bona*: nominativo feminino singular (boa);
- *bonum*: nominativo neutro singular (bom);
- *pulcher*: nominativo masculino singular (bonito);
- *pulchra*: nominativo feminino singular (bonita);
- *pulchrum*: nominativo neutro singular (bonito).

Veja outros exemplos de adjetivos da primeira classe:

- *caecus, -a, um* (cego);
- *magnus, -a, -um* (grande);
- *malus, -a, -um* (mau).

Observando essas três formas que aparecem no dicionário, você consegue fazer a relação delas com os substantivos da primeira e segunda declinações? Não são parecidas com alguns substantivos estudados anteriormente?

QUADRO 4.1 – COMPARAÇÃO ENTRE SUBSTANTIVOS E ADJETIVOS

| Substantivos | Adjetivos |
|---|---|
| *puella*: primeira declinação (feminino) | *bona* |
| *lupus*: segunda declinação (masculino) | *bonus* |
| *puer*: segunda declinação (masculino) | *pulcher* |
| *templum*: segunda declinação (neutro) | *bonum* |

Os adjetivos da **segunda classe** seguem a terceira declinação. No dicionário, são três as possíveis apresentações desse grupo de adjetivos: triformes, biformes e uniformes.

**Triforme** é o adjetivo apresentado em três formas de nominativo, cada uma para um gênero (masculino, feminino e neutro, respectivamente): *celer, -eris, -ere.*\*

Tais formas têm seguinte significado:

- *celer*: nominativo masculino singular (rápido);
- *celeris*: nominativo feminino singular (rápida);
- *celere*\*\*: nominativo neutro singular (rápido).

Veja outros exemplos de adjetivos triformes da segunda classe:

- *acer, -cris, -e* (agudo);
- *celeber, -bris, -e* (célebre).

**Biforme** é o adjetivo apresentado em duas formas de nominativo, a primeira servindo para masculino e feminino e a segunda, para o gênero neutro:

*facilis, -e*: fácil
*omnis, -e*: todo
*breuis, -e*: breve

Essas formas significam:

- *facilis*: nominativo masculino/feminino singular (fácil);
- *facile*: nominativo neutro singular (fácil).

---

\* Lembre-se de que, com exceção do nominativo e vocativo singular dos substantivos masculinos, nos outros casos utilizamos radical do genitivo singular.

\*\* Uma possível tradução é "célere", forma pouco empregada em português.

Uniforme é o adjetivo apresentado em uma forma de nominativo para os três gêneros, seguida da forma de genitivo da terceira declinação (*-is*):

> *uetus, -eris*: idoso, velho
> *felix, -icis*: feliz

Isso significa que:

- *uetus*: nominativo masculino/feminino/neutro singular (velho/velha/velho);
- *ueteris*: genitivo singular para os três gêneros (do velho/ da velha/do velho).

Como esses adjetivos funcionam na prática? Como são declinados e de que maneira concordam com os substantivos? Se quiséssemos verter as formas anteriores do inglês para o latim, como ficariam?

Antes de respondermos a essas perguntas, vejamos os quadros de declinação dos adjetivos, que, como já dito, apresentam as mesmas formas das três primeiras declinações dos substantivos, a depender de sua classe. Observe:

## Quadro 4.2 – Declinação dos adjetivos

| Caso | Adjetivos da primeira classe | | | | | |
|---|---|---|---|---|---|---|
| | Singular | | | Plural | | |
| | masculino | feminino | neutro* | masculino | feminino | neutro |
| Nominativo | bonus | bona | bonum | boni | bonae | bona |
| Acusativo | bonum | bonam | bonum | bonos | bonas | bona |
| Vocativo | bone | bona | bonum | boni | bonae | bona |
| Genitivo | boni | bonae | boni | bonorum | bonarum | bonorum |
| Dativo | bono | bonae | bono | bonis | bonis | bonis |
| Ablativo | bono | bona | bono | bonis | bonis | bonis |

| Caso | Adjetivos da segunda classe – triformes | | | | | |
|---|---|---|---|---|---|---|
| | Singular | | | Plural | | |
| | masculino | feminino | neutro | masculino | feminino | neutro |
| Nominativo | celer | celeris | celere | celeres | celeres | celeria |
| Acusativo | celerem | celerem | celere | celeres | celeres | celeria |
| Vocativo | celer | celeris | celere | celeres | celeres | celeria |
| Genitivo | celeris | celeris | celeris | celerium | celerium | celerium |
| Dativo | celeri | celeri | celeri | celeribus | celeribus | celeribus |
| Ablativo | celeri | celeri | celeri | celeribus | celeribus | celeribus |

(continua)

\* Cabe lembrar que, assim como ocorre com a declinação dos substantivos, os neutros sempre apresentam formas iguais para o nominativo, o acusativo e o vocativo, tanto no singular como no plural.

(Quadro 4.2 – conclusão)

| Caso | Adjetivos da segunda classe – biformes |||| 
|---|---|---|---|---|
| | Singular || Plural ||
| | masculino e feminino | neutro | masculino e feminino | neutro |
| Nominativo | facilis | facile | faciles | facilia |
| Acusativo | facilem | facile | faciles | facilia |
| Vocativo | facilis | facile | faciles | facilia |
| Genitivo | facilis | facilis | facilium | facilium |
| Dativo | facili | facili | facilibus | facilibus |
| Ablativo | facili | facili | facilibus | facilibus |

| Caso | Adjetivos da segunda classe – uniformes ||||
|---|---|---|---|---|
| | Singular || Plural ||
| | masculino e feminino | neutro | masculino e feminino | neutro |
| Nominativo | uetus | uetus | ueteres | uetera |
| Acusativo | ueterem | uetus | ueteres | uetera |
| Vocativo | uetus | uetus | ueteres | uetera |
| Genitivo | ueteris | ueteris | ueterum | ueterum |
| Dativo | ueteri | ueteri | ueteribus | ueteribus |
| Ablativo | uetere | uetere | ueteribus | ueteribus |

Vamos verificar, agora, a tradução para o latim das expressões vistas anteriormente em inglês. Tente levantar hipóteses acerca do funcionamento dos adjetivos.

> homem bom: *bonus uir*
> mulher boa: *bona femina*
> vinho bom: *bonum uinum*
> homens bons: *boni uiri*
> mulheres boas: *bonae feminae*
> vinhos velhos: *bona uina*

Os adjetivos podem apresentar terminações idênticas às dos substantivos que qualificam, como nos exemplos *bona femina* ou *bonum uinum*. Nesse caso, esse adjetivos têm a mesma terminação porque seguem as mesmas formas de primeira (*bona*) e segunda (*bonum*) declinações.

Os adjetivos podem apresentar terminações diferentes das terminações dos substantivos que qualificam quando o substantivo tiver a desinência em *-ir* e o adjetivo em *-us*, por exemplo (mesmo ambos seguindo uma mesma declinação, a da segunda). É o caso de *bonus uir*. Observe que ambos estão no nominativo singular e são formas masculinas, mas têm terminações diferentes, já que o adjetivo se apresenta como *bonus, -a, -um* e o substantivo como *uir, -i*. Também haveria terminações diferentes se o substantivo tivesse a desinência *-us* e o adjetivo *-er*: *pulcher oculus* (olho bonito). Novamente, os dois termos (*pulcher* e *oculus*) estão no nominativo singular e são formas masculinas, mas têm terminações diferentes, já que o adjetivo se apresenta como *pulcher, -a, -um* e o substantivo como *oculus, -i*.

Os adjetivos também podem apresentar terminações diferentes das terminações dos substantivos que qualificam quando o substantivo é de uma declinação e o adjetivo segue outra declinação, como no caso de concordarmos um substantivo da terceira, quarta ou quinta declinação com um adjetivo da primeira classe, que segue a primeira e segunda declinações, por exemplo. Para dizermos que um rio é grande, como faríamos? Usaríamos o adjetivo *magnus, -a, um* (grande) e concordaríamos com *flumen, -inis*, que é um neutro da terceira declinação. No nominativo, teríamos a forma: *magnum flumen*. No nominativo plural, utilizaríamos o mesmo recurso de concordância, visto que os neutros sempre terminam em *-a* no plural: *magna flumina* (porém, *magna* continua seguindo a segunda declinação e *flumen*, a terceira). A título de exemplo, observe, na sequência, outras combinações possíveis (para isso, vamos declinar as formas em nominativo, acusativo e dativo).

1. Substantivo da primeira declinação + adjetivo da segunda classe:

> *puella, -ae* (menina): substantivo feminino
> *felix, -icis* (feliz): adjetivo uniforme da segunda classe

QUADRO 4.3 – CONCORDÂNCIA ENTRE SUBSTANTIVOS DA PRIMEIRA DECLINAÇÃO E ADJETIVOS DA SEGUNDA CLASSE

| Caso | Singular | Plural |
|---|---|---|
| Nominativo | felix puella | felices puellae |
| Acusativo | felicem puellam | felices puellas |
| Dativo | felici puellae | felicibus puellis |

2. Substantivo da segunda declinação + adjetivo da segunda classe:

> *lupus, -i* (lobo): substantivo masculino
> *celer, -eris, -ere* (rápido): adjetivo triforme da segunda classe

QUADRO 4.4 – CONCORDÂNCIA ENTRE SUBSTANTIVOS DA SEGUNDA DECLINAÇÃO E ADJETIVOS DA SEGUNDA CLASSE

| Caso | Singular | Plural |
|---|---|---|
| Nominativo | celer lupus | celeres lupi |
| Acusativo | celerem lupum | celeres lupos |
| Dativo | celeri lupo | celeribus lupis |

3. Substantivo da terceira declinação + adjetivo da primeira classe:

> *opus, -eris* (obra): substantivo neutro
> *magnus, -a, -um* (grande): adjetivo da primeira classe

QUADRO 4.5 – CONCORDÂNCIA ENTRE SUBSTANTIVOS DA TERCEIRA DECLINAÇÃO E ADJETIVOS DA PRIMEIRA CLASSE

| Caso | Singular | Plural |
|---|---|---|
| Nominativo | *magnum opus* | *magna opera* |
| Acusativo | *magnum opus* | *magna opera* |
| Dativo | *magno operi* | *magnis operibus* |

4. Substantivo da quarta declinação + adjetivo da primeira classe:

> *manus, -us* (mão): substantivo feminino
> *pulcher, -chra, -chrum* (bonita): adjetivo da primeira classe

QUADRO 4.6 – CONCORDÂNCIA ENTRE SUBSTANTIVOS DA QUARTA DECLINAÇÃO E ADJETIVOS DA PRIMEIRA CLASSE

| Caso | Singular | Plural |
|---|---|---|
| Nominativo | *pulchra manus* | *pulchrae manus* |
| Acusativo | *pulchram manum* | *pulchras manus* |
| Dativo | *pulchrae manui* | *pulchris manibus* |

5. Substantivo da quinta declinação + adjetivo da segunda classe:

> *res, rei* (coisa): substantivo feminino
> *facilis, -e* (fácil): adjetivo biforme da segunda classe

QUADRO 4.7 – CONCORDÂNCIA ENTRE SUBSTANTIVOS DA QUINTA DECLINAÇÃO E ADJETIVOS DA SEGUNDA CLASSE

| Caso | Singular | Plural |
|---|---|---|
| Nominativo | *facilis res* | *faciles res* |
| Acusativo | *facilem rem* | *faciles res* |
| Dativo | *facili rei* | *facilibus rebus* |

Em resumo, os adjetivos devem concordar com os substantivos em gênero, número e caso, não em declinação. Por esse motivo, mesmo que o termo *poeta, -ae* im.: "poeta" tenha a forma de acusativo singular *poetam*, uma vez que pertence à primeira declinação, um adjetivo, para concordar com ele, precisa seguir o paradigma de acusativo da segunda declinação para os substantivos masculinos. Tomemos como exemplo o adjetivo *magnus, -a, -um* (grande, magnânimo) para qualificar o termo *poeta*. Em uma sentença como *uideo magnum poetam* (eu vejo o grande poeta), temos *poeta*, substantivo que pertence à primeira declinação, com a terminação *-am*. Contudo, como esse termo é masculino, precisamos colocar o adjetivo *magnus, -a, -um* na forma de acusativo singular com a terminação *-um*, isto é, obedecendo ao paradigma da segunda declinação para substantivos masculinos. Dessa forma, embora tenham terminações diferentes, *-um* e *-am*, os termos estão fazendo a concordância corretamente. Isso ocorre porque tanto os substantivos quanto os adjetivos seguem declinações próprias.

Antes de concordar um adjetivo com um substantivo, em latim, é essencial consultar um dicionário para saber qual é o gênero do substantivo e a que classe o adjetivo pertence, informações de extrema importância para consultar os quadros de declinações e não cometer equívocos.

Voltemos ao trecho do início do capítulo com o intuito de observar os adjetivos anteriormente destacados:

> LYC. *Quemcunque* **miserum** *uideris, hominem scias.*
> AM. *Quemcunque* **fortem** *uideris,* **miserum** *neges.*
> (Sêneca, *Hercules furens*, v. 463-464, citado por Marchiori, 2008, p. 112, grifo nosso)

A palavra *miserum* é a forma masculina do adjetivo de primeira classe *miser, misera, miserum* (pobre, digno de pena) no acusativo singular. O termo *fortem* é a forma masculina do adjetivo biforme de segunda classe *fortis, -e* (forte, corajoso) no acusativo singular. Ambos se referem a *quemcunque* (quem quer que, aquele que).

Confira nossa tradução e verifique os casos em que estão os adjetivos:

> Lico: Quem quer que você veja como **infeliz**, entenda que é humano.
> Anfitrião: Quem quer que você veja como **corajoso**, negue que é **infeliz**.

Agora, observe duas outras traduções para o trecho:

> Lico: Quando alguém te parece infeliz, deves considerá-lo humano.
> Anfitrião: Quando alguém te parece forte, deves negar que ele é infeliz.
> (Sêneca, 2014, tradução de Zélia de Almeida Cardoso)

> Lico: Quem quer que tenha te parecido miserável, considere-o um homem.
> Anfitrião: Quem quer que tenha te parecido forte, negues que seja miserável.
> (Sêneca, *Hercules furens*, v. 463-464, tradução de Luciano Marchiori, 2008, p. 69)

Os adjetivos também podem aparecer isolados nos textos, sem qualificar nenhum substantivo. Nesse caso, eles têm valor de substantivo. Veja quando isso ocorre:

- para designar a qualidade de alguém ou algo, mas sem explicitar o substantivo – *auarum* (o avarento, isto é, o homem avarento)*;
- adjetivos pátrios (empregados geralmente no plural) – *Romani* (os romanos);
- formas generalizadas – *boni* (os bons), *magni* (os grandes);

---

* A famosa máxima latina de Publílio Siro, escritor de provérbios do século I, exemplifica esse uso: *auarum irritat, non satiat pecunia*. A forma *auarum* é um adjetivo de primeira classe (*auarus, -a, -um*) em sua forma de acusativo masculino singular, o que indica que é objeto direto de ambos os verbos (*pecunia*, substantivo feminino da primeira declinação, é o sujeito, já que está no nominativo). Uma possível tradução é: "O dinheiro não satisfaz o avarento, irrita-o" (isto é, o dinheiro não satisfaz o homem avarento).

- declinados no neutro singular – *bonum* (o bem), *malum* (o mal);
- declinados no neutro plural, em referência a um conjunto de coisas – *magna uideo* (vejo coisas grandes).

Vamos examinar, agora, outro trecho da tragédia *Hercules furens* que apresenta exemplos de usos dos adjetivos:

> *Quae bella? quidquid* **horridum** *tellus creat*
> **inimica**; *quidquid pontus aut aer tulit*
> **terribile dirum pestilens atrox ferum**,
> *fractum atque domitum est.*
> (Sêneca, *Hercules furens*, v. 30-33, citado por Marchiori, 2008, p. 97, grifo nosso)

- *inimica*: forma feminina do adjetivo *inimicus, -a, -um* (inimigo). Está no nominativo singular, concordando com *tellus, -uris* (terra), substantivo feminino da terceira declinação, sujeito do verbo *creat* (cria, produz).
- *horridum*: forma neutra do adjetivo de primeira classe *horridus, -a, -um* (horrível) no acusativo singular.
- *terribile*: forma neutra do adjetivo biforme de segunda classe *terribilis, -e* (terrível) no acusativo singular.
- *dirum*: forma neutra do adjetivo de primeira classe *dirus, -a, -um* (funesto) no acusativo singular.
- *pestilens*: forma neutra do adjetivo de segunda classe uniforme *pestilens, -tis* (pestilento) no acusativo singular.
- *atrox*: forma neutra do adjetivo de segunda classe *atrox, -cis* (atroz, cruel) no acusativo singular.
- *ferum*: forma neutra do adjetivo de primeira classe *ferus, -a, -um* (feroz) no acusativo singular.

Observe que *horridum, terribile, dirum, pestilens, atrox* e *ferum* estão na forma neutra e fazem referência ao termo *quidquid* (o que quer que, qualquer coisa que). Embora não apresentem um substantivo com o qual concordam, está subentendido que designam qualquer coisa que tenha essas propriedades ou características.

Observe a tradução, com especial atenção às formas anteriormente explicadas:

> Quais guerras? Qualquer coisa que a terra inimiga cria, qualquer coisa terrível, funesta, pestilenta, cruel e feroz que o mar ou o ar trouxe; foi quebrado e domesticado. (Sêneca, *Hercules furens*, v. 30-33, citado por Marchiori, 2008, p. 97, tradução nossa)

Veja agora duas outras traduções para o trecho e verifique outras possiblidades de verter os adjetivos para o português:

> Que guerras? Tudo de horrível que a terra inimiga
> cria, tudo que o mar ou o ar produziu
> de aterrorizador, funesto, pestilento, atroz, feroz,
> foi despedaçado e domado.
> (Sêneca, 2014, tradução de Zélia de Almeida Cardoso)

> Que tipo de guerras? Tudo o que uma terra inimiga possa criar, tudo o que os céus e o mar produziram de terrível, cruel, pernicioso, atroz e selvagem foi abatido e dominado. (Sêneca, *Hercules furens*, v. 30-33, tradução de Luciano Marchiori, 2008, p. 57)

Como vimos, em latim, a ordem dos termos tem menor importância, pois cada uma das palavras que aparecem na frase já indicam sua função sintática. Sabendo que os adjetivos concordam com os substantivos em gênero, número e caso, podemos entender que não necessariamente esses termos precisam aparecer juntos na oração. Essa característica da sintaxe latina foi usada, na literatura, como recurso estilístico.

Observe o verso 84 do poema V das *Bucólicas*, de Virgílio:

> *Saxosas* inter decurrunt flumina *ualles*. (Virgílio, 2005, p. 135, grifo nosso)
>
> Por entre vales pedregosos correm os rios. (Virgílio, 2005, p. 135, tradução nossa)

> ### Vocabulário
>
> *saxosas*: acusativo plural de *saxosus, -a, -um* (adj.): pedregoso
> *inter* (preposição de acusativo): entre, no meio de
> *decurrunt*: 3ª pessoa do plural de *decurro, -is, -ere, -curri* e *cucurri, cursum*: descer correndo, estender-se, correr, descer para baixo
> *flumina*: nominativo plural de *flumen, -inis* 3n.: rio
> *ualles*: acusativo plural de *uallis/ualles, -is* 3f.: vale, concavidade

O sujeito do verbo *decurrunt* é *flumina*, substantivo neutro da terceira declinação (portanto, faz o nominativo plural em -a). A preposição *inter* rege o caso acusativo, forma em que está o termo *ualles* (acusativo plural da terceira declinação). O adjetivo *saxosas* também está na forma de acusativo plural, seguindo a primeira declinação, pois concorda com *ualles*, que é um substantivo feminino.

A tradução para o português não faz jus ao recurso utilizado por Virgílio. Veja que, no plano do conteúdo, os rios estão correndo entre os vales. No plano da forma, ou seja, na disposição das palavras, o substantivo *flumina* (rios) e o verbo *decurrunt* (correm) estão entre os termos *saxosas* (pedregosos) e *ualles* (vales), que concordam entre si, embora estejam dispostos distantes um do outro – um no início do verso, o outro, no final. Em outras palavras, a forma reflete o conteúdo: os rios correm por entre os vales pedregosos (significado); *flumina* (rios) aparece no meio do sintagma *saxosas ualles*.

## quatropontodois
# O pretérito em latim

Vamos retomar, agora, alguns pontos já estudados no Capítulo 3. Vimos que os verbos, em latim, são divididos em dois grupos que indicam seu aspecto. Os verbos do *infectum* representam ações inacabadas e os do *perfectum*, ações acabadas. Cada um desses grupos de verbos tem um radical específico. Essa informação é importante para que você conheça, neste capítulo, os dois tempos verbais do pretérito: o pretérito perfeito e o pretérito imperfeito. No primeiro, a conjugação dos verbos é feita com o radical de *perfectum*, pois denota ação acabada; já o segundo tempo utiliza o radical de *infectum*, uma vez que representa ação inacabada. Você vai entender melhor esse conteúdo nos próximos tópicos.

## 4.2.1 Pretérito perfeito

O tempo do pretérito perfeito indica uma ação acabada realizada no passado. O radical utilizado para conjugar os verbos no pretérito perfeito é o radical de *perfectum*, que aparece na forma verbal que, no dicionário, vem após o infinitivo. Vamos relembrar as cinco conjugações e o radical de *perfectum* (em destaque):

> *amo, -as, -are, -aui, -atum* (amar)
> *habeo, -es, -ere, habui, habitum* (ter)
> *dico, -is, -ere, dixi, dictum* (dizer)
> *capio, -is, -ere, cepi, captum* (pegar, tomar)
> *audio, -is, -ire, -iui ou -ii, -itum* (ouvir)

A esses radicais são acrescentadas as desinências número-pessoais de pretérito perfeito, isto é, as terminações que indicam o número e a pessoa em que o verbo está sendo conjugado. Veja:

- *-i* (1ª pessoa do singular);
- *-isti* (2ª pessoa do singular);
- *-it* (3ª pessoa do singular);
- *-imus* (1ª pessoa do plural);
- *-istis* (2ª pessoa do plural);
- *-erunt* ou *-ere* (3ª pessoa do plural).

A seguir, observe os cinco verbos citados – *amo, habeo, dico, capio, audio* – conjugados no pretérito perfeito*.

Quadro 4.8 – Conjugação no pretérito perfeito

| 1ª conjugação | 2ª conjugação | 3ª conjugação |
|---|---|---|
| *amaui* | *habui* | *dixi* |
| *amauisti* | *habuisti* | *dixisti* |
| *amauit* | *habuit* | *dixit* |
| *amauimus* | *habuimus* | *diximus* |
| *amauistis* | *habuistis* | *dixistis* |
| *amauerunt/amauere/ amarunt* | *habuerunt/habuere* | *dixerunt/dixere* |

| Conjugação mista | 4ª conjugação |
|---|---|
| *cepi* | *audiui/audii* |
| *cepisti* | *audiuisti/audiisti* |
| *cepit* | *audiuit/audiit* |
| *cepimus* | *audiuimus/audiimus* |
| *cepistis* | *audiuistis/audiistis* |
| *ceperunt/cepere* | *audiuerunt/audiuere/audierunt/audiere* |

Vejamos algumas particularidades dos verbos no pretérito perfeito:

- A quarta conjugação apresenta dois possíveis radicais, isto é, ambos são encontrados nos textos latinos.
- A desinência de 3ª pessoa do plural, em todas as conjugações, pode ser *-erunt* ou *-ere* (na primeira conjugação, pode

---

* É possível traduzir essas formas para o pretérito perfeito do português, nesse caso, no modo indicativo.

ainda ser -*arunt*). A terminação -*ere* não se confunde com o infinitivo da terceira conjugação e da conjugação mista, pois o radical é diferente: enquanto o infinitivo é formado a partir do radical de *infectum* (*dicere* – "dizer" – e *capere* – "tomar"), a 3ª pessoa do plural do pretérito perfeito tem o radical de *perfectum* (*dixere* – "eles disseram" – e *cepere* – "eles tomaram").

O verbo *sum* no pretérito perfeito

É importante, também, conhecer o verbo *sum* (ser) em sua conjugação de pretérito perfeito. Observe como o radical de *perfectum* é bastante diferente do de *infectum*. No dicionário, encontramos a seguinte apresentação do verbo *sum* (o radical do *perfectum* está destacado em negrito; o verbo não apresenta forma de supino, por isso somente as quatro formas a seguir são indicadas): *sum, es, esse, fui* (sou, és/você é, ser, fui).

Agora, observe a conjugação desse verbo no pretérito perfeito.

| Pretérito perfeito do verbo *sum* |
|---|
| *fui* |
| *fuisti* |
| *fuit* |
| *fuimus* |
| *fuistis* |
| *fuerunt/fuere* |

Apresentamos a seguir uma inscrição encontrada em um túmulo em Fano, cidade italiana (Hartnett, 2012, p. 47, grifo nosso), em que o verbo *sum* aparece conjugado no presente, no pretérito perfeito e no futuro. Leia o texto com atenção e tente imaginar a tradução. Para auxiliar, as formas verbais estão em destaque.

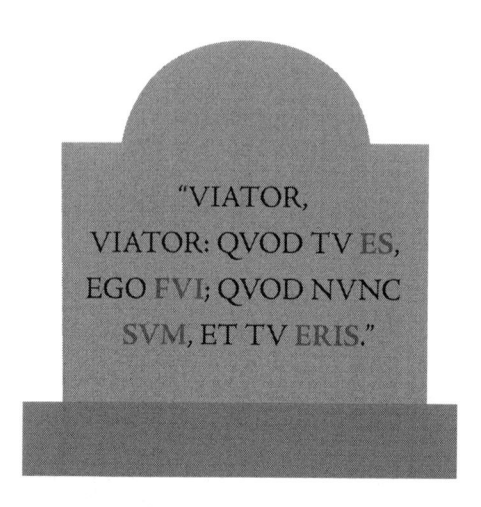

> "VIATOR, VIATOR: QVOD TV ES, EGO FVI; QVOD NVNC SVM, ET TV ERIS."

As formas *es* e *sum* estão no presente, conjugadas na 2ª e na 1ª pessoa do singular, respectivamente (tu és/você é; eu sou); *fui* pertence à 1ª pessoa do singular do pretérito perfeito, conforme vimos anteriormente no quadro que traz a conjugação do verbo *sum* (eu fui); "*eris*" é uma forma que não estudamos, mas está no futuro, na 2ª pessoa do singular (tu serás/você será).

As outras palavras que compõem a frase são as seguintes:

- *uiator, -oris*: viajante;
- *quod*: o que (pronome relativo na forma neutra);
- *tu*: tu, você (pronome pessoal);
- *ego*: eu (pronome pessoal);
- *nunc*: agora, já (advérbio);
- *et*: e, também (conjunção).

E agora, conseguiu compreender o sentido da sentença? A tradução é: "Viajante, viajante: o que você é, eu fui; o que agora sou, você também será".

FIGURA 4.2 – LÁPIDES COM INSCRIÇÕES FUNERÁRIAS EM LATIM – MUSEU NACIONAL DE ARTE ROMANA, EM MERIDA, ESPANHA

Leia outra inscrição, encontrada no túmulo de um gladiador (Casey, 2009, p. 78, grifo nosso). As formas verbais estão em destaque.

"nihil *sumus* et *fuimus* mortales. *respice*, lector, in nihil ab nihilo quam cito *recidimus*."

As formas *sumus* e *fuimus* estão na 1ª pessoa do plural do verbo *sum*, a primeira conjugada no presente e a segunda, no pretérito (nós somos/nós fomos). A forma *respice* é o imperativo singular do verbo *respicio, -is, -ere, -spexi, -spectum* (olhar com atenção, olhar para trás, observar), cuja tradução pode ser "observa (tu)/observe (você)".

O verbo *recido, -is, -ere, -cidi, -casum* é formado com *re* + *cado*, com o sentido de "cair de novo", "recair", e aqui está conjugado na 1ª pessoa do plural do presente: *recidimus* (recaímos).

As outras palavras que compõem a frase são:

+ *nihil*: nada (pronome indefinido neutro no acusativo);
+ *et*: e, também (conjunção);
+ *mortalis, -e*: mortal (adjetivo biforme da segunda classe; está no nominativo plural masculino, pois é predicativo do sujeito do verbo *fuimus*);
+ *lector, -oris* 3m.: leitor;
+ *in*: em (preposição);
+ *ab*: a partir de (preposição);
+ *nihilo*: nada (pronome indefinido neutro no ablativo);
+ *quam*: quão (pronome);
+ *cito*: rapidamente (advérbio).

A tradução da sentença é: "Nada somos e mortais fomos. Observe, leitor, quão rapidamente do nada recaímos no nada".

Agora, veja a inscrição em latim na Figura 4.3. Você consegue reconhecer um verbo no pretérito perfeito e um adjetivo?

Figura 4.3 – Altar para a Paz Absoluta, do Imperador Augusto, em comemoração à paz estabelecida no Império Romano – Roma, Itália

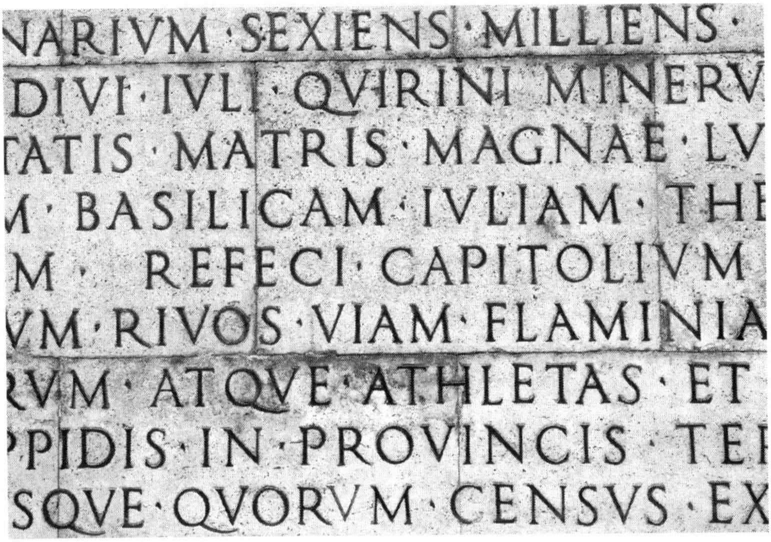


BlackMac/Shutterstock

O verbo no perfeito é *refeci* (verbo formado com *re* + *facio*, com o sentido de "refazer": *reficio, -ficis, -ere, -feci, -fectum*). Está na 1ª pessoa do singular do pretérito perfeito (eu refiz). O adjetivo é *magnae*, que concorda com *matris* (*mater, -tris*, da terceira declinação), e ambos estão no genitivo singular (da grande mãe).

A expressão "*Veni. Vidi. Vici.*" também é um exemplo de uso do pretérito perfeito. Ela foi dita por Júlio César em 47 a.C., em seu triunfo* após a vitória na Batalha de Zela, no Ponto. Como a sentença é concisa, formada por apenas três verbos iniciados e terminados com o mesmo som, ilustra o teor de sua conquista: rápida e incontestável. A tradução seria: "Vim, vi, venci!".

Plutarco faz referência à expressão no capítulo 50 de *Vida de César* (Mendonça; Fonseca, 2006, p. 222-223). Suetônio cita a sentença em latim no capítulo 37 de seu livro *Vida dos doze Césares*: "*Pontico triumpho inter pompae fercula trium uerborum praetulit titulum VENI·VIDI·VICI, non acta belli significantem sicut ceteris, sed celeriter confecti notam*" (Mendonça; Fonseca, 2006, p. 62). Mendonça traduz o trecho da seguinte forma: "No triunfo do Ponto, além dos andores do cortejo, ele fez colocar à sua frente um cartaz com os dizeres 'Veni, Vidi, Vici' [Vim, vi, venci], que aludiam não aos feitos de guerra, como nos demais, mas à rapidez com que foram cumpridos" (Mendonça; Fonseca, 2006, p. 63).

*Veni* é a 1ª pessoa do perfeito do verbo *uenio, -is, -ire, ueni, uentum* (vir, chegar). *Vidi* corresponde à 1ª pessoa do perfeito do verbo *uideo, -is, -ere, uidi, uisum* (ver). *Vici* é a 1ª pessoa do perfeito do verbo *uinco, -is, -ere, uici, uictum* (vencer na guerra, ser vencedor).

---

* De acordo com Mendonça e Fonseca (2006, p. 61), "O desfile triunfal (*triumphus*) era prêmio e homenagem concedidos pelo Senado a magistrados que, investidos de comando (*imperium*), se haviam distinguido militarmente contra inimigos externos (*hostes*). No dia da cerimônia, o general vitorioso, num carro puxado por quatro cavalos, partia do Campo de Marte, precedido de um cortejo formado por familiares, prisioneiros destinados a posterior execução, ricos troféus e despojos".

> ## Curiosidade
>
> Na Antiguidade, o nome era de extrema importância. Não era só a representação da coisa, mas a coisa em si. Era a maneira de continuar vivo depois de morto. A sobrevivência do morto por meio do nome está ligada à pronúncia deste. Cada vez que se pronunciava o nome do defunto em voz alta, ele era arrancado e levado ao mundo dos vivos por um instante. O nome era, pois, o vínculo entre os dois mundos. É principalmente por isso que se escrevia o nome dos mortos nas tumbas e se dedicavam poemas a eles. Deve-se também aos gregos o costume de colocar os túmulos ao longo do caminho, para que os que andassem por ali se detivessem a ler os nomes dos mortos. A inscrição em verso, nesse sentido, ajudaria na memorização e posterior lembrança por parte do leitor. Há então vários tipos de epigramas. Um deles é o voltado a animais. Ao que tudo indica, foi a poetisa Ánite de Tegea (300 a.C.) a iniciadora desse tipo de epigrama (Veja, 1992).

### 4.2.2 Pretérito imperfeito

Diferentemente do pretérito perfeito, o pretérito imperfeito indica uma ação do passado não acabada.

O radical utilizado para conjugar os verbos no pretérito imperfeito é o de *infectum*, que aparece já na primeira forma apresentada no dicionário de latim. É o radical com o qual conjugamos também os verbos no presente. Utilizaremos os mesmos verbos de exemplo, mas agora destacando o radical de *infectum*.

> *amo, -as, -are, -aui, -atum* (amar)
> *habeo, -es, -ere, habui, habitum* (ter)
> *dico, -is, -ere, dixi, dictum* (dizer)
> *audio, -is, -ire, -iui ou -ii, -itum* (ouvir)
> *capio, -is, -ere, cepi, captum* (pegar, tomar)

Para a formação do imperfeito, considera-se o tema do presente e, na terceira e quarta conjugações, bem como na conjugação mista, acrescenta-se a vogal de ligação *-e-*, além da desinência modo-temporal *-ba-* e das desinências número-pessoais de pretérito imperfeito:

- *-ba-* + *-m* (1ª pessoa do singular);
- *-ba-* + *-s* (2ª pessoa do singular);
- *-ba-* + *-t* (3ª pessoa do singular);
- *-ba-* + *-mus* (1ª pessoa do plural);
- *-ba-* + *-tis* (2ª pessoa do plural);
- *-ba-* + *-nt* (3ª pessoa do plural).

Traduzimos essas formas para o pretérito imperfeito do português, no modo indicativo. Observe:

> *amabam*: amava
> *amabas*: tu amavas/você amava
> *amabat*: ele/ela amava
> E assim por diante.

A seguir, no Quadro 4.9, verifique como são conjugados os cinco verbos usados como exemplo no pretérito imperfeito.

QUADRO 4.9 – CONJUGAÇÃO NO PRETÉRITO IMPERFEITO

| 1ª conjugação | 2ª conjugação | 3ª conjugação | Conjugação mista | 4ª conjugação |
|---|---|---|---|---|
| amabam* | habebam | dicebam | capiebam | audiebam |
| amabas | habebas | dicebas | capiebas | audiebas |
| amabat | habebat | dicebat | capiebat | audiebat |
| amabamus | habebamus | dicebamus | capiebamus | audiebamus |
| amabatis | habebatis | dicebatis | capiebatis | audiebatis |
| amabant | habebant | dicebant | capiebant | audiebant |

Vejamos algumas particularidades dos verbos no pretérito imperfeito:

* A primeira e a segunda conjugações, no tempo pretérito imperfeito, são formadas com o tema de *infectum* mais as desinências modo-temporais e número-pessoais.

---

* Observe como algumas formas são bastante parecidas com às da nossa língua: *amabam* – "amava".

Os fonemas /b/ (oclusiva bilabial sonora) e /v/ (fricativa labiodental sonora) são muito próximos e geralmente confundidos, fenômeno que chamamos de *betacismo*. Ele acontece em várias línguas oriundas do latim, há registros de que acontecia no século I, conforme apontam inscrições em que palavras que eram escritas com V passam a ser escritas com B, como *bel* em vez de *vel* (conjunção "ou") e *biginti* em vez de *viginti* ("vinte"). No português brasileiro, é comum encontrarmos "bassoura" em vez de "vassoura"; "brabo" em vez de "bravo", entre outras (Ilari, 1999).

• Na primeira e na quarta conjugações, bem como na conjugação mista, há a vogal de ligação -e-, que conecta o tema às desinências. Compare:

> *amabam*: *am-* (radical de *infectum*) + *-a-* (vogal temática) + *-ba-* (desinência modo-temporal de pretérito imperfeito) + *-m* (desinência número pessoal indicativa de 1ª pessoa do singular)
>
> *habebam*: *hab-* (radical de *infectum*) + *-e-* (vogal temática) + *-ba-* (desinência modo-temporal de pretérito imperfeito) + *-m* (desinência número pessoal indicativa de 1ª pessoa do singular)
>
> *dicebam*: *dic-* (radical de *infectum*) + *-e-* (vogal de ligação) + *-ba-* (desinência modo-temporal de pretérito imperfeito) + *-m* (desinência número pessoal indicativa de 1ª pessoa do singular)
>
> *capiebam*: *cap-* (radical de *infectum*) + *-i-* (vogal de ligação) + *-e-* (vogal de ligação) + *-ba-* (desinência modo-temporal de pretérito imperfeito) + *-am* (desinência número pessoal indicativa de 1ª pessoa do singular)
>
> *audiebam*: *aud-* (radical de *infectum*) + *-i-* (vogal temática) + *-e-* (vogal de ligação) + *-ba-* (desinência modo-temporal de pretérito imperfeito) + *-am* (desinência número pessoal indicativa de 1ª pessoa do singular)

O verbo *sum* no pretérito imperfeito

Assim como fizemos ao abordar o pretérito perfeito, também vamos examinar o verbo *sum* em sua conjugação de pretérito imperfeito. Como se trata de um verbo irregular, as formas de pretérito imperfeito não utilizam o mesmo radical da conjugação no presente, contudo são formas muito parecidas com as do português.

| Pretérito imperfeito do verbo *sum* |
|---|
| eram |
| eras |
| erat |
| eramus |
| eratis |
| erant |

No português, temos as formas: "era, eras, era, éramos, éreis, eram". Como podemos perceber, são bem parecidas com as do latim. Agora, vejamos o verbo *sum* sob outra ótica e conjugação.

quatropontotrês
# Gênero trágico

A estrutura das tragédias passou por várias transformações até atingir a forma consagrada em seu apogeu na Grécia, no século V a.C., com Ésquilo, Sófocles e Eurípides. No século IV a.C., Aristóteles fez um tratado sobre o gênero trágico em sua *Poética*, determinando suas características essenciais. Segundo ele, "a Tragédia é a representação de uma ação nobre e completa, com uma certa extensão, em linguagem poetizada, cujos componentes poéticos se alternam nas partes da peça, com o concurso de atores e não por narrativa, que pela piedade e pelo terror opera a catarse desse gênero de emoções" (Malhadas, 2003, p. 17).

As tragédias romanas são mais tardias e desenvolvidas tendo as gregas como modelo. Em 240 a.C., Lívio Andrônico* produziu a encenação de uma peça, não se sabe se uma tragédia ou uma comédia, traduzida do grego. Com isso, o teatro helênico passou a ser conhecido pelos romanos, o que possibilitou que o gênero dramático se desenvolvesse posteriormente. Infelizmente, poucas obras do gênero trágico foram preservadas e chegaram até nós, salvo alguns versos e comentários (Cardoso, 2003a).

No século I a.C., Sêneca era o principal representante romano da tragédia, cuja obra teve grande impacto em autores de literatura dramática ao longo do tempo. Após esse período, o gênero não teve mais nenhum representante de grande relevância.

Lucius Annaeus Seneca (4 a.C.-65 d.C.), conhecido também como Sêneca, o Jovem, e Sêneca, o Filósofo, nasceu em Córdoba, na Hispânia. A ele são atribuídas dez peças trágicas, sendo que duas têm a autoria contestada. Nascido em uma época de grandes transformações, acompanhou a sucessão do Imperador Augusto por Tibério, Calígula, Cláudio e Nero. Foi uma importante figura romana, ocupando papel de destaque na política, chegando

---

* Lívio Andrônico foi um escravo tarentino liberto, responsável também por introduzir o gênero épico em Roma, com a tradução da *Odisseia* para o latim.

a ser orador, advogado, senador, preceptor e conselheiro de Nero. Dedicou-se à filosofia, compondo tratados de cunho estoico*, corrente filosófica muito difundida em Roma nesse período, da qual Sêneca foi um dos principais divulgadores. As obras de Sêneca apresentam, muitas vezes, um aspecto parabólico, visto que utilizam *exempla* que mostram desastrosos acontecimentos decorrentes do descontrole dos sentimentos. É pela influência filosófica que os personagens senequianos, excepcionalmente construídos, travam batalhas internas entre a razão e as paixões (Cardoso, 2003b).

As tragédias de Sêneca têm como modelo as obras de Eurípedes, o que não quer dizer que careçam de originalidade. No entanto, os aspectos retóricos, a ausência de clímax, a falta de movimentação, as cenas de violência, que dificilmente seriam representadas, e a extensão dos monólogos prevalecem em detrimento da teatralidade. De acordo com a maioria dos teóricos, as peças do autor possivelmente eram lidas em sessões frequentadas por uma elite letrada.

Como mestre na arte da retórica, sua linguagem é bastante elaborada, com o uso de figuras de estilo e diferentes recursos literários, permeada de conselhos, reflexões e máximas (*sententiae*) que exaltam a moralidade e evidenciam a influência estoica.

---

* O estoicismo considera os afetos (a paixão, a inveja, a cobiça, o desejo etc.) como algo danoso e a ser superado, assim como o acúmulo de bens materiais, que gera ganância. Para o estoico, o homem deve viver de acordo com a natureza, aceitando as adversidades da vida com tranquilidade.

Segundo Zélia de Almeida Cardoso (2003a, p. XVII),

> à extensão dos monólogos se opõe muitas vezes a vivacidade dos diálogos, vazados em frases curtas, lacônicas e incisivas. Sendo amante e divulgador da filosofia, Sêneca impregnou suas tragédias de elementos doutrinais, principalmente estoicos, expressando-os com frequência sob a forma de sentenças morais.

São dignas de observação a construção das personagens femininas e a caracterização das personagens mortas, apresentadas como fantasmas ou em menções, o que terá grande influência na dramaturgia inglesa, como em Shakespeare.

Destaca-se, ainda, a construção de algumas passagens descritivo-narrativas, como o texto do párodo de *Hercules furens*, em que a descrição evoca cenas muito vívidas:

> *pastor gelida cana pruina*
> *grege dimisso pabula carpit;*
> *ludit prato liber aperto*
> *nondum rupta fronte iuuencus;*
> *uacuae reparant ubera matres;*
> *errat cursu leuis incerto*
> *molli petulans haedus in herba.*
> (Sêneca, *Hercules furens*, v. 139-145, citado por Marchiori, 2008, p. 100-101)

> Dispersado o rebanho, um pastor escolhe o pasto em meio à gélida e branca geada; um novilho solto, com a fronte ainda não rompida, brinca no prado aberto. As mães restauram seus úberes vazios. Um cabrito atrevido anda errante na relva macia, ligeiro, em corrida incerta.
> (Sêneca, *Hercules furens*, v. 139-145, tradução de Luciano Marchiori, 2008, p. 100-101)

Como homem público e pertencente ao cenário político, Sêneca também discorre sobre posturas dignas de um governante. Conforme Cardoso (2003b, p. 364), "o modelo de soberano proposto por Sêneca seria o daquele que age com clemência", clemência esta posta em foco nas tragédias pela oposição entre a figura do mau tirano e a do rei bom e brando, cuja soberania é amenizada pelas virtudes.

Em *Hercules furens*, o personagem Lico é mostrado como exemplo de mau tirano, comparando-se até mesmo a Júpiter:

> LYC. *Quod Ioui hoc regi licet*
> (Sêneca, *Hercules furens*, v. 489, citado por Marchiori, 2008, p. 113)
>
> LICO. O que é lícito a Júpiter é lícito a um rei.
> (Sêneca, *Hercules furens*, v. 489, tradução de Luciano Marchiori, 2008, p. 70)

Como um homem de grande cultura, Sêneca era conhecedor dos principais autores romanos, a quem ele alude no decorrer de sua obra. A título de exemplo, observe o trecho de *Hercules furens* em que Teseu discorre sobre a paisagem infernal, elencando personificações das mazelas humanas:

> *Palus inertis foeda Cocyti iacet;*
> *hic uultur, illic luctifer bubo gemit*
> *omenque triste resonat infaustae strigis.*
> *Horrent opaca fronde nigrantes comae*
> *taxum imminentem, quam tenet segnis Sopor*
> *Famesque maesta tabido rictu iacet*
> *Pudorque serus conscios uultus tegit.*
> *Metus Pauorque, Funus et frendens Dolor*
> *aterque Luctus sequitur et Morbus tremens*

> et cincta ferro Bella; in extremo abdita
> iners Senectus adiuuat baculo gradum.
> (Sêneca, *Hercules furens*, v. 686-696, citado por Marchiori, 2008, p. 119-120)

> Jaz imóvel o horrível pântano do inerte Cocito; aqui, o abutre, lá geme a sinistra coruja e ressoa o triste preságio de uma infausta ave noturna. Negras folhagens se eriçam numa fronde sombria, onde o Sono indolente ocupa o sobranceiro teixo; e a triste Fome jaz com sua apodrecida boca escancarada e o tardio Pudor esconde seu rosto culpado. Seguem o Medo e o Pavor, a Ruína e a Dor, rangendo os dentes; seguem o negro Luto e a trêmula Enfermidade e também as Guerras cingidas com ferro; escondida, no extremo, a inerte Velhice auxilia o próprio passo com uma bengala.
> (Sêneca, *Hercules furens*, v. 686-696, tradução de Luciano Marchiori, 2008, p. 76)

Essa passagem evoca Hesíodo, Ovídio e Virgílio, que também se propuseram a descrever habitantes do mundo inferior. Veja que os mesmos personagens em situações semelhantes às de Sêneca são elencados no canto VI, versos 274-284, da *Eneida*, de Virgílio, como habitantes do vestíbulo do inferno:

> *vestibulum ante ipsum primisque in faucibus Orci*
> *Luctus et ultrices posuere cubilia Curae,*
> *pallentesque habitant Morbi tristisque Senectus,*
> *et Metus et malesuada Fames ac turpis Egestas,*
> *terribiles visu formae, Letumque Labosque;*
> *tum consanguineus Leti Sopor et mala mentis*
> *Gaudia, mortiferumque adverso in limine Bellum,*
> *ferreique Eumenidum thalami et Discordia demens*
> *vipereum crinem vittis innexa cruentis.*

> *in medio ramos annosaque bracchia pandit*
> *ulmus opaca, ingens, quam sedem Somnia vulgo*
> *vana tenere ferunt, foliisque sub omnibus haerent.* (Maro, 2020)

> Já no vestíbulo, nas fauces do Orco, primeiro de tudo
> a moradia se vê dos Remorsos, do pálido Medo,
> Enfermidades de aspecto tristonho, a Velhice inamável,
> e a Fome má conselheira, a Pobreza aviltante, as Mazelas,
> visões de horror, mais a Morte, seguida do Sonho, irmãos gêmeos,
> insuportáveis Trabalhos, e os Gozos proibidos da mente,
> Guerra letal do outro lado e nos tálamos férreos as Fúrias
> irreprimíveis, e a negra Discórdia a pentear os cabelos
> de cobras vivas, com laços sangrentos cuidosa a enfeitá-los.
> (Virgílio, 2014, tradução de Carlos Alberto Nunes)

Não só Sêneca se inspirou em autores que o antecederam, como também ele inspirou diversos autores da posteridade. Em razão de suas sentenças filosóficas e máximas morais, as obras de Sêneca eram tidas como modelo nas escolas da sociedade elisabetana do século XVI. Durante o reinado de Elizabeth, as dez tragédias atribuídas a Sêneca foram traduzidas para o inglês, evidenciando sua popularidade. Nesse sentido, muito se discute acerca da influência direta de Sêneca no conjunto de obras shakespearianas.

A questão da educação formal do bardo* é ainda hoje posta em discussão por diferentes teóricos, motivada, principalmente, pelo conhecido comentário do poeta Ben Jonson (1572-1637) de

---

* A educação formal de Shakespeare e o quanto ele sabia de grego e de latim são temas abordados por vários pesquisadores, porém não há um consenso sobre isso. O fato é que, em suas obras, são inegáveis e nítidos o conhecimento e a releitura da literatura clássica.

que Shakespeare teria *"small Latin and less Greek"*, isto é, uma parca formação clássica. Fato é que, em Shakespeare, são encontrados muitos paralelos com várias obras latinas, incluindo as peças de Sêneca. Assim como no caso dos escritores que lhe serviram de modelo, em Shakespeare é possível notar a imitação desses autores com a intenção de superá-los, de deixar sua marca na tradição, ou seja, praticando a *aemulatio*. Características como monólogos, solilóquios e máximas retomam a maneira senequiana de compor. De acordo com T. S. Eliot, há um "odor de Sêneca nos autores elisabetanos" (Lohner; Freitas, 2014, p. 113).

## Síntese

Neste capítulo, tratamos da declinação dos adjetivos e vimos que eles, a depender de sua classe, seguem o paradigma da primeira, da segunda ou da terceira declinação dos substantivos. Apesar de as terminações serem conhecidas, a concordância entre adjetivos e substantivos é feita considerando-se o gênero, o número e o caso dos termos qualificados.

Quanto aos verbos, você aprendeu que há dois radicais diferentes para indicar o aspecto verbal: o radical de *perfectum*, para expressar ações acabadas, como os verbos usados no pretérito perfeito, e o radical de *infectum*, que expressa ações inacabadas, como os verbos usados no pretérito imperfeito.

O gênero trabalhado foi a tragédia, cujo maior representante em latim foi Sêneca. Para tanto, examinamos trechos da obra *As loucuras de Hércules*, tanto do ponto de vista gramatical quanto no tocante à sua importância para obras literárias posteriores.

## Indicações culturais

ROMA. Direção: Michael Apted et al. Produção: Bruno Heller et al. EUA/Reino Unido/Itália: HBO/BBC/RAI, 2005-2007. Minissérie.

A minissérie com duas temporadas é baseada em fatos históricos ocorridos no século I a.C. A primeira temporada narra a conquista das Gálias por Júlio César e a disputa deste com Pompeu. A segunda temporada retrata a guerra civil instaurada após o assassinato de César e a ascensão de Augusto. Embora seja um drama fictício, os protagonistas, os centuriões Tito Pullo (ou Pulão) e Lúcio Voreno, são nomeados por César na obra *Comentários sobre a Guerra das Gálias* (*Commentarii de Bello Gallico*). A ficcionalização lançou mão também de diferentes obras historiográficas para mostrar características e eventos da civilização romana.

PECORA LOCA. Disponível em: <www.pecoraloca.com>. Acesso em: 5 maio 2020.

Pecora Loca é um grupo que faz *performances* musicais a partir de traduções de poemas greco-romanos e canções modernas em outras línguas, misturando estilos de maneira peculiar. Os textos são performados em português e nas línguas originais. Nesse sentido, é possível contemplar obras de Safo, Catulo,

Horácio, Lucrécio, poesia provençal, Michael Jackson e Bonnie Tyler, por exemplo.

## Atividades de autoavaliação

1. Considere os substantivos e os adjetivos a seguir e o caso indicado em cada item:

   I. *malus, -a, -um* + *puer, pueri* (m.) no acusativo singular.
   II. *magnus, -a, -um* + *templum, -i* (n.) no genitivo singular.
   III. *felix, -icis* + *puella, -ae* (f.) no nominativo plural.

   Agora, assinale a alternativa correta com relação à concordância dos substantivos com os adjetivos nos casos indicados:.

   a. I. *malo puero*; II. *magnus templum*; III. *felicibus puellis*.
   b. I. *malus puer*; II. *magno templo*; III. *felix puella*.
   c. I. *malis pueris*; II. *magnis templis*; III. *felicia puellae*.
   d. I. *mali pueri*; II. *magnorum templorum*; III. *felicibus puellis*.
   e. I. *malum puerum*; II. *magni templi*; III. *felices puellae*.

2. Analise os verbos, as pessoas e os tempos elencados de I a IV:

   I. *doceo, -es, -ere, docui, doctum* 2 – 1ª pessoa do singular do pretérito perfeito.
   II. *facio, -is, -ere, feci, factum* 3m. – 2ª pessoa do singular do pretérito perfeito.
   III. *impero, -as, -are, -aui, -atum* 1 – 3ª pessoa do singular do pretérito imperfeito.
   IV. *lego, -is, -ere, legi, lectum* 3 – 3ª pessoa do plural do pretérito imperfeito.

Agora, responda: Como ficariam esses verbos se conjugados na pessoa e no tempo indicados?

a. I. *doceo*; II. *fecii*; III. *imperabam*; IV. *legunt*.
b. I. *docui*; II. *fecisti*; III. *imperabat*; IV. *legebant*.
c. I. *docuisti*; II. *faciunt*; III. *impero*; IV. *legebamus*.
d. I. *docuit*; II. *fecimus*; III. *imperabas*; IV. *legebam*.
e. I. *docuerunt*; II. *fecere*; III. *imperabamus*; IV. *legis*.

3. Observe as seguintes sentenças e analise as formas verbais:

I. *magna fecimus.*
II. *felices erant.*
III. *inimicos uident.*
IV. *pulchra uerba legebas.*
V. *linguam latinam docui.*

Agora, responda: Em quais sentenças há verbos no pretérito perfeito ou no pretérito imperfeito?

a. I, II e V.
b. II, III, IV e V.
c. I, III e IV.
d. II, IV e V.
e. I, II, IV e V.

4. Observe os seguintes verbos:

*amo, -as, -are, -aui, -atum*: amar
*audio, -is, -ire, -iui ou ii, -itum*: ouvir
*capio, -is, -ire, cepi, captum*: tomar, agarrar

*deleo, -es, -ere, -eui, -etum*: apagar, destruir

*dico, -is, -ere, dixi, dictum*: dizer

Agora, responda: A que conjugação eles pertencem, respectivamente?

a. Primeira; quarta; mista; segunda; terceira.
b. Quarta; segunda; primeira; terceira; mista.
c. Primeira; quarta; mista; segunda; terceira.
d. Terceira; segunda; mista; quarta; primeira.
e. Segunda; mista; quarta; primeira; terceira.

5. Considerando a oração a seguir e a respectiva tradução, preencha as lacunas conforme o que se pede:

*Catullus dicit: "poeta castum et pium est."* (Catulo diz: "O poeta é casto e piedoso.")

*Catullus* _____ (*dico* no pretérito perfeito): *poeta castum et pium* _____ (*sum* no pretérito perfeito).

Agora, assinale a alternativa correta:

a. *dixit, fuit.*
b. *dicebat, fuit.*
c. *dixit, erat.*
d. *dicit, erat.*
e. *dicebat, erat.*

# Atividades de aprendizagem

## Questões para reflexão

1. Leia a seguinte frase:

> *inter caecos luscus rex.*

   Você consegue identificar a que declinação as palavras *caecos*, *luscus* e *rex* pertencem e em que caso cada uma delas está?

2. Escreva o caso das palavras listadas:

   - *turbarum* (*turba, -ae* 1f.: multidão)
   - *ius* (*ius, iuris* 3n.: direito)
   - *manu* (*manus, -us* 4f.: mão)
   - *rei* (*res, -ei* 5f.: coisa)

   Agora, apresente a forma de cada um dos adjetivos que concorda com elas:

   - *magnus, -a, -um*: grande, longo, importante
   - *celeber, -bris, -bre*: célebre
   - *audax, -cis*: audaz, corajoso

## Atividades aplicadas: prática

1. Consulte o vocabulário a seguir e traduza mais este trecho do texto *Minerua et Arachne*:

*nymphae pictūrās puellae amant et puellam laudant. deam quoque laudant et clāmant, "quis est magistra tibi? certē Minerua pictūrās et fābulās tibi dat. labōratne Arachnē bene quod est perīta? puella bene nōn labōrat quod est perīta. bene labōrat quod Minerua est magistra. Minerua tē bene docet".*
*sed Arachnē sapientiam nōn habet. negat Mineruam magistram. puella temerāria sē laudat et clāmat, "fōrmō pictūrās fābulāsque melius quam Minerua. nēmō mihi magistra est\*. Mineruam nōn uocō. nēmō mē docet. mē doceō."* (Goldman; Nyenhuis, 1982, p. 19)

| Substantivos | Verbos |
|---|---|
| *magistra, -ae* 1f.: professora | *clāmō, -ās, -āre, -āuī, -ātum* 1: gritar |
| *sapientia, -ae* 1f.: sabedoria | *dō, dās, dare, dĕdi, dātum* 1: dar |
| **Adjetivos** | *docĕō, -ēs, -ēre, docŭī, doctum* 2: ensinar |
| *temerāria*: imprudente, ousada | *fōrmō, -ās, -āre, -āuī, -ātum* 1: dar forma a, criar |
| **Outras palavras** | *labōrō, -ās, -āre, -āuī, -ātum* 1: trabalhar |
| *bene*: bem | |
| *certē*: certamente | |

---

\* Esta é uma ocorrência do dativo de posse, visto nos exercícios do Capítulo 2: "Ninguém é minha mestra", ou seja, ninguém é mestra em meu interesse, ou para mim. *magistra tibi*: "tua professora" (literalmente, "professora para ti").

2. Leia o trecho a seguir de Gênesis (Gên 1,1-3), retirado da *Vulgata*, a tradução da Bíblia para o latim:

*In principio creavit Deus caelum et terram.*
*terra autem erat inanis et vacua [...].*
*dixitque Deus.* (Mann, 2020)

Você consegue identificar os verbos no pretérito perfeito e no imperfeito nesse trecho? Consegue imaginar uma possível tradução para o texto? É bem provável que você já tenha lido ou ouvido esse trecho inicial do Antigo Testamento em português. Agora, faça a análise em latim e sugira uma tradução.

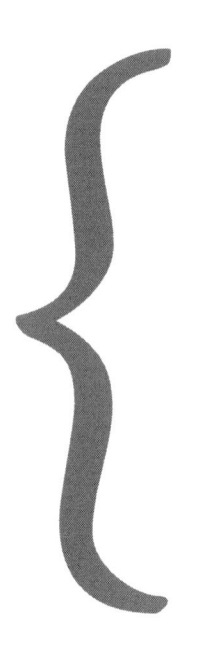

{

| um | História, pronúncia e usos da língua latina e o gênero épico |
| dois | Sistema nominal latino e o gênero romance |
| três | Sistema verbal do latim e o gênero lírico |
| quatro | Adjetivos, aspectos verbais, tempo pretérito e o gênero trágico |
| **# cinco** | **Pronomes latinos e o gênero cômico** |
| seis | Futuro do presente, palavras indeclináveis e a obra de Cícero |

⁌ NESTE CAPÍTULO, VAMOS nos concentrar no estudo dos pronomes, palavras que, assim como os substantivos e os adjetivos, são declináveis. Veremos o significado e os quadros dos pronomes pessoais, possessivos, demonstrativos, relativos, interrogativos e indefinidos. Por fim, trataremos, ainda, da comédia latina. Os textos selecionados contemplam traduções em prosa e em verso para que você reflita sobre suas preferências acerca de diferentes possibilidades de abordagem do texto latino.

Antes de conhecer a declinação dos pronomes, leia o trecho a seguir, retirado da comédia O anfitrião, escrita por Tito Mácio Plauto (250? a.C.-184? a.C.), e tente localizar as palavras que lhe são familiares. Observe as palavras em destaque e veja se você consegue identificar a classe gramatical a que cada uma pertence.

> et uti bonis **vos vostros**que omnis nuntiis
> **me** adficere voltis, **ea** adferam, **ea** uti nuntiem
> **quae** maxime in rem **vostram** communem sient –
> nam **vos quidem id** iam scitis concessum et datum
> **mi** esse ab dis aliis, nuntiis praesim et lucro –:
> **haec** ut **me** voltis adprobare adnitier,
> [lucrum ut perenne **vobis** semper suppetat]
> ita **huic** facietis fabulae silentium
> itaque aequi et iusti **hic** eritis omnes arbitri.
> (Plautus, 2020, v. 8-16, grifo nosso)

Os termos em destaque são pronomes, cujo conhecimento é essencial para o desenvolvimento da progressão textual e o consequente entendimento do texto.

cincopontoum
# Pronomes

Os pronomes, assim como os substantivos e os adjetivos, declinam-se de acordo com o número, o gênero e o caso. No dicionário, com exceção dos pronomes pessoais, aparecem nas formas de nominativo singular masculino, feminino e neutro. Veja alguns exemplos:

- *hic, haec, hoc* (pronome demonstrativo): este, esta, isto;
- *idem, eadem, idem* (pronome demonstrativo): o mesmo, a mesma, o mesmo;
- *quis/qui, quae, quod/quid* (pronome interrogativo): quem?, o quê?;
- *meus, -a, -um* (pronome possessivo): meu, minha, meu.

Os pronomes desempenham diferentes funções semânticas: ora têm significado próprio, ora assumem significado de substantivo ou determinam um substantivo (pronome adjetivo), conforme veremos mais detalhadamente nas próximas seções.

## 5.1.1 Pronomes pessoais

Os pronomes pessoais indicam a pessoa do discurso. Quando declinados no nominativo, têm uma função mais enfática, pois, do ponto de vista semântico e morfológico, não seriam necessários para marcar a pessoa e o número dos verbos, uma vez que a própria desinência número-pessoal já faz isso, como ocorre em português. Nesse sentido, o sistema pronominal latino difere do sistema inglês, no qual os pronomes são obrigatórios antes das formas verbais: *I love, she loves* etc.

Os pronomes pessoais também podem ser declinados nos casos acusativo, genitivo, dativo e ablativo, exercendo função sintática correspondente a esses casos.

A seguir, nos Quadros 5.1 e 5.2, observe a declinação dos pronomes *ego* (eu) e *tu* (tu).

QUADRO 5.1 – DECLINAÇÃO DE *EGO*

| Caso | Singular | Plural |
|---|---|---|
| Nominativo | ego | nos |
| Acusativo | me | nos |
| Genitivo | mei | nostri/nostrum |

(continua)

*(Quadro 5.1 – conclusão)*

| Caso | Singular | Plural |
|---|---|---|
| Dativo | mihi | nobis |
| Ablativo | me | nobis |

Conforme explica Cardoso (2004, p. 57), "*nos*, primeira pessoa do plural, pode representar 'eu e tu', 'eu e ele/ela', 'eu e vós', 'eu e eles/elas', 'eu e todos'; pode, também, substituir enfaticamente *ego*".

QUADRO 5.2 – DECLINAÇÃO DE *TU*

| Caso | Singular | Plural |
|---|---|---|
| Nominativo | tu | uos |
| Acusativo | te | uos |
| Genitivo | tui | uestri/uestrum |
| Dativo | tibi | uobis |
| Ablativo | te | uobis |

Embora possa parecer estranho, em latim, não existe pronome pessoal de 3ª pessoa (ele, ela, eles, elas), sendo utilizadas as formas de pronome demonstrativo, que veremos na sequência.

Contudo, há a forma de reflexivo de 3ª pessoa, que não tem nominativo nem distinção de número.

Quadro 5.3 – Pronome reflexivo (3ª pessoa)

| Caso | Plural |
|---|---|
| Acusativo | se/sese |
| Genitivo | sui |
| Dativo | sibi |
| Ablativo | se/sese |

Os pronomes pessoais e os reflexivos admitem a construção com a preposição *cum*, no modo ablativo: *mecum* (comigo), *tecum* (contigo), *nobiscum* (conosco), *uobiscum* (convosco), *secum* (consigo).

## 5.1.2 Pronomes demonstrativos

Os pronomes demonstrativos são utilizados para modificar ou substituir substantivos. Os pronomes *hic, haec, hoc* (este, esta, isto) indicam proximidade da 1ª pessoa ou proximidade temporal/espacial.

Observe a seguir o quadro da declinação dos pronomes demonstrativos *hic, haec, hoc*, os quais não têm forma de vocativo.

QUADRO 5.4 – DECLINAÇÃO DE HIC, HAEC, HOC (ESTE, ESTA, ISTO)

| Caso | Singular | | | Plural | | |
|---|---|---|---|---|---|---|
| | masculino | feminino | neutro | masculino | feminino | neutro |
| Nominativo | hic | haec | hoc | hi | hae | haec |
| Acusativo | hunc | hanc | hoc | hos | has | haec |
| Genitivo | huius | huius | huius | horum | harum | horum |
| Dativo | huic | huic | huic | his | his | his |
| Ablativo | hoc | hac | hoc | his | his | his |

Os pronomes *iste, ista, istud* (esse, essa, isso) indicam proximidade da 2ª pessoa. É por vezes encontrado nos textos latinos com caráter pejorativo*. A declinação desses pronomes consta no quadro a seguir.

QUADRO 5.5 – DECLINAÇÃO DE ISTE, ISTA, ISTUD (ESSE, ESSA, ISSO)

| Caso | Singular | | | Plural | | |
|---|---|---|---|---|---|---|
| | masculino | feminino | neutro | masculino | feminino | neutro |
| Nominativo | iste | ista | istud | isti | istae | ista |
| Acusativo | istum | istam | istud | istos | istas | ista |

(continua)

* Como em português, quando usamos o termo "essazinha".

*(Quadro 5.5 – conclusão)*

| Caso | Singular | | | Plural | | |
|---|---|---|---|---|---|---|
| Genitivo | istius | istius | istius | istorum | istarum | istorum |
| Dativo | isti | isti | isti | istis | istis | istis |
| Ablativo | isto | ista | isto | istis | istis | istis |

Já os pronomes *ille, illa, illud* (aquele, aquela, aquilo) indica proximidade da 3ª pessoa ou distanciamento da 1ª ou da 2ª pessoas.

QUADRO 5.6 – DECLINAÇÃO DE ILLE, ILLA, ILLUD (AQUELE, AQUELA, AQUILO)

| Caso | Singular | | | Plural | | |
|---|---|---|---|---|---|---|
| | masculino | feminino | neutro | masculino | feminino | neutro |
| Nominativo | ille | illa | illud | illi | illae | illa |
| Acusativo | illum | illam | illud | illos | illas | illa |
| Genitivo | illius | illius | illius | illorum | illarum | illorum |
| Dativo | illi | illi | illi | illis | illis | illis |
| Ablativo | illo | illa | illo | illis | illis | illis |

Como mencionado, o latim não tinha pronomes pessoais para a 3ª pessoa; assim, para fazer referência a ela, utilizavam-se os demonstrativos, cujo emprego foi ficando cada vez mais intenso, a ponto de originar as formas pronominais em português *ele, ela* (*ille* > ele; *illa* > ela).

Os pronomes *is, ea, id* (este, esta, isto) indicam proximidade da 1ª pessoa e são também classificados como demonstrativos, podendo ser empregados no lugar da 3ª pessoa (ele/ela). Apresentam duas formas derivadas bastante conhecidas: *idem, eadem, idem* (o mesmo) e *ipse, ipsa, ipsum* (o próprio, o mesmo). Observe a declinação desses pronomes no quadro a seguir.

Quadro 5.7 – Declinação de *is, ea, id* (este, esta, isto), *idem, eadem, idem* (o mesmo) e *ipse, ipsa, ipsum* (o próprio, o mesmo)

| | *is, ea, id* (este, esta, isto) | | | | | |
|---|---|---|---|---|---|---|
| Caso | Singular | | | Plural | | |
| | masculino | feminino | neutro | masculino | feminino | neutro |
| Nominativo | is | ea | id | ii/ei | eae | ea |
| Acusativo | eum | eam | id | eos | eas | ea |
| Genitivo | eius | eius | eius | eorum | earum | eorum |
| Dativo | ei | ei | ei | eis/iis | eis | eis |
| Ablativo | eo | ea | eo | eis/iis | eis | eis |

(continua)

(Quadro 5.7 – conclusão)

### idem, eadem, idem (o mesmo, a mesma, o mesmo)

| Caso | Singular | | | Plural | | |
|---|---|---|---|---|---|---|
| | masculino | feminino | neutro | masculino | feminino | neutro |
| Nominativo | idem | eadem | idem | eidem | eaedem | eadem |
| Acusativo | eundem | eandem | idem | eosdem | easdem | eadem |
| Genitivo | eiusdem | eiusdem | eiusdem | eorundem | earundem | eorundem |
| Dativo | eidem | eidem | eidem | eisdem/iisdem | eisdem/iisdem | eisdem/iisdem |
| Ablativo | eodem | eadem | eodem | eisdem | eisdem | eisdem |

### ipse, ipsa, ipsum (o próprio, a própria, o próprio)

| Caso | Singular | | | Plural | | |
|---|---|---|---|---|---|---|
| | masculino | feminino | neutro | masculino | feminino | neutro |
| Nominativo | ipse | ipsa | ipsum | ipsi | ipsae | ipsa |
| Acusativo | ipsum | ipsam | ipsum | ipsos | ipsas | ipsa |
| Genitivo | ipsius | ipsius | ipsius | ipsorum | ipsarum | ipsorum |
| Dativo | ipsi | ipsi | ipsi | ipsis | ipsis | ipsis |
| Ablativo | ipso | ipsa | ipso | ipsis | ipsis | ipsis |

Certamente você já se deparou com a utilização da forma *idem*, a qual usamos de maneira idêntica no português. Também já deve ter lido a expressão *ipsis litteris* (com as próprias letras), utilizada quando reproduzimos o texto de outra pessoa sem nenhuma modificação (uma citação direta, por exemplo): *ipsis* (forma de ablativo plural) + *litteris* (ablativo plural de *littera, -ae*), ambas concordando no feminino.

## 5.1.3 Pronomes possessivos

Os pronomes possessivos latinos são muito parecidos com os da língua portuguesa. Vejamos:

- *meus, -a, -um* (meu, minha, meu);
- *tuus, -a, -um* (teu, tua, teu);
- *noster, -tra, -trum* (nosso, nossa, nosso)*;
- *uester, -tra, -trum* (vosso, vossa, vosso);
- *suus, -a, -um* (seu, sua, seu).

Eles parecem com alguma outra classe gramatical? Sim, a dos adjetivos da primeira classe. Os pronomes possessivos apresentam as formas de primeira e segunda declinações, a depender do gênero, assim como os adjetivos já estudados (*bonus, -a, um* etc.).

Lembre-se de que concordamos os adjetivos com os substantivos em gênero, número e caso, não em declinação. Dessa forma, no caso dos pronomes, assim como ocorre com os adjetivos da primeira classe, a primeira forma, *meus*, refere-se a substantivos

---

* Os pronomes *noster, -tra, -trum* (nosso, nossa, nosso) e *uester, -tra, -trum* (vosso, vossa, vosso) têm a forma *noster* e *uester* para o masculino, uma vez que esses pronomes são declinados como adjetivos de primeira classe (ver Quadro 4.2), Assim, a forma masculina segue os parâmetros da segunda declinação para os masculinos, nos moldes de *culter, cultri* 2m.: faca (ver Quadro 2.4).

do gênero masculino, e a segunda forma, -a, segue o paradigma da primeira declinação e é empregada em referência a termos femininos. Já a última forma, -um, apresenta as mesmas terminações da segunda declinação dos neutros e é usada para se fazer a concordância com substantivos neutros.

Como exemplo, vamos analisar a concordância do pronome *meus, -a, -um* com alguns substantivos declinados no nominativo singular: *dominus, -i* 2m. (senhor); *filia, -ae* 1f. (filha); *telum, -i* 2n. (dardo). Veja:

- *meus dominus* (meu senhor);
- *mea filia* (minha filha);
- *meum telum* (meu dardo).

Note que as terminações dos pronomes coincidem com as terminações dos substantivos. Observe, agora, o caso de termos como *nauta, -ae* 1m. (marinheiro) e *rex, regis* 3m. (rei):

- *meus nauta* (meu marinheiro);
- *meus rex* (meu rei)

Perceba que as terminações são diferentes, embora os termos estejam concordando. Isso acontece porque o termo *nauta* é masculino, pertencente à primeira declinação, logo, seu nominativo singular se faz com a terminação -a. Porém, o pronome possessivo *meus, -a, -um* apresenta a forma *meus* para substantivos masculinos e segue a segunda declinação. O mesmo ocorre com a palavra *rex*, termo masculino pertencente à terceira declinação. Como é masculino, *rex* concorda com a forma *meus*, que obedece ao paradigma da segunda declinação. Se colocássemos os termos no acusativo singular, também veríamos diferenças nas terminações, mas a concordância é estabelecida: *meum nautam uideo* (vejo o meu marinheiro); *meum regem uideo* (vejo o meu rei). Isso mostra que tanto os substantivos e os adjetivos quanto os pronomes têm as próprias declinações.

## 5.1.4 Pronomes relativos

Os pronomes relativos *qui, quae, quod* (que/o qual, a qual, o qual) são encontrados em orações adjetivas, pois as introduzem e modificam a oração principal. Cardoso (2004, p. 62) destaca o fato de que os pronomes relativos, "além de exercerem a função de conectivos oracionais, exercem uma função sintática definida na oração que introduzem (sujeito, objeto direto, objeto indireto etc.)". Por isso, esses pronomes se declinam conforme o caso, o gênero e o número.

Para entender melhor como isso ocorre, considere duas sentenças em português:

1. A menina **que** ama o poeta.
2. O livro **que** a menina lê.

Nessas duas sentenças, o "que" exerce funções sintáticas diferentes. Na primeira, trata-se da função de sujeito: o "que" se refere à menina – sujeito (a menina ama o poeta). Já na segunda, o "que" não se refere ao sujeito, mas ao objeto direto da forma verbal "lê" (a menina lê o livro). O termo "o livro" é o objeto direto e o pronome se refere a ele.

Em latim, essas sentenças seriam escritas assim:

1. *puella quae poetam amat* (a menina que ama o poeta) – *quae* está em sua forma de nominativo singular feminino (como é possível observar no Quadro 5.8), pois se refere ao sujeito *puella*.
2. *liber quem puella legit* (o livro que a menina lê) – *quem* é acusativo singular masculino, pois é objeto direto de *legit* (lê) e refere-se a *liber* (livro), que é masculino.

QUADRO 5.8 – DECLINAÇÃO DE *QUI*, *QUAE*, *QUOD* (QUE/O QUAL, A QUAL, O QUAL)

| Caso | *qui, quae, quod* (que/o qual, a qual, o qual) ||||||
|---|---|---|---|---|---|---|
| | Singular ||| Plural |||
| | masculino | feminino | neutro | masculino | feminino | neutro |
| Nominativo | qui | quae | quod | qui | quae | quae |
| Acusativo | quem | quam | quod | quos | quas | quae |
| Genitivo | cuius | cuius | cuius | quorum | quarum | quorum |
| Dativo | cui | cui | cui | quibus | quibus | quibus |
| Ablativo | quo | qua | quo | quibus | quibus | quibus |

Os pronomes *qui*, *quae*, *quod* são os relativos mais frequentes nos textos em latim, porém existem outros: *qualis* (qual), *quantus* (quanto), *quicumque* (quem quer que seja) etc.

## 5.1.5 Pronomes interrogativos

A declinação dos pronomes interrogativos *quis, quae, quid* (quem?, o quê?) é muito parecida com a dos relativos *qui, quae, quod*. Nesse caso, utilizamos o pronome em orações interrogativas.

QUADRO 5.9 – DECLINAÇÃO DE QUIS/QUI, QUAE, QUOD/QUID (QUEM?, O QUÊ?)

| Caso | *quis, quae, quid* (quem?, o quê?) |||||||
|---|---|---|---|---|---|---|
| | Singular ||| Plural |||
| | masculino | feminino | neutro | masculino | feminino | neutro |
| Nominativo | quis/qui | quae | quod/quid | qui | quae | quae |
| Acusativo | quem | quam | quod/quid | quos | quas | quae |
| Genitivo | cuius | cuius | cuius | quorum | quarum | quorum |
| Dativo | cui | cui | cui | quibus | quibus | quibus |
| Ablativo | quo | qua | quo | quibus | quibus | quibus |

Em sua *Gramática latina*, Almeida (2001) informa que o nominativo singular masculino do pronome interrogativo pode ter também a forma *qui*, ou seja, o nominativo singular masculino pode ser feito nas formas *quis* ou *qui*. Fato semelhante ocorre com o nominativo singular neutro: *quod* ou *quid*.

Outros exemplos de pronomes interrogativos são: *vter, utra, utrum* (qual dos dois?), *quantus, -a, -um* (de que tamanho?), *quotus, -a, -um* (quanto?), *qualis, -e* (qual?). Este último é declinado como um adjetivo biforme da segunda classe, enquanto os outros são declinados como adjetivos da primeira classe.

O trecho a seguir contém pronomes relativos e interrogativos. Leia o texto em latim, bem como a tradução feita para ele, e verifique como são empregados.

> M. *Etiam muttis?*
> S. *Iam tacebo.*
> M. ***Quis*** *tibi erust?*
> S. ***Quem*** *tu voles.*
> M. ***Quid*** *igitur?* ***qui*** *nunc vocare?*
> S. *Nemo nisi* ***quem*** *iusseris.*
> (Plautus, 2020, v. 381-382, grifo nosso)

> MERCÚRIO: Ainda resmungas?
> SÓSIA: Já me calo!
> MERCÚRIO: Quem é o teu patrão?
> SÓSIA: Quem tu quiseres.
> MERCÚRIO: E então? Qual é o teu nome agora?
> SÓSIA: Nenhum, salvo ordens tuas.
> (Plauto, 2006, p. 77, tradução de Carlos Alberto Louro Fonseca et al.)

Na fala de Mercúrio (M.), "*Quis tibi erust?*", temos um exemplo de pronome interrogativo: *quis*, que pode estar no nominativo masculino/feminino singular. A forma *tibi* é a de dativo singular do pronome pessoal *tu*. Esta é uma ocorrência do dativo de posse ou interesse. *erust* é uma forma usada por Plauto de nominativo singular de *erus, -i, herus, -i*. 2m. (senhor, de uma casa ou família) e concorda com *quis*, nominativo masculino singular. Uma possível tradução para a frase seria esta: "Que senhor há para ti, no teu interesse?" ou "Quem é teu senhor?".

Sósia (S.) utiliza outro pronome na resposta: *quem*. Trata-se da forma de acusativo singular masculino* do pronome relativo. O sujeito aqui é o pronome pessoal *tu*. Importante verificar que ele é enfático, já que o verbo *voles* (de *volo, -are*, "querer") tem a marca de 2ª pessoa do singular *-s*, "você quer". Temos, assim, a seguinte tradução: "Aquele que você quiser (que seja)" ou "Quem você quiser".

Em "*Quid igitur?*", *igitur* tem o sentido de "em seguida" e o pronome *quid* (que pode estar no nominativo ou no acusativo singular neutro) tem a função de indagar acerca do que virá a seguir, algo como "O que então?" ou "E então?". Na sequência, Mercúrio continua: "*qui nunc vocare?*". *nunc* significa "agora", *vocare*, de *voco*, que tem o sentido de "chamar, nomear" e *qui* indica uma indagação acerca do nome pelo qual ele é chamado, de como o chamam: "Afinal, como te chamam?".

Analisemos agora a resposta de Sósia: "*Nemo nisi quem iusseris*". A forma *nemo* (ninguém) está no nominativo singular, e *iusseris* (mandar) está na 2ª pessoa do singular, portanto o sujeito é *tu*, que está oculto. Temos duas orações e dois sujeitos; o pronome *quem* é o acusativo singular masculino/feminino do pronome relativo *qui*, responsável por estabelecer a relação entre as orações. Podemos pensar em algo como "(Não sou ninguém)

---

* A forma para o feminino é a mesma.

a não ser aquele que você mandar (que eu seja)". *nemo* é sujeito do verbo *sum* (ser), que está implícito na oração, *nisi* significa "com exceção de", "a não ser", e *quem*, como está no acusativo singular masculino, é objeto direto de *iusseris*. Assim, a fala pode ser traduzida por "Você ordena o nome que você quer que eu tenha/ordena quem eu devo ser". Veja a seguir uma outra tradução para o diálogo:

> {M} Disse algo? {S} Não. {M} Quem é seu senhor? {S} Quem você quiser.
>
> {Merc} Qual seu nome então? {Sós} Se não me der nenhum, serei Ninguém. (Plauto, *Anfitrião*, v. 381-382, tradução de Leandro Dorval Cardoso, 2012, p. 146)

Cabe ressaltar o fato de que o texto de Cardoso (2012, p. 146) apresenta a tradução da obra em versos, levando em consideração que também Plauto compôs a comédia em metro apropriado a esse gênero. Já a tradução de Fonseca et. al. (2006, p. 77) é feita em prosa, embora essa opção tradutória não fique clara aqui, uma vez que o excerto é composto de um diálogo em discurso direto.

Vamos analisar cada fala do texto e traçar um paralelo entre as escolhas feitas pelos tradutores, incluindo a tradução que propusemos após a análise do emprego dos pronomes interrogativos e relativos. A ideia não é, de modo algum, fazer um julgamento em relação às escolhas tradutórias, tampouco valorizar uma em detrimento das outras.

QUADRO 5.10 – PARALELO ENTRE TRADUÇÕES

| Texto original | Tradução nossa | Tradução de Cardoso (2012) | Tradução de Fonseca et al. (2006) | Observações |
|---|---|---|---|---|
| M. *Etiam muttis?* | Você ainda está resmungando? | Disse algo? | Ainda resmungas? | A tradução de Cardoso não menciona o verbo "resmungar", como acontece em nossa tradução e na de Fonseca et al., que levam em consideração o verbo *muttis* (resmungar). No entanto, a ideia de que Mercúrio quer se certificar de que Sósia está mesmo falando apresenta-se em todas as traduções. Uma outra possibilidade tradutória, utilizada no contexto semântico da década de 2010-2020, soaria algo como: "Ainda tá de mimimi?". |
| S. *Iam tacebo.* | Já estou ficando quieto. | Não. | Já me calo! | A tradução de Cardoso não menciona o verbo "calar-se", tradução do latim *taceo*, tal como a nossa tradução e a de Fonseca et al. |
| M. *Quis tibi erust?* | Quem é teu senhor? | Quem é seu senhor? | Quem é o teu patrão? | Em nossa tradução e na de Cardoso consta o mesmo termo para designar o dono da casa: "senhor". Na tradução de Fonseca et al., optou-se pela palavra "patrão". |

*(continua)*

*(Quadro 5.10 – conclusão)*

| | | | | |
|---|---|---|---|---|
| S. Quem tu voles. | Aquele que você quiser que seja/ Quem você quiser. | Quem você quiser. | Quem tu quiseres. | As três traduções estão muito semelhantes. |
| MERC. Quid igitur? qui nunc qui nunc vocare? | O que então?/ E então?/ Afinal, como te chamam? | Qual seu nome então? | E então? Qual é o teu nome agora? | Há maior proximidade entre a nossa tradução e a de Cardoso, visto que a palavra *nunc* (agora) é traduzida por "então, afinal". |
| SOS. Nemo nisi quem iusseris. | Você ordena o nome que você quer que eu tenha/ Você ordena quem eu devo ser. | Se não me der nenhum, serei Ninguém. | Nenhum, salvo ordens tuas. | Em nossa tradução e na de Cardoso, são empregados termos cuja raiz remete ao verbo "ordenar", uma acepção do verbo *iusseris*, de *iubeo* (mandar, ordenar). |

Agora, observe as escolhas estilísticas de cada tradutor e pondere sobre qual das traduções mais lhe agradou e por quê.

Nas paredes de Pompeia, famosas por exibir todos os tipos de grafites, encontramos um uso muito interessante de alguns dos pronomes:

> (Quis) quis amat ualeat pereat qui nescit amare. Bis tanto pereat quisquis amare uetat. (CIL*, IV, 4091, citado por Feitosa, 2002/2003, p. 171)
>
> Viva quem ama, que morra quem não sabe amar! Duas vezes morra quem proíbe o amor (CIL, IV, 4091, tradução de Lourdes M. G. C. Feitosa, 2002/2003, p. 171)

De acordo com Feitosa (2002/2003, p. 171), esses versos podem ser atribuídos a um apaixonado repetindo os versos de Horácio "para exaltar aqueles que amavam e repreender os que representavam empecilhos aos amantes".

Igualmente curiosa, mas de sentido completamente oposto, é a resposta dada a esses versos:

> Quisquis amat pereat. (CIL, IV, 4659, citado por Feitosa, 2002/2003, p. 171)
>
> Morra quem quer que ame! (CIL, IV, 4659, tradução de Lourdes M. G. C. Feitosa, 2002/2003, p. 171)

Veja como é possível traçar semelhanças com determinadas práticas observadas ainda hoje com relação a inscrições feitas em espaços públicos, em que pessoas de ideologias diferentes traçam uma disputa aberta a todos os que transitam por esses locais.

---

* O *Corpus Inscriptionum Latinarum*, mais comumente conhecido pela sigla CIL, reúne e cataloga todas as inscrições encontradas.

## 5.1.6 Pronomes indefinidos

Há diversos pronomes indefinidos no latim, mas os mais frequentes são *quis, quae/qua, quid* e *aliquis, aliqua, aliquid*, todos com o significado de "alguém". A declinação do primeiro é igual à do interrogativo *quis, quae, quid*; o segundo é uma forma composta de *ali* + *quis*.

Também são derivados de *quis* os seguintes pronomes indefinidos:

- *quispiam, quaepiam, quidpiam/quippiam* (alguém);
- *quiuis, quaeuis, quiduis* (qualquer um);
- *quidam, quaedam, quiddam* (certo; no sentido de "certo alguém, certa pessoa");
- *quisque, quaeque, quidque* (cada).

Outros pronomes indefinidos a serem destacados são os derivados de *uter*:

- *uterque, utraque, utrumque* (cada um dos dois);
- *uteruis, utrauis, utrumuis* (qualquer um dos dois);
- *uterlibet, utralibet, utrumlibet* (qualquer um dos dois).

Vale mencionar, ainda, as formas para "nenhum dos dois", quais sejam: *neuter, neutra, neutrum*.*

São também pronomes indefinidos muito frequentes nos textos latinos:

- *alius, alia, aliud* (outro entre diversos);
- *alter, altera, alterum* (outro entre dois);
- *totus, -a, -um* (todo);

---

* Daí a designação de "neutro" dada a um dos três gêneros.

- *nullus, -a, -um* (nenhum);
- *nemo, -inis* (ninguém);
- *nihil/nil* (nada) – indeclinável.

Observe a declinação de *alius, alia, aliud* no quadro a seguir.

QUADRO 5.II – DECLINAÇÃO DE ALIUS, ALIA, ALIUD (OUTRO, OUTRA, OUTRO)

| Caso | *alius, alia, aliud* (outro, outra, outro) ||||||
|---|---|---|---|---|---|---|
| | Singular ||| Plural |||
| | masculino | feminino | neutro | masculino | feminino | neutro |
| Nominativo | alius | alia | aliud | alii | aliae | alia |
| Acusativo | alium | aliam | aliud | alios | alias | alia |
| Genitivo | alius | alius | alius | aliorum | aliarum | aliorum |
| Dativo | alii | alii | alii | aliis | aliis | aliis |
| Ablativo | alio | alia | alio | aliis | aliis | aliis |

Você já leu, em alguma referência bibliográfica, a expressão *et alii*? Ela é utilizada quando a obra foi escrita por mais de um autor; assim, cita-se um deles e acrescenta-se a expressão latina *et alii* (e outros), como em: "Boschiero *et alii* [ano] afirmam que...". Observe que *alii* se refere ao nominativo plural masculino do pronome indefinido. Há também as expressões *et aliae* (entre outras), forma de nominativo plural feminino, e *et alia* (entre outras coisas), com o pronome no mesmo caso das expressões anteriores, mas no gênero neutro. Cabe ressaltar que é muito comum encontrarmos a expressão *et al.*, ou seja, uma forma abreviada de qualquer uma das expressões vistas

Agora, veja a inscrição em latim na figura a seguir. Você consegue reconhecer alguma palavra?

Figura 5.1 – Igreja católica de São José, em Pidhirtsi, Ucrânia

*IN CVLTVM DOMINI DEI NOSTRI EXODVS*

Observe o uso do pronome possessivo *noster*, em sua forma de genitivo masculino singular, concordando com *domini* e *Dei*, ambos da segunda declinação dos nomes masculinos.

A preposição *in* pode reger dois casos, o acusativo e o ablativo. Quando é empregada com acusativo, indica movimento (em direção a). Assim, *in cultum* sugere que faremos algo em direção ou em intenção ao culto de nosso senhor Deus. Uma outra expressão com esse emprego é *in memoriam* ("em direção à memória", com a intenção de recordar e homenagear). Com ablativo, o sentido é estático: *in casa* (na casa, dentro da casa). Assim, a tradução da frase seria: "Em direção ao culto de senhor nosso Deus".

A inscrição completa traz o termo *EXODVS*, palavra que se refere ao título do livro da Bíblia em que a expressão *IN CVLTVVM DOMINI DEI NOSTRI* é encontrada, mais precisamente em *Exodus* (Ex 10,26).

Observe a mesma citação, acrescida de mais um versículo:

*Ait Moyses:* "*Etiamsi tu hostias et holocausta dares nobis, quae offeramus Domino Deo nostro, tamen et greges nostri pergent nobiscum; non remanebit ex eis ungula, quoniam ex ipsis sumemus, quae necessaria sunt* **in cultum Domini Dei nostri**; *praesertim cum ignoremus quid debeat immolari, donec ad ipsum locum perveniamus.*" (Ex 10,25-26, grifo nosso)

Vejamos a tradução para o excerto:

Moisés respondeu: "Tu mesmo nos porás nas mãos o que precisamos para oferecermos sacrifícios e holocaustos ao Senhor, nosso Deus. Além disso, nossos animais virão conosco; nem uma unha ficará, porque é deles que devemos tomar o que precisamos para fazer **nosso culto ao Senhor, nosso Deus**. Enquanto não tivermos chegado lá, não sabemos de que nos serviremos para prestar nosso culto ao Senhor." (Bíblia. Êxodo, 2020a, 10,25-26, grifo nosso)

Vamos, agora, retomar o trecho do início do capítulo para verificar o uso dos pronomes em destaque. Apoiando-se na tradução do texto e consultando os quadros dos pronomes, tente identificá-los, classificá-los e analisar seu emprego no texto. Verifique novamente como foram traduzidos para o português.

Esse trecho, reproduzido a seguir novamente, não será pormenorizadamente explicado e traduzido, pois isso demandaria entrar em detalhes de sintaxe um tanto complexos para o momento. Assim, vamos nos ater a possibilidades de identificação, de classificação e de reconhecimento dos casos que regem tais pronomes.

> et uti bonis **vos vostros**que omnis nuntiis
> **me** adficere voltis, **ea** adferam, **ea** uti nuntiem
> **quae** maxime in rem vostram communem sient –
> nam **vos quidem id** iam scitis concessum et datum
> **mi** esse ab dis **aliis**, nuntiis praesim et lucro –:
> **haec** ut **me** voltis adprobare adnitier,
> [lucrum ut perenne **vobis** semper suppetat]
> ita **huic** facietis fabulae silentium
> itaque aequi et iusti **hic** eritis omnes arbitri.
> (Plautus, 2020, v. 8-16, grifo nosso)

> e que, com boas novas, a todos vós e aos vossos,
> quereis que eu atinja e traga e anuncie as boas
> que sejam para o bem comum de todos vós
> (pois vós sabeis que os outros deuses me legaram
> que à frente das notícias e dos lucros eu ficasse):
> do jeito que quereis o meu apoio nessas coisas,
> que o vosso lucro seja permanente sempre,
> de vós, durante a peça, quero só silêncio,
> e assim, imparciais, sereis juízes justos.
> (Plauto, *Anfitrião*, v. 8-16, tradução de Leandro Dorval Cardoso, 2012, p. 135)

Vejamos o caso de cada um dos pronomes destacados no texto latino:

- *vos*: nominativo, acusativo, vocativo singular (sing.) masculino/feminino;
- *vostros*: acusativo plural masculino;
- *me*: acusativo singular masculino/feminino de *ego*;
- *ea*: nominativo feminino singular; ablativo feminino singular; nominativo, acusativo e vocativo plural neutro do pronome demonstrativo *is, ea, id* (este, esta, isto). No texto, as formas estão no neutro plural, pois se referem às coisas boas preditas por Mercúrio;
- *quae*: pronome relativo (referente às coisas boas que Mercúrio está anunciando à plateia);
- *vos*: nominativo, acusativo, vocativo singular masculino/feminino;
- *id*: nominativo, acusativo neutro singular de *is, ea, id* (este, esta, isto);
- *mi*: dativo singular de *ego* (a mim/para mim);
- *aliis*: dativo, ablativo plural do pronome indefinido *alius, alia, aliud* (os demais, os outros).
- *haec*: neutro plural de *hic, haec, hoc* (este, esta, isto) – retoma as formas anteriores também em neutro plural;
- *me*: acusativo singular de *ego*;
- *vobis*: dativo plural masculino/feminino (a vós/vocês);
- *huic*: dativo de *hic, haec, hoc* (este, esta, isto) para todos os gêneros;
- *hic*: nominativo masculino singular de *hic, haec, hoc* (este, esta, isto).

cincopontodois
# Gênero cômico

Plauto (Titus Maccius Plautus, 250? a.C.-184? a.C.) foi um dos grandes comediógrafos romanos, a quem são atribuídas mais de 100 peças cômicas (número não comprovado), embora somente 21 delas tenham chegado até nós. Plauto teve grande influência em autores da posteridade: sua comédia *Anfitrião* inspirou *Auto dos Enfatriões*, de Camões; *Anfitrião*, de Molière; *Um deus dormiu lá em casa*, de Guilherme Figueiredo. A peça *Menecmos*, em que também é retratada uma confusão advinda da semelhança entre pessoas, ecoa em *A comédia dos erros*, de Shakespeare. *A marmita* ou *A comédia da panela*, de Plauto, narra a história de um avarento que encontra uma marmita ou panela cheia de ouro em sua casa, tendo servido aos propósitos de *O avarento*, de Molière, e de *O santo e a porca*, de Ariano Suassuna.

No Capítulo 4, vimos a tragédia *Hercules furens*, de Sêneca, em que Hércules, em um ataque de fúria provocado por Juno, assassina a esposa e os filhos, o que lhe renderá os trabalhos que conhecemos. Mas por que Juno faz um mal tão grande a Hércules? Sua raiva remonta ao nascimento do herói, que é fruto de mais uma traição de seu marido: Júpiter se apaixona por Alcmena, esposa de Anfitrião, e decide namorá-la. Dessa união nasce Hércules, um herói ou semideus de uma força descomunal, explicada por sua origem divina. Para consumar seu desejo por Alcmena, que era fiel ao marido, Júpiter adota a forma de Anfitrião. Para que o disfarce fique ainda mais elaborado, Júpiter pede a Mercúrio que tome a forma de Sósia, escravo de Anfitrião. Assim, a confusão está instaurada e é mote para a comédia *Anfitrião*, de Plauto. Para poder ficar mais tempo com Alcmena, Júpiter ordena que a noite fique mais longa e que o Sol demore mais a nascer. Depois de deitar-se com Júpiter, Alcmena, que já estava grávida do marido, engravida também do deus supremo e dá à luz gêmeos, já que a concepção de Hércules tem um tempo fora do comum para os mortais. No final, tudo é esclarecido e Anfitrião se sente até honrado por ter recebido a visita ilustre de Júpiter.

No entanto, a fúria de Juno se faz presente logo após o nascimento do herói: ela envia duas serpentes para matar o recém-nascido. Demonstrando já a grande força que caracteriza Hércules, ele estrangula as víboras ainda no berço! Tal prodígio é também narrado na tragédia *Hercules furens*, de Sêneca.

A esta altura, você deve ter notado que os nomes Sósia e Anfitrião são palavras da língua portuguesa, mas não necessariamente correspondem a nomes próprios em nosso idioma. A origem desses termos está na história contada por Plauto: *anfitrião* é aquele que recebe, hospeda alguém. É o que o general Anfitrião faz: recebe Júpiter em sua casa, embora sem saber. Já com relação à palavra *sósia*, na peça, esse é o nome do escravo que tem a forma imitada por Mercúrio a ponto de o próprio Sósia ficar confuso entre quem é ele e quem é o outro, ou seja, *sósia* designa alguém que é muito parecido com outra pessoa. Veja o que diz o escravo Sósia a respeito de sua confusa condição:

> SOS. *Certe edepol, quom illum contemplo et formam cognosco meam,*
> *quem ad modum ego sum —saepe in speculum inspexi —nimis similest mei;*
> *itidem habet petasum ac vestitum: tam consimilest atque ego;*
> *sura, pes, statura, tonsus, oculi, nasum vel labra,*
> *malae, mentum, barba, collus: totus. quid verbis opust?*
> *si tergum cicatricosum, nihil hoc similist similius.*
> *sed quom cogito, equidem certo idem sum qui semper fui.*
> (Plautus, 2020, v. 441-447)

> SÓSIA: Com certeza, por Pólux, quando o contemplo e reconheço
> minha aparência, que é do mesmo jeito como eu sou – me
> examinei no espelho várias vezes – é parecido demais comigo! Tem
> igualmente o chapéu e as roupas; é tão semelhante a mim mesmo!
> A perna, o pé, a estatura, o corte de cabelo, os olhos, o nariz e até
> os lábios; as bochechas, o queixo, a barba, o pescoço, ele todo! Pra
> que ficar falando? Se tiver as costas cheias de cicatrizes, nada é mais
> semelhante que essa semelhança. Mas quando penso, certamente,
> sem dúvida, eu sou o mesmo que sempre fui.
> (Plauto, *Anfitrião*, v. 441-447, tradução de Lilian Nunes da Costa,
> 2010, p. 96)

No prólogo, Mercúrio explica para o público como se passará a história e classifica o espetáculo como uma tragicomédia:

> Agora, ouvi com atenção o que eu vou falar:
> deveis querer o que queremos: merecemos,
> meu pai e eu, por vossa causa e da república.
> Mas devo relembrar (pois nas tragédias vi
> os outros deuses – Netuno, Virtude, Marte,
> Vitória, Belona – recordarem as coisas boas
> que a vós fizeram) que, de todos esses feitos,
> meu pai, dos deuses soberano, foi o arquiteto?

> Mas é que nunca foi costume do meu pai
> fazer qualquer censura aos bons por seus benfeitos.
> Por isso considera que sereis a ele gratos
> e crê que faz a vós o bem que faz por mérito.
> Agora, o que aqui eu vim pedir direi primeiro;
> A trama da tragédia só direi depois.
> O quê? Franzis a fronte só porque eu disse
> tragédia? Sou um deus, eu posso transformá-la.
> Se vós quiserdes, esta mesma, de tragédia faço
> comédia mesmo sendo iguais os versos todos.
> Quereis ou não? Mas eu sou mesmo um grande estúpido!
> Pois sendo eu um deus sei bem o que quereis.
> Conheço o estado da questão em vosso espírito:
> farei que seja mista, uma tragicomédia.
> Porque, seguir agindo como se comédia fosse
> não acho certo, já que reis e deuses vêm aqui.
> E então? Porque escravos têm papel aqui também,
> farei que seja uma tragicomédia, como eu disse.
> (Plauto, *Anfitrião*, v. 38-63, tradução de Leandro Dorval Cardoso, 2012, p. 136)

Por que Mercúrio classifica a peça como uma tragicomédia? De acordo com Aristóteles, a tragédia versa sobre acontecimentos na vida de homens nobres cujas decisões têm consequências na vida de um grande número de pessoas. Já a comédia versa sobre pessoas e temas inferiores, isto é, homens e acontecimentos ordinários e cotidianos da vida da população em geral: "Pois a mesma diferença separa a tragédia da comédia; procura, esta, imitar os homens piores, e aquela, melhores do que eles ordinariamente são" (Aristóteles, 1973, p. 444). Sobre o tema, discorre ainda Aristóteles (1973, p. 447):

> A comédia é, como dissemos, imitação de homens inferiores; não, todavia, quanto a toda espécie de vícios, mas quanto àquela parte torpe que é o ridículo. O ridículo é apenas certo defeito, torpeza anódina e inocente; que bem o demostra, por exemplo, a máscara cômica, que, sendo feia e disforme, não tem [expressão de] dor.

Em *Anfitrião* encontramos personagens representantes de ambas as "categorias", deuses, reis e escravos, assim como acontecimentos sérios de grandes consequências e outros puramente engraçados e banais.

Conforme vimos no Capítulo 4, foi no século III a.C. que Roma entrou em contato com o teatro helênico culto e literário, por meio da apresentação de uma peça (não se sabe de qual gênero) organizada por Lívio Andrônico em comemoração ao aniversário da Primeira Guerra Púnica, em que os romanos venceram os cartagineses. Com relação a períodos anteriores, são escassas as informações acerca do gênero dramático em Roma, que, provavelmente, teria cunho religioso (rituais de sacrifício, matrimônio, procissões e ritos fúnebres continham elementos teatrais). Há também referências aos cantos fesceninos, de provável origem etrusca, que eram acompanhados de gestos coreografados. Segundo Tito Lívio, em 364 a.C., dançarinos etruscos estiveram em Roma para um ritual de purificação da cidade que sofria com uma epidemia. Tal cerimônia teve grande impacto no desenvolvimento do drama romano (Cardoso, 2003a).

Névio, Ênio, Plauto, Cecílio e Terêncio são alguns nomes dos principais autores que contribuíram para o desenvolvimento do gênero cômico em Roma. A comédia romana foi fortemente influenciada pela comédia nova de origem grega, uma comédia de costumes que tem como pano de fundo a dificuldade amorosa. Os personagens passam por situações pitorescas, causadas por risíveis e absurdos mal-entendidos. Ao final, tudo é esclarecido e os pares amorosos têm um final feliz (Cardoso; Gonçalves, 2014).

Como atestam Cardoso e Gonçalves (2014),

> *O assunto das comédias era quase sempre o mesmo: as aventuras de um jovem* adulescens *(literalmente "adolescente") em busca do amor proibido de uma* uirgo *("virgem") ou de uma* meretrix *("prostituta") e as dificuldades para conseguir dinheiro para comprar a prostituta ou para obter a aprovação do pai para casar-se com uma moça de estatura social geralmente inferior – ou seja, não cidadã. As comédias possuem, em geral, final feliz, e quase sempre contam com um escravo protagonista, responsável por auxiliar o jovem senhor em maquinações e enganos para conseguir o dinheiro necessário à sua realização amorosa.*

Em virtude dessa influência, as comédias romanas normalmente têm a Grécia como ambiente, trazendo nomes e vestes gregas, por isso são também chamadas de *palliata*, de *palium*, espécie de manto comum na Grécia* (Cardoso, 2003a).

---

* Contrapõe-se à *palliata* a comédia *togata*, com assunto romano, assim chamada por apresentar personagens romanos vestidos com toga (Cardoso, 2003a).

No entanto, não falta originalidade a Plauto: costumes e deuses romanos são colocados ao lado dos gregos. Em *A marmita* ou *Comédia da panela*, por exemplo, é o deus Lar, divindade romana protetora da casa e da família, quem faz o prólogo. Os prólogos de Plauto são muito peculiares e até didáticos, uma vez que explicam a peça, apresentando um resumo delas. As peças são permeadas de reviravoltas e gestos que insinuam pancadaria e corre-corre, encenadas por personagens caricatos. A linguagem de Plauto é também digna de atenção, quer pelo trabalho na elaboração de trocadilhos, neologismos e helenismos, quer pela escolha dos nomes dos personagens (Cardoso; Gonçalves, 2014).

Outro autor de destaque para o gênero é Terêncio (Publius Terencius Afer, 185? a.C.-159 a.C.), cujas peças também foram inspiradas no teatro helênico. No final do século II a.C., destaca-se a comédia tabernaria, cujo tema gira em torno de pessoas humildes e fatos ocorridos em tabernas. Esta é considerada a última manifestação da comédia latina. No século I a.C., outras modalidades teatrais tomam corpo literário, a artelana e o mimo (Cardoso, 2003a).

## Síntese

Neste capítulo, tratamos de alguns pronomes, observando que eles, assim como os substantivos e os adjetivos, são palavras declináveis e podem apresentar declinações próprias; vários, porém, se comportam como os adjetivos da primeira e segunda classes. Os pronomes ora têm significado próprio, ora assumem a função de substantivo ou determinam um substantivo (pronome adjetivo).

Assim, você conheceu os seguintes pronomes:

- pessoais: *ego, tu*;
- demonstrativos: *hic, haec, hoc* (este, esta, isto); *iste, ista, istud* (esse, essa, isso); *ille, illa, illud* (aquele, aquela, aquilo); *is, ea, id* (este, esta, isto); *idem, eadem, idem* (o mesmo); *ipse, ipsa, ipsum* (o próprio, o mesmo);
- possessivos: *meus, -a, -um* (meu, minha, meu); *tuus, -a, -um* (teu, tua, teu); *noster, -tra, -trum* (nosso, nossa, nosso); *uester, -tra, -trum* (vosso, vossa, vosso); *suus, -a, -um* (seu, sua, seu);
- relativos: *qui, quae, quod* (que/o qual, a qual, o qual);
- interrogativos: *quis/qui, quae, quod/quid* (quem?, o quê?);
- indefinidos: *quispiam, quaepiam, quidpiam/quippiam* (alguém); *alius, alia, aliud* (outro entre diversos); *alter, altera, alterum* (outro entre dois); *nullus, -a, -um* (nenhum) etc.

O gênero examinado neste capítulo foi a comédia e você pôde ler diversos trechos da peça *Anfitrião*, escrita por Plauto, importante autor latino. Para os textos trabalhados, contemplamos traduções em prosa e em verso, a fim de refletir acerca de diferentes possibilidades e escolhas estilísticas.

## Indicações culturais

ASTERIX & Obelix contra César. Direção: Claude Zidi. França/Itália/Alemanha: AMLF, 1999.

É uma comédia em *live-action* que levou para o cinema a série de quadrinhos francesa *Asterix e Obelix*, criada por René Goscinny em 1959. O filme é ambientado em 50 a.C. e mostra os protagonistas, Asterix (Christian Clavier) e Obelix (Gérard

Depardieu), vivendo em um vilarejo na Gália que ainda resiste à conquista empreendida por Júlio César. Para a construção da figura do personagem, os quadrinhos se inspiraram em estátuas e bustos antigos, bem como em relatos da personalidade e da habilidade de líder do general romano. Os romanos são retratados como estúpidos e os gauleses sempre vencem no final. Assim, alguns eventos do filme se baseiam em fatos históricos, e outros fazem parte da criação cinematográfica com o intuito de divertir o telespectador.

ASTERIX & Obelix: Missão Cleópatra. Direção: Alain Chabat. França/Alemanha: Pathé, 2002. 107 min.

Trata-de do segundo filme de comédia em *live-action* baseado nos quadrinhos de René Goscinny e Albert Uderzo. A obra é ambientada na época da conquista do Egito por César e mostra a tentativa de Cleópatra em garantir a supremacia de seu povo. Assim como no primeiro filme, alguns eventos mostrados se baseiam em fatos históricos, enquanto outros foram criados com o objetivo de divertir o telespectador.

CLÁSSICA – Revista Brasileira de Estudos Clássicos. Belo Horizonte: SBEC, 1988-. Disponível em: <https://classica.emnuvens.com.br/classica>. Acesso em: 20 abr. 2020.

Trata-se de um periódico semestral, editado pela Sociedade Brasileira de Estudos Clássicos (SBEC) desde 1988. Destina-se à divulgação de trabalhos que têm como escopo os vários aspectos das culturas da Antiguidade Clássica e de outras sociedades antigas, promovendo o diálogo entre a história, a literatura, a antropologia, a arqueologia, a linguística, as artes e a filosofia.

## Atividades de autoavaliação

1. Na pergunta: *"quis igitur tibi dedit?"* ("**Quem**, então, te deu?"), em que caso está *quis*? Por quê?
   a. Está no acusativo singular, pois é objeto do verbo *dedit*.
   b. Está no nominativo singular, pois é o sujeito do verbo *dedit*.
   c. Está no dativo, pois é objeto indireto do verbo *dedit*.
   d. Está no vocativo, pois se trata de um chamado.
   e. Está no genitivo, pois indica que alguém ganhou algo, está na posse de algo.

2. Quantos pronomes há no epigrama a seguir?

> *Thais habet nigros, niueos Laecania dentes.*
> *quae ratio est? emptos haec habet, illa suos.*
> (Martialis, 2020, livro V)

   a. 1
   b. 2
   c. 3
   d. 4
   e. 5

3. Como ficariam os pronomes a seguir se declinados nos casos indicados?

   I. *hic, haec, hoc*: acusativo feminino singular
   II. *tuus, -a, -um*: dativo masculino singular
   III. *idem, eadem, idem*: ablativo neutro plural
   IV. *ille, illa, illud*: nominativo neutro plural

Assinale a alternativa correta:
a. I. *haec*; II. *tuus*; III. *idem*; IV. *illae*.
b. I. *hanc*; II. *tuo*; III. *eisdem*; IV. *illa*.
c. I. *hoc*; II. *tuis*; III. *eadem*; IV. *illi*.
d. I. *hic*; II. *tuum*; III. *eodem*; IV. *illud*.
e. I. *has*; II. *tuorum*; III. *eorundem*; IV. *illarum*.

4. Faça a correspondência entre os pronomes e a respectiva classificação:

1. Pronome demonstrativo      (A) *ego*
2. Pronome possessivo         (B) *iste*
3. Pronome pessoal            (C) *noster*
4. Pronome relativo           (D) *qui*
5. Pronome interrogativo      (E) *quantus*

Agora, assinale a alternativa que apresenta a correspondência correta:
a. 1-C; 2-B; 3-A; 4-E; 5-D.
b. 1-B; 2-A; 3-D; 4-C; 5-E.
c. 1-D; 2-C; 3-E; 4-B; 5-A.
d. 1-B; 2-C; 3-A; 4-D; 5-.E
e. 1-E; 2-A; 3-B; 4-D; 5-C.

5. Como você viu, a preposição *in* pode reger dois casos, o acusativo e o ablativo: com acusativo, indica movimento (em direção a); com ablativo, o sentido é estático. Qual caso o *in* está regendo nas sentenças a seguir?

I. *in principio erat Verbum et Verbum erat apud Deum et Deus erat Verbum.*

No princípio era o Verbo, e o Verbo estava com Deus, e o Verbo era Deus (Jo 1,1).

II. *in ipso uita erat et uita erat lux hominum.*

Nele havia vida, e a vida era a luz dos homens (Jo 1,4).

III. *erat lux vera quae inluminat omnem hominem venientem in mundum.*

[O Verbo] era a verdadeira luz que, vindo ao mundo, ilumina todo o homem (Jo, 1,9).

Assinale a alternativa correta:
a. I. ablativo; II. ablativo; III. acusativo.
b. I. ablativo; II. acusativo; III. ablativo.
c. I. acusativo; II. acusativo; III. ablativo.
d. I. acusativo; II. ablativo; III. ablativo.
e. I. ablativo; II. ablativo; III. ablativo.

## Atividades de aprendizagem

### Questões para reflexão

1. Leia este epigrama de Marcial* (38 d.C.-104 d.C.):

---

* Marcial foi um epigramista romano, nascido, provavelmente, na Hispânia. Escreveu aproximadamente 1.500 pequenos poemas com estilo conciso e em tom divertido e satírico.

> "Thaida Quintus amat." "quam Thaida?" "Thaida luscam."
> unum oculum Thais non habet, ille duos.
> (Martialis, 2020, livro III)

Você consegue identificar os pronomes presentes nesses versos? Depois de identificá-los, você é capaz de dizer em que caso, gênero e número estão declinados?

Observe o vocabulário e tente compreender o sentido do texto.

### Vocabulário

*Thais, -idis*: Thaís
*Quintus, -i*: Quinto
*luscus, -a, um*: caolho
*unus, -a, -um*: um
*oculus, -i*: olho
*duos*: dois

2. O termo "quiproquó", em português, tem o sentido de "confusão", "engano", "troca de uma coisa pela outra". O *Dicionário Houaiss da língua portuguesa* define "quiproquó" também como "livro que existia nas farmácias para indicar as substâncias que deveriam substituir as substâncias receitadas pelo médico, caso a farmácia não as possuísse" (Houaiss, 2009). Você consegue imaginar qual seria a origem latina do termo e explicar o significado dele com base nessa origem?

3. Traduza outro trecho do texto *Minerva et Arachne*:

*dea Minerua fōrmam fēminae simulat et in terrā ambulat. puellam temerāriam docēre temptat. dīcit, "superbia est perīculōsa. experientia docet." sed Arachnē iterum affirmat, "fōrmō pictūrās melius quam Minerua. dea dēbet certāre mēcum. nymphīs pictūrās meās mōnstrāre dēbeō, et dea pictūrās suās mōnstrāre dēbet. nunc Mineruam uocō. certā mēcum!"*

*Minerua est īrāta. sē esse deam mōnstrat. "Arachnē, es stulta. tē, puella temerāria, docēre temptō," dīcit, "sed es etiam superba. tē docēre dēbeō. portāte, nymphae, tēlās hūc, quaesō".*
(Goldman; Nyenhuis, 1982, p. 27)

## Substantivos

*experientia, -ae* 1f.: experiência
*superbia, -ae* 1f.: soberba, orgulho
*tēla, -ae* 1f.: tela
*terra, -ae* 1f.: terra

## Adjetivos

*īrāta*: irada, furiosa
*perīculōsa*: perigosa
*stulta*: estúpida, tola

## Outros

*etiam*: ainda
*hūc*: até aqui
*iterum*: outra vez
*mecum*: comigo
*se esse* (+ acusativo): que é

## Verbos

*affirmō, -ās, -āre, -āuī, -ātum* 1: afirmar
*ambulō, -ās, -āre, -āuī, -ātum* 1: caminhar, perambular
*certō, -ās, -āre, -āuī, -ātum* 1: combater, disputar (*certa*: imperativo singular)
*debeō, -ēs, -ēre, -uī, -itum* 2: dever
*dīcō, -is, -ĕre, dīxī, dictum* 3: dizer
*monstrō, -ās, -āre, -āuī, -ātum* 1: mostrar
*porto, -ās, -āre, -āuī, -ātum* 1: levar, trazer, portar
*quaesō*: por favor (lit., eu pergunto)
*simulō, -ās, -āre, -āuī, -ātum* 1: imitar, copiar, tomar a forma de
*tempto, -ās, -āre, -āuī, -ātum* 1f: tentar

Atividades aplicadas: prática

1. Leia a sentença a seguir, do jurista romano Ulpiano (150 d.C.-223 d.C.), que apresenta os princípios fundamentais do direito. Nela há três verbos na sua forma de infinitivo e três pronomes. Você é capaz de identificá-los? Qual seria a tradução desses três princípios?

> *honeste uiuere, neminem laedare, suum cuique tribuere.*

2. Observe um trecho do diálogo entre Anfitrião, Alcmena e o escravo Sósia, extraído da peça *Anfitrião*, vista neste capítulo:

AM. *Quid tibi est?*
S. *Hic patera nulla in cistulast.*
AMPH: *Quid ego audio?*
(Plautus, 2020, grifo do original)

Traduza as seguintes falas: "*Quid tibi est?*" e "*Quid ego audio?*".

{

um    História, pronúncia e usos da língua latina
      e o gênero épico
dois  Sistema nominal latino e o gênero romance
três  Sistema verbal do latim e o gênero lírico
quatro Adjetivos, aspectos verbais, tempo pretérito
      e o gênero trágico
cinco Pronomes latinos e o gênero cômico

# seis Futuro do presente, palavras indeclináveis e a obra de Cícero

❧ NESTE CAPÍTULO, TRATAREMOS de outro tempo verbal que se forma com o radical de *infectum*, pois indica uma ação futura não acabada: o futuro do presente. Você também vai conhecer algumas palavras invariáveis, ou seja, que não se declinam, como as preposições, os advérbios, as conjunções, as interjeições e as partículas interrogativas.

Contudo, antes de avançarmos, leia o trecho a seguir, da obra *As Catilinárias* (*In Catilinam*), de Cícero. Você provavelmente já ouviu as primeiras frases desse texto, que é muito citado em discursos políticos e jurídicos. Repita o mesmo procedimento indicado nos capítulos anteriores: leia o texto e procure identificar termos que você conheça.

> *Quo usque tandem abutere, Catilina, patientia nostra? quam diu etiam furor iste tuus nos **eludet**? quem ad finem sese effrenata **iactabit** audacia?* (Cícero, 1955, livro I, p. 8, grifo nosso)

As palavras em destaque são verbos no futuro do indicativo. Compare com os tempos verbais que você já estudou e tente achar diferenças e semelhanças. Esse é um bom exercício no levantamento de hipóteses acerca da formação dos tempos verbais.

seispontoum
# Futuro do presente

O futuro do presente é um dos tempos verbais formados com o radical de *infectum*, pois indica uma ação futura não acabada.

Vamos relembrar qual é esse radical. Observe os destaques nas palavras a seguir:

> *amo, -as, -āre, -aui, -atum* (amar)
> *habeo, -es, -ēre, habui, habitum* (ter)
> *dico, -is, -ĕre, dixi, dictum* (dizer)
> *audio, -is, -īre, -iui ou -ii, -itum* (ouvir)
> *capio, -is, -ĕre, cepi, captum* (pegar, tomar)

Para a formação do futuro do presente, considera-se o tema de *infectum* na primeira e segunda conjugações, acrescentam-se as desinências modo-temporais *-b(i)* e *-b(u)* e as desinências número-pessoais já conhecidas. Na terceira e quarta conjugações, bem como na conjugação mista, acrescentam-se as desinências modo-temporais *-a* (para a 1ª pessoa do singular) e *-e\** (para as demais pessoas), acrescidas das desinências número pessoais. Em vez da desinência número-pessoal *-o* para a 1ª pessoa do singular, usamos *-m*, como em *faciam* (farei). Veja o quadro a seguir.

QUADRO 6.1 – DESINÊNCIAS VERBAIS DE MODO E NÚMERO

| Primeira e segunda conjugações | Demais conjugações |
|---|---|
| *-b* + *-o* (1ª pessoa do singular) | *-a* + *-m* (1ª pessoa do singular) |
| *-bi* + *-s* (2ª pessoa do singular) | *-e* + *-s* (2ª pessoa do singular) |
| *-bi* + *-t* (3ª pessoa do singular) | *-e* + *-t* (3ª pessoa do singular) |
| *-bi* + *-mus* (1ª pessoa do plural) | *-e* + *-mus* (1ª pessoa do plural) |
| *-bi* + *-tis* (2ª pessoa do plural) | *-e* + *-tis* (2ª pessoa do plural) |
| *-bu* + *-nt* (3ª pessoa do plural) | *-e* + *-nt* (3ª pessoa do plural) |

Traduzimos essas formas para o futuro do presente do português, no modo indicativo.

> *amabo*: eu amarei
> *amabis*: tu amarás/você amará
> *amabit*: ele/ela amará
> E assim por diante.

A seguir, no Quadro 6.2, verifique como são conjugados os cinco verbos no futuro.

---

\* O *-e* que marca o futuro é longo (ē).

## Quadro 6.2 – Futuro do indicativo

| 1ª conjugação | 2ª conjugação | 3ª conjugação |
|---|---|---|
| amabo* | habebo | dicam |
| amabis | habebis | dices |
| amabit | habebit | dicet |
| amabimus | habebimus | dicemus |
| amabitis | habebitis | dicetis |
| amabunt | habebunt | dicent |

| Conjugação mista | 4ª conjugação |
|---|---|
| capiam | audiam |
| capies | audies |
| capiet | audiet |
| capiemus | audiemus |
| capietis | audietis |
| capient | audient |

Agora, voltemos ao texto de Cícero para identificar as formas destacadas e verificar suas traduções para o português. Mais uma vez, não explicaremos detalhadamente todo o trecho, pois

---

* A construção da primeira e segunda conjugações é diferente da construção das demais. Há uma explicação para isso: "O futuro em -*bo*/*bi*-, observado na primeira e segunda conjugações (*laudabo*/*laudabis*, *delebo*/*delebis*), é recente e provavelmente analógico com o futuro do verbo *sum*. Explica-se: como no verbo *sum*, para um imperfeito *eram*, existe um futuro *ero*, na primeira e na segunda conjugações foi criado um futuro em -*bo*, correspondente a um imperfeito em -*bam*. O futuro da terceira e da quarta conjugações em -*a/e*- representa a possível transformação de um subjuntivo. No período arcaico, existiu um futuro em -*so*, que acabou caindo em desuso, embora algumas formas como *faxo* = *faciam* (eu farei) tenham permanecido até a época clássica" (Cardoso, 2003a, p. 78).

isso demandaria entrar em detalhes de sintaxe um tanto complexos para o momento. Assim, vamos nos ater a possibilidades de identificação dos verbos no futuro.

> *Quo usque tandem* **abutere**, *Catilina, patientia nostra? quam diu etiam furor iste tuus nos* **eludet**? *quem ad finem sese effrenata* **iactabit** *audacia?* (Cícero, 1955, livro I, p. 8, grifo nosso)

A forma *abutēre* é a 2ª pessoa do presente do indicativo do verbo *abutor, -eris, abuti, usus sum* (abusar, esgotar). Trata-se de um verbo depoente (apresenta formas passivas, mas sentido ativo). Esse conjunto de verbos não foi incluído com detalhes em nosso estudo. A forma *eludet* é a 3ª pessoa do singular do futuro do indicativo do verbo de terceira conjugação *eludo, -is, -ere, -lusi, -lusum* (esquivar-se, zombar, enganar). A forma *iactabit* é a 3ª pessoa do singular do futuro do indicativo do verbo de segunda conjugação *iaceo, -es, -ere, iacui, iactum* (estar estendido, ter sido lançado).

Vejamos agora duas traduções para o trecho:

> Afinal, Catilina, até quando abusarás da nossa paciência? Por quanto tempo esse teu furor ainda zombará de nós? Até que ponto tua audácia sem freios se voltará contra nós? (Cícero, *In Catilinam I*, tradução de Lydia Marina Fonseca Dias Barbosa, 2019, p. 16)

> Até quando, enfim, ó Catilina, abusarás da nossa paciência?! Por quanto tempo ainda este teu furor nos enganará?! Até que fim esta audácia desenfreada se jactará?!
> (Cícero, 1955, p. 8, tradução de Nicolau Firmino)

> ## Curiosidade
>
> Catilina foi um magistrado romano descendente de uma família tradicional de Roma. De acordo com Jones e Sidwell (2012, p. 341),
>
>> Lúcio Sérgio Catilina, um nobre, seguia normalmente o cursus honorum*. Foi pretor em 68, governador da África em 67 e planejava ser candidato ao consulado em 66, mas foi acusado de extorsão. Cícero considerou o fato de defendê-lo. Por fim, tendo sido absolvido, Catilina concorreu em 64 ao consulado de 63. Por alguma razão, talvez seu passado obscuro, talvez um preconceito contra ele fomentado por Cícero, os nobres retiraram seu apoio a Catilina, e Cícero foi eleito, mesmo sendo um nouus homo**.
>
> Assim, Catilina foi acusado por Cícero de conspirar contra a República romana por meio de uma conjuração, a conjuração de Catilina. Conforme Cícero, Catilina estava endividado, pois, como era de péssima índole, havia gasto todo o seu dinheiro com jogos e diversões. O conspirador tentou incitar outras pessoas com condição financeira semelhante à sua e planejou incendiar vários pontos da cidade, provocando uma guerra civil.

---

\* *cursus honorum* (*cursus*: "curso/percurso/currículo"; *honorum* – genitivo plural de *honor* (*honos*), *-oris* 3m: "honra, [...], cargo onorífico, os magistrados" (Faria, 1967, p. 453). Uma possível tradução para a expressão seria "o percurso das magistraturas", isto é, ascensão progressiva em cargos públicos, que traziam algumas exigências, como ter idade mínima específica. Os candidatos eram descendentes de famílias tradicionais romanas, cujos membros haviam ocupado cargos públicos no passado.

\*\* *nouus homo* (homem novo), isto é, sem tradição familiar na política romana. Cícero foi o primeiro de sua família a ocupar um cargo político em Roma.

Salústio (86 a.C.-34 a.C.), historiador romano, descreve Catilina como uma figura quase monstruosa, capaz de enfrentar a fome e a vigília além da capacidade humana:

> Lúcio Catilina, de nobre ascendência, foi de grande força de alma e de corpo; porém de má e depravada índole. Desde a sua adolescência, as guerras intestinas, as mortes, as rapinas, as discórdias civis gratas lhe foram e nelas empregou a mocidade. Seu corpo era sofredor de privações, vigílias, rigores de tempo, além de toda crença. Era o seu ânimo atrevido, caviloso, volúvel capaz de toda simulação e dissimulação, cobiçoso do alheio, pródigo do seu, de bastante eloquência, saber pouco. Sempre seu espírito ambicionava coisas extraordinárias, incríveis, sumamente elevadas. E depois da tirania de Sila um desenfreado desejo o assaltava de escravizar a república; e como o reino obtivesse, não olhava por que modo. De dia e dia mais se exasperava aquela alma feroz, aguilhoada pela pobreza e pela consciência do crime, aumentada uma e outra pelas causas, de que já falei. Incitavam-no além disto, os corruptos costumes da cidade, a quem dois horríveis e opostos males vexavam: avareza e luxo. (Salústio, [S.d.], p. 29, tradução de Barreto Feio)

Em razão da semelhança entre a descrição feita por Salústio e a de Cícero, o historiador romano provavelmente teve os discursos de *As Catilinárias* como fonte.

Figura 6.1 – Obra que representa o suposto julgamento de Catilina, que está sentado à direita enquanto Cícero o acusa

MACCARI, Cesare. **Cicero Denounces Catiline**. 1889. 400 × 900 cm. Palazzo Madama, Rome.

O verbo *sum* no futuro do presente

Agora, vamos analisar o verbo *sum* em sua conjugação no futuro do presente.

| Futuro do presente do verbo *sum* |
|---|
| ero |
| eris/ere |
| erit |
| erimus |
| eritis |
| erunt |

Observe o uso que faz Propércio* (II, 15, v. 35-38), um importante poeta elegíaco, do verbo *sum* no futuro:

> *huius* **ero** *vivus, mortuus huius* **ero**.
> *quod mihi secum talis concedere noctes*
> *illa velit, vitae longus et annus* **erit**.
> (Novak; Neri, 1992, p. 158)

- *ero*: 1ª pessoa do singular do futuro do indicativo do verbo *sum* (serei);
- *erit*: 3ª pessoa do singular do futuro do indicativo do verbo *sum* (será);
- *huius*: genitivo singular do pronome demonstrativo *hic, haec, hoc* (este, esta, isto), referindo-se à menina com quem o eu-lírico passou a noite (desta);
- *vivus* e *mortuus*: predicativos do sujeito, logo estão no nominativo singular;
- *mihi*: dativo singular do pronome *ego* (a mim/para mim);
- *illa*: nominativo singular do pronome *ille, illa, illud* (aquele, aquela, aquilo), referindo-se aqui à menina com quem o eu-lírico esteve (ela);
- *talis noctes*: acusativo plural, objeto direto do verbo *concedere* (conceder), correspondendo às noites como as que o eu-lírico comenta;
- *annus*: nominativo singular de *annus, -i.* 2m. (ano, colheita, produção de um ano), sujeito do verbo *erit*;
- *vitae*: genitivo singular de *vita, -ae* 1f. (da vida).

---

* Sextus Aulus Propertius (47? a.C.-15? a.C.) juntamente com Tibulo e Ovídio, foi um importante poeta elegíaco, gênero visto no Capítulo 3.

Poderíamos traduzir o trecho da seguinte maneira:

Vivo, **serei** dela, morto, **serei** dela. Acaso ela deseje conceder a mim noites como esta, **será** grande a colheita da minha vida.
(Novak; Neri, 1992, p. 158, tradução e grifo nosso)

Vejamos uma outra tradução:

Dela eu serei vivo, morto eu serei dela,
Se ela me conceder outras noites como esta,
será imensa a seara da minha vida.
(Novak; Neri, 1992, p. 159, tradução de Zélia de Almeida Cardoso)

seispontodois
# Preposições

As preposições são palavras invariáveis no latim, o que significa que não se declinam em gênero, número e caso. Porém, em determinados casos, algumas preposições combinam-se com outras palavras.

A seguir, veja uma pequena lista de preposições que regem o caso acusativo:

- *ad infinitum*: até o infinito (*ad*: a, até, para, junto de, a respeito de);
- *ante nuptias*: antes das núpcias (*ante*: antes de, diante de)*;

---

* Quando abordamos a quinta declinação, mencionamos as formas *ante meridiem* (antes do meio-dia) e *post meridiem* (depois do meio-dia), que são utilizadas hoje com as abreviações A.M. e P.M. Consulte o quadro da quinta declinação e observe que *meridiem* (*meridies*, *-ei*: meio-dia) está no acusativo singular por exigência das preposições *ante* e *post*, que pedem o uso de acusativo.

- *contra naturam*: contra a natureza (*contra*: contra);
- *inter amicos*: entre amigos (*inter*: entre, dentre, no meio de);
- *intra muros*: dentro dos muros (*intra*: dentro, para dentro de);
- *per ludum*: por meio do jogo (*per*: através de, durante, por causa de);
- *post delictum*: depois do delito (*post*: após, depois de);
- *propter bellum*: por causa da guerra (*propter*: por causa de, perto de).

Agora, conheça algumas preposições que regem o caso ablativo:

- *ab initio*: desde o início (*ab*: de, desde, da parte de);
- *de iustitia*: sobre a justiça (*de*: sobre, a respeito de, acerca de);
- *ex libris*: dos livros (*ex*: de, desde, de dentro de);
- *pro labore*: a favor do trabalho (*pro*: a favor de, em frente a);
- *sine mora*: sem demora (*sine*: sem).

A preposição *in* pode reger o acusativo ou o ablativo, tendo seu sentido modificado. A construção de *in* mais acusativo, por exemplo, indica movimento: *in aeternum* (por toda a eternidade). Já *in* mais ablativo concretiza a ideia de permanência e traduz-se com a preposição "em". É o caso do famoso ditado popular *"in uino ueritas"* ("No vinho, a verdade").

O título em latim de *As Catilinárias* é *In Catilinam*, ou seja, "Contra Catilina" (*in* mais acusativo). *Catilina* é um nome próprio da primeira declinação, por isso faz o acusativo em *-am*.

Você conhece outras expressões do latim que contêm preposições? Observe o uso das preposições neste trecho de *As Catilinárias*:

> *non enim iam **inter** latera nostra sica illa versabitur, non **in** campo, non **in** foro, non **in** curia, non denique **intra** domesticos parietes pertimescemus. Loco ille motus est, cum est **ex** urbe depulsus.* (Cícero, 1955, p. 8, grifo nosso)

> Porque aquele punhal não andará já **entre** os nossos peitos; não o temeremos já **no** campo, nem **na** praça, nem **na** cúria, nem finalmente **dentro** das paredes de casa. Ele foi afastado do lugar, quando foi expulso **da** cidade. (Cícero, 1955, p. 39, tradução de Nicolau Firmino, grifo nosso)

> De fato, aquele punhal já não estará voltado **para** o nosso lado: não o recearemos **no** Campo, nem **no** Fórum, nem **na** Cúria, nem, enfim, **na** intimidade de casa. Ele foi removido de seu posto quando foi expulso **da** cidade. (Cícero, In Catilinam II, tradução de Lydia Marina Fonseca Dias Barbosa, 2019, p. 32, grifo nosso)

Repare que as preposições *in* estão regendo palavras no caso ablativo:

- *in campo*: ablativo singular de segunda declinação do substantivo masculino *campus, -i* m. (campo);
- *in foro*: ablativo singular de segunda declinação do substantivo neutro *forum, -i* (fórum);
- in curia: ablativo singular do substantivo feminino de primeira declinação *curia, -ae* (cúria, assembleia do Senado).

Em *ex urbe*, a preposição *ex* rege o ablativo singular do substantivo feminino de terceira declinação *urbs, is*. Em *inter latera nostra*, a preposição *inter* está regendo *latera nostra*, ambos no acusativo neutro plural. Em *intra domesticos parietes*, a preposição *intra* rege o caso acusativo: o adjetivo de primeira classe *domesticus, -a, -um* (da casa, doméstico, da família) está na forma de acusativo masculino plural, concordando com *parietes*, acusativo plural da palavra masculina de terceira declinação *paries, -etis* (parede).

## seispontotrês
# Advérbios

Os advérbios também são indeclináveis, visto que, assim como no português, correspondem a palavras que modificam verbos, nomes e/ou outros advérbios, indicando circunstâncias de tempo, de modo, de intensidade e várias outras.

Muitos advérbios são palavras "primitivas", isto é, não têm origem em outras classes gramaticais. Contudo, há vários que são formados por radicais de substantivos, adjetivos ou pronomes. Vejamos alguns exemplos de advérbios no Quadro 6.3.

## Quadro 6.3 – Advérbios que funcionam como conjunções coordenativas

| Circunstância | Exemplos de advérbios |
|---|---|
| Afirmação | *sic, ita* (assim) |
| Negação | *non, ne, haud* (não) |
| Interrogação | *ubi* (onde?); *quid, cur* (por quê?); *quantum* (quanto?); *quin* (por que não?) |
| Tempo | *nunc* (agora); *cras* (amanhã); *hodie* (hoje); *heri* (ontem); *saepe* (frequentemente); *semper* (sempre); *simul* (ao mesmo tempo); *cotidie* (todos os dias); *nunquam/numquam* (nunca) |
| Lugar | *hic* (aqui); *istic* (aí); *illic* (ali); *alio* (para outro lugar); *quo* (para onde)*; *longe* (longe) |
| Modo | *bene* (bem); *male* (mal); *facile* (facilmente); *dificile* (dificilmente); *uerum* (verdadeiramente); *fortiter* (fortemente); *docte* (sabiamente)**; *quoque* (também) |
| Intensidade | *magis* (mais); *minus* (menos); *multum* (muito); *paulo* (pouco) |

* Reveja o quadro dos pronomes demonstrativos para verificar como esses advérbios são parecidos com as formas que você já estudou.

** Muitos advérbios de modo são formados por adjetivos, como *uerus* (verdadeiro) e *doctus* (sábio).

## seispontoquatro
# Conjunções

As conjunções, assim como estudamos nas aulas de português e de outras línguas, conectam palavras ou orações. Há dois grupos de conjunções: coordenativas e subornativas. As coordenativas ligam termos da oração ou orações sem qualquer estabelecimento de dependência entre as partes. As conjunções subordinativas, por outro lado, estabelecem uma relação interna entre as partes de uma oração ou entre orações.

As **conjunções coordenativas** podem ser classificadas conforme consta no Quadro 6.4.

QUADRO 6.4 – CONJUNÇÕES COORDENATIVAS

| Tipo | Função | Exemplos |
| --- | --- | --- |
| Aditivas | Indicam a ideia de adição, de acréscimo. | et, ac, atque (e); neque, nec (nem) |
| Alternativas | Indicam a ideia de exclusão. | aut, uel (ou) |
| Adversativas | Indicam a ideia de contraste. | sed (mas); tamen (entretanto) |
| Conclusivas | Introduzem uma oração conclusiva ou uma consequência. | enim (portanto); nam (pois) |

Já as **conjunções subordinativas** podem ser classificadas tal como mostra o Quadro 6.5.

Quadro 6.5 – Conjunções subordinativas

| Tipo | Função | Exemplos |
|---|---|---|
| Finais | Iniciam uma oração que indica finalidade da oração principal. | *ut, quo* (para que) |
| Consecutivas | Iniciam uma oração que indica consequência da oração anterior. | *ut, quo* (para que); *ut, ita ut* (de tal forma que); *ut non, quin* (de tal forma que não) |
| Temporais | Introduzem uma oração que denota tempo. | *ubi, cum* (quando); *dum* (enquanto); *antequam* (antes que); *postquam* (depois que) |
| Causais | Introduzem uma oração que denota causa. | *quod, quia* (porque); *ut* (visto que) |
| Comparativas | Iniciam uma oração que indica comparação. | *quam* (que); *sicut* (assim como) |
| Concessivas | Iniciam uma oração que indica contraste. | *etsi* (embora) |
| Condicionais | Introduzem uma oração que exprime condição. | *si* (se); *nisi* (a não ser que); *siue* (ou se) |
| Integrantes | Introduzem uma oração que desempenha função sintática (sujeito, objeto direto, objeto indireto etc.) | *ut* (que); *quod* (o fato de que) |

seispontocinco
# Interjeições

As interjeições são palavras indeclináveis que exprimem sentimentos, sensações, estados de espírito. Existem no latim interjeições idênticas às do português, como é o caso de *ah!*. Algumas são formadas com verbos ou substantivos, como: *uale, ualete*\* (adeus); *hercle* (por Hércules!); *castor!* (por Castor!); *pollux* (por Pólux!).

Os trechos a seguir, extraído de *As Catilinárias*, são bastante conhecidos e trazem interjeições. Observe:

> *O tempora! O mores!*
> Oh Tempos! Oh costumes! (Cícero, 1955, livro I, p. 8, tradução nossa)

> *O dii immortales!*
> Oh deuses imortais! (Cícero, 1955, livro I, p. 15, tradução nossa)

## Curiosidade

Castor e Pólux são gêmeos, filhos de Leda com Zeus e Tíndaro – assim como eram Hércules e Íficles, como vimos na comédia *Anfitrião*. Pólux, por ser filho de Zeus, era imortal, mas Castor não. Conta o mito que, quando Castor morreu, Pólux se recusou a aceitar a imortalidade se o irmão Castor ficasse no inferno. Zeus, então, decidiu que os dois permaneceriam junto aos deuses, porém em dias alternados (Grimal, 2000).

---

\* Do verbo *ualeo, -es, -ere, -ualui (ualitum)*: ser forte e vigoroso, ter saúde, estar bem. Em latim, nas formas para saudar as pessoas, está implícito o desejo de que as pessoas cumprimentadas estejam/fiquem bem

Figura 6.2 – Castor e Pólux, Roma

## seispontoseis
# Partículas interrogativas

As partículas interrogativas indicam, como o próprio nome sugere, uma oração interrogativa. No latim clássico, não havia sinais de pontuação. Somente algumas marcações eram utilizadas para orientar os oradores.

Observe algumas partículas interrogativas muito frequentes no latim:

- *ne*: liga-se à primeira palavra da frase para indicar que se está iniciando uma pergunta.
- *num*: indica que uma oração é interrogativa, mas já se espera uma resposta negativa.
- *nonne*: indica que uma oração é interrogativa, mas é esperada uma resposta afirmativa.

Agora, veja um exemplo de uso de partícula interrogativa em um trecho de *As Catilinárias*:

> *Quid vero? nuper cum morte superioris uxoris novis nuptiis domum vacuefecisses,* **nonne** *etiam alio incredibili scelere hoc scelus cumulasti?* (Cícero, 1955, livro I, p. 19, grifo nosso)

Agora, observe o modo como dois diferentes tradutores verteram a partícula interrogativa para o português:

> Que há, na verdade? Há pouco, como tinhas esvaziado a casa com a morte da tua última esposa para te casar de novo, **porventura ainda não** completaste este crime com outro crime incrível? (Cícero, *In Catilinam* I, tradução de Lydia Marina Fonseca Dias Barbosa, 2019, p. 22, grifo nosso)

> O que fizeste, na verdade, quando há pouco com a morte da tua primeira mulher despojaste a casa para novas núpcias, **não** acumulaste também este crime com outro crime inacreditável? (Cícero, 1955, p. 19, grifo nosso, tradução de Nicolau Firmino)

Na primeira tradução, a opção foi traduzir *nonne* por "porventura ainda não", elucidando o uso retórico de *nonne*, ou seja, espera-se que a resposta seja afirmativa, que ele de fato tenha somado a atrocidade dos dois crimes.

## seispontosete
## A obra de Cícero

Marcus Tullius Cicero (106 a.C. -43 a. C.) é o mais famoso advogado e orador romano. Suas obras incluem famosos discursos, bem como tratados filosóficos e de retórica. Sua importância na vida pública e literária de Roma é tal que seu primeiro discurso público, em 81 a.C., marca o início do período clássico da literatura latina.

FIGURA 6.3 – ESTÁTUA DE MÁRMORE DE CÍCERO, EM ROMA

Cícero é considerado mestre na obtenção da persuasão, finalidade primeira de suas peças oratórias, por meio da escolha das palavras, do rico e erudito vocabulário, dos ornamentos, das construções das frases, do ritmo dos períodos, sempre demonstrando inteligência e sensibilidade. Era considerado um *homo nouus* (homem novo), uma vez que foi o primeiro de sua família a ocupar cargos políticos de destaque. Em Roma, para os que almejavam um cargo público, havia um percurso político a ser seguido, o *cursus honorum*, ou seja, para ocupar cargos superiores, o indivíduo iniciava sua carreira por magistraturas menos importantes e ia galgando posições nas eleições. No entanto, para ser concorrente ao consulado, era necessário que a família do candidato tivesse ocupado cadeiras no Senado. Cícero, embora não fosse proveniente de uma família de políticos, conseguiu ser eleito para o cargo, graças, em parte, à veemência de seu discurso contra o senador Lúcio Catilina, seu concorrente político. Foi, então, considerado "pai da pátria", por salvar a República romana.

*In Catilinam* (*As Catilinárias*) é um conjunto de quatro discursos proferidos em 63 a.C. em que Cícero acusa Catilina de conspirar contra a República, ao tentar assassiná-lo e incendiar alguns locais de Roma. Segundo os discursos, Lúcio Catilina, embora de família nobre, estava falido e endividado. Aliou-se a outras pessoas em igual condição e arquitetou uma conspiração para derrubar o governo republicano.

A figura de Catilina descrita por Cícero é extremamente vil, assemelhando-se a um monstro perverso:

> Quid est enim, Catilina, quod te iam in hac urbe delectare possit? in qua nemo est extra istam coniurationem perditorum hominum, qui te non metuat, nemo, qui non oderit. Quae nota domesticae turpitudinis non inusta vitae tuae est? quod privatarum rerum dedecus non haeret in fama? quae lubido ab oculis, quod facinus a manibus umquam tuis, quod flagitium a toto corpore afuit? cui tu adulescentulo, quem corruptelarum inlecebris inretisses, non aut ad audaciam ferrum aut ad lubidinem facem praetulisti? (Cícero, 1955, livro I, p. 18)

> Com efeito, que coisa há, ó Catilina, que ainda te possa deleitar nesta cidade? Na qual não há ninguém, exceptuando esta conspiração de homens perdidos, que te não tema; ninguém que te não odeie. Que nódoa de torpeza doméstica não foi posta à tua vida? Que desonra de coisas particulares não está ligada à tua infâmia? Que lascívia de olhos, que maldade nunca esteve solta de tuas mãos; que perversidade esteve longe de todo o teu corpo? A qual mancebo, que tu enredaste com atrativos de corrupção, não levaste o ferro para a ousadia ou o incitamento para a luxúria? (Cícero, 1955, p. 19, tradução de Nicolau Firmino)

Releia o texto da seção "Curiosidade" sobre Catilina, ilustrado na Figura 6.1. Dê especial atenção à citação do historiador romano Salústio, ao descrever a figura do conspirador. Compare as descrições feitas por Cícero e Salústio e perceba que elas apresentam muita semelhança. Salústio, provavelmente, teve Cícero como fonte, como mencionamos.

Cícero influenciou e influencia gerações de autores, sendo apreciado por seu estilo e sua grandiosidade de composição. Erasmo de Roterdã escreveu, em 1528, o *Diálogo ciceroniano*, como resposta aos ataques por parte de humanistas franceses e italianos, decorrentes, provavelmente, da inveja pela privilegiada reputação do humanista holandês. Erasmo julgava que muitos de seus contemporâneos estavam sendo responsáveis por tirar o latim de sua posição de língua franca de cultura e levá-lo para a condição de língua morta. Tal atitude, que não podia agradar um humanista com grandes preocupações acerca da educação de sua época, não ficaria impune. Erasmo semeia ironia e humor ao longo de sua argumentação dialética em favor de um discurso mais coerente com o conjunto dos valores de sua época.

Concebido como uma doença avassaladora, o ciceronianismo é concebido por Erasmo como o paroxismo do fanatismo pelas obras de Cícero, o grande orador romano. Os sujeitos afetados por esse mal passam a se dedicar exclusivamente à catalogação de todos os termos, expressões, construções etc. escritos por Cícero, a fim de conhecer que empregos eles poderiam fazer da língua latina. Assim, mesmo que outro ilustre autor romano citasse, ou a gramática permitisse, um determinado uso da língua, os ciceronianos, para conceberem tal uso passível de ser adotado, recorriam a seus códices, formulados a partir da catalogação. Os nomes dados aos personagens do diálogo são dignos de nota: Buléforo, o que aconselha (personagem que ligamos ao próprio Erasmo); Hipólogo, o que contempla, que tem consideração; e Nosopono, o fatigado, provavelmente pelo imenso trabalho de pesquisa sobre Cícero.

## Síntese

Neste capítulo, você aprendeu como conjugar verbos regulares no futuro do presente do modo indicativo, bem como as peculiaridades do verbo *sum* quando conjugado nesse tempo verbal. Vimos que a formação do futuro é realizada com o radical de *infectum*, já que indica uma ação futura, logo, não acabada. Ao radical de *infectum* são adicionadas as desinências modo-temporais (e suas variações), seguidas das desinências número-pessoais. Para identificarmos o uso desse tempo verbal, suas características e possíveis traduções, propusemos a leitura de trechos do discurso *As Catilinárias*, de Cícero, considerado o maior orador romano.

Com excertos da mesma obra de Cícero, vimos também exemplos do uso depalavras indeclináveis em latim, como as preposições, as conjunções, as interjeições, os advérbios e as partículas interrogativas.

Você conheceu Catilina, o adversário de Cícero ao consulado no século I a.C., contra quem o orador escreveu um conjunto de discursos intitulado As Catilinárias (*In Catilinam* – "As Catilinárias"/"Contra Catilina"). Nessa obra, Cícero acusa o rival de conspirar contra a República romana por meio do que ficou conhecido como *conjuração de Catilina*. Todavia, a importância do autor não se restringe à política, estendendo-se também à retórica, à filosofia, à história, ao gênero espistolar, entre outros.

# Indicações culturais

SPARTACUS. Direção: Stanley Kubrick. EUA: Bryna Productions, 1960. 198 min.

O filme, baseado no romance homônino de Howard Fast, publicado em 1951, é estrelado por Kirk Douglas e dirigido por Stanley Kubrick. Consagrou-se como um épico clássico do cinema, ganhador de quatro Oscars. Além de suas qualidades cinematográficas, o roteiro, escrito por Dalton Trumbo, é inspirado em personagens reais, porém de diferentes épocas. Na condição de escravo, Spartacus é comprado como gladiador e torna-se líder de uma revolução. O enredo contempla temas como intrigas políticas, guerras civis, escravidão e a questão dos combates sangrentos que terminavam em morte diante da elite romana.

Há duas versões mais recentes para Spartacus:

SPARTACUS. Direção: Robert Dornhelm. EUA: Telefilme, 2004. 174 min.

SPARTACUS. Direção: Steven S. DeKnight. EUA: Starz, 2010. Minissérie em três temporadas.

SATURA LANX. Disponível em: <https://www.youtube.com/channel/UCJCYCaXUERhY93xEWC8Cojw>. Acesso em: 5 maio 2020.

SATURA LANX. Disponível em: <www.saturalanx.eu>. Acesso em: 5 maio 2020.

O canal do Youtube e o *site* Satura Lanx trazem vários recursos para o aprendizado de latim, incluindo vídeos e *podcasts*. O nome *satura lanx* é usado para designar uma espécie de bandeja com abundante variedade de alimentos. Da mesma forma, o canal apresenta uma diversidade de autores e gêneros textuais para os estudantes conhecerem. Vale ressaltar a possibilidade de ouvir aulas em latim com a pronúncia reconstituída.

## Atividades de autoavaliação

1. Analise as expressões a seguir no que concerne às preposições:

I. *de legibus*
II. *pro forma*
III. *inter amicos*
IV. *sine cura*
V. *ante meridiem*

Agora, responda: Quais delas são construídas com acusativo?

a. I, II e III.
b. II, III e V.
c. I, IV e V.
d. III e V.
e. II e IV.

2. Leia o poema a seguir, escrito por Sulpícia no século I a.C.:

*Estne tibi, Cerinthe, tuae pia cura puellae,*
*quod mea nunc vexat corpora fessa calor?*
*A ego non aliter tristes evincere morbos*
*optarim, quam te si quoque velle putem.*
*At mihi quid prosit morbos evincere, si tu*
*nostra potes lento pectore ferre mala?*
(Novak; Neri, 1992, p. 140)

Agora, assinale a alternativa que apresenta somente exemplos de palavras invariáveis:

a. *-ne; nunc; non; quoque; si.*
b. *tuae; non; mostra; mala; si.*
c. *nunc; tristes; morbos; evincere; potes.*
d. *tibi; mihi; ego; putem; pectore.*
e. *mea; non; aliter; quid; morbos.*

3. Observe os verbos a seguir.

I. *uideo, -es, -ere, uidi, uisum* 2: 1ª pessoa do singular
II. *nescio, -is, ire, -iui ou ii, itum* 4: 2ª pessoa do singular
III. *laudo, -as, -are, -aui, -atum* 1: 3ª pessoa do singular
IV. *scribo, -is, -ere, scripsi, scriptum* 3: 3ª pessoa do plural

Agora, responda: Como ficariam esses verbos se conjugados no futuro?

a. I. *uideo*; II. *nescis*; III. *laudat*; IV. *scribunt*.
b. I. *uidebo*; II. *nescies*; III. *laudabit*; IV. *scribent*.
c. I. *uides*; II. *nescio*; III. *laudo*; IV. *scribis*.
d. I. *uident*; II. *nescitis*; III. *laudare*; IV. *scripsi*.
e. I. *uidi*; II. *nesciunt*; III. *laudauit*; IV. *scripsere*.

4. Observe as seguintes sentenças, extraídas dos dez mandamentos:

> *Non occides.*
> [...]
> *Non furtum facies.*
> [...]
> *Non concupisces domum proximi tui: non desiderabis uxorem eius.*
> (Ex 20,13.15.17)

Agora, responda: Quais são as formas verbais presentes nesse trecho? Assinale a alternativa correta.

a. *occides, furtum, domum, uxorem.*
b. *non, proximi, desiderabis, eius.*
c. *occides, facies, concupisces, desiderabis.*
d. *facies, concupisces, domum, uxorem.*
e. *facies, tui, nec, desiderabis.*

5. Leia a tradução para o português do versículo a seguir e complete corretamente os espaços com os verbos no futuro:

*non _____ (prejudicar) et non _____ (matar) in universo monte sancto meo*

Não se fará mal nem dano em todo o meu santo monte. (Is 11,9)

> ## Vocabulário
>
> *noceo, -es, -ere, -ui, -itum* (segunda conjugação): fazer mal, causar dano, prejudicar
>
> *occido, -is, -ere,-i, -isum* (terceira conjugação): matar, assassinar, desgraçar

Assinale a alternativa que apresenta as formas corretas para completar as lacunas:

a. *nocent* e *occidunt*.
b. *nocet* e *occidit*.
c. *nocebit* e *occidet*.
d. *nocere* e *occidere*.
e. *nocebunt* e *occident*.

# Atividades de aprendizagem

Questões para reflexão

1. Nos textos I e II, há três advérbios de tempo. Quais são eles?
   I. *hodie mihi, cras tibi\**.
   II. *cras amat qui numquam amauit quique amauit cras amet!*
   (Novak; Neri, 1992, p. 288)

---

\* Esse texto e encontrado em várias inscrições tumular

2. Pesquise sobre a obra *In Catilinam* (*As Catilinárias*) e, de acordo com suas buscas e com o conteúdo apresentado neste capítulo, responda: Quem a escreveu? Quando? De que trata?

## Atividades aplicadas: prática

1. Leia a seguinte sentença, retirada do Cântico dos Cânticos (Ct 2,3), um dos livros da *Vulgata*:

   *sicut lilium inter spinas sic amica mea inter filias.*

   Como um lírio entre os espinhos é a minha amada entre as jovens. (Mann, 2020, tradução nossa)

   Analise a frase e responda: A preposição *inter* rege qual caso?

2. Traduza, com a ajuda do vocabulário a seguir, o final do texto *Minerva et Arachne*:

   *Minerua et Arachnē bene labōrant. prīmō Minerua lānam glomerat. fōrmat pictūrās pulchrās dē factīs bonīs deōrum. pictūrae fābulās dē uītā deōrum in Olympō nārrant. deinde Arachnē lānam glomerat. sed Arachnē pictūras dē factīs malīs deōrum fōrmat. certē pictūrae deae sunt pulchrae; pictūrae puellae quoque sunt pulchrae.*
   *agricolae et nymphae et incolae Lydiae spectant dum puella et dea labōrant. nymphae pictūrās et fābulās puellae amant; maximē amant fābulam longam dē rapīnā Eurōpae ā Ioue. sed Minerua est maximē īrāta neque amat fābulās dē factīs malīs deōrum.*

*itaque dea Minerua puellam in arāneam mūtat. prīmō puella est parua; deinde est minor; dēnique est minima. Arachnē sē necāre temptat, et in fīlō pendet. sed Minerua misericordiam habet, et puellam sē necāre prohibit. "pendē aeternō", dīcit. ita dea puellam docet et arānea aeternō in fīlō suō pendet.*
*Poēta Ouidius fābulam dē puellā superbā nārrat.*
(Goldman; Nienhuis, 1982, p. 37)

## Substantivos

*aranea, -ae* 1f.: aranha
*Europa, -ae* 1f.: Europa
*factīs* (abl. pl.): feitos
*filum, -i* 2n.: fio
*Ioue* (abl.): Júpiter
*misericordia, -ae* 1f.: misericórdia, pena
*Ouidius, -ii* 2m.: Ovídio
*rapīna, -ae* 1f.: roubo, rapto

## Adjetivos

*bonis* (abl.): bons
*longa*: longa
*malis* (abl.): maus
*minima*: muito pequena
*minor*: menor

## Verbos

*mutō, -ās, -āre, -āuī, -ātum* 1: mudar
*necō, -ās, -āre, -āuī, -ātum* 1: matar
*pendeō, -ēs, -ēre, -pependī, -pensum* 2: pender
*prohibeō, -ēs, -ēre, -hibuī, -hibitum* 2: proibir

## Outras palavras

*ā* (*ab*, antes de vogal) + abl.: de, desde, a partir de
*aeternō*: eternamente, para sempre
*deinde*: então, depois, em seguida
*dēnique*: finalmente
*ita*: então
*itaque*: e então, logo, portanto, e assim
*maximē*: muito, maximamente
*neque*: e não
*prīmō*: primeiramente, no princípio

{

# considerações finais

❈ ESTE MÉTODO DE ensino de latim foi elaborado com o intuito de capacitar o leitor estudante com noções básicas da língua, da cultura e da literatura romanas, bem como fornecer-lhe subsídios para que, ao se deparar com escritos em latim, possa apreciá-los e formular hipóteses sobre seus sentidos Assim, o material propõe atividades significativas para o contexto dessa área de conhecimento acadêmico, de forma a possibilitar ao estudante refletir sobre questões essenciais para sua formação, abordando temas como sociolinguística, evolução linguística, gêneros textuais e literários, intertextualidade, recursos estilísticos e possibilidades de tradução.

O estudo esteve centrado no latim clássico, imortalizado por autores do século I a.C. Desse modo, tratamos do latim considerado padrão, concebido por meio de normas de escrita contidas em registros literários, da variante surgida da norma culta ou do socioleto de uma elite letrada.

O percurso escolhido para o estudo passou, principalmente, pela orientação acerca da consulta a gramáticas e dicionários de latim, com conteúdos selecionados e expostos em formas de quadros; pela apresentação dos sistemas nominal e verbal latinos (modo indicativo); e pela tradução de expressões, frases e pequenos textos em latim. Em todos os capítulos, a análise linguística propiciou a apreciação de textos de importantes autores romanos, o que permitiu o conhecimento de diferentes gêneros literários, assim como o entendimento do impacto e da influência que a literatura e a cultura latinas exerceram em escritores e obras ao longo da história da literatura.

Isso posto, este livro se constitui em uma introdução que possibilita a escolha de diferentes caminhos para o aprofundamento de temas tocantes à língua latina, à literatura e à cultura romana.

# vocabulário geral

## Substantivos

*aetas, aetatis* 3f.: idade, era
*ager, agri* 2m.: campo
*amica, amicae* 1f.: amiga
*amor, -oris* 3m.: amor
*ars, artis* 3f.: arte
*auis, -is* 3f.: ave
*barba, -ae* 1f.: barba
*bellum, -i* 2n.: guerra
*caput, -itis* 3n.: cabeça
*carmen, -inis* 3n.: poema
*compensatio, -onis* 3f.: compensação
*conditio, -onis* 3f.: condição
*configuratio, -onis* 3f.: configuração
*consul, -ulis* 3m.: cônsul
*cor, cordis* 3n.: coração
*cornu, cornus* 4n.: chifre
*culter, -tri* 2m.: faca
*cultus, -us* 4m.: prática (de uma religião), culto, reverência, adoração
*cura, -ae* 1f.: cuidado
*cursus, cursus* 4m.: caminho
*custos, custodis* 3m.: guardião
*definitio, -onis* 3f.: definição
*Deus, Dei* 2m.: Deus
*dies, diei* 5f./m.: dia
*discipula, -ae* 1f.: aluna
*dolor, -oris* 3f.: dor
*domina, -ae* 1f.: senhora
*dominus, -i* 2m.: senhor

*domus, domus* 4f.: casa
*dux, ducis* 3m.: general, guia
*exemplum, -i* 2n.: exemplo
*expeditio, -onis* 3f.: expedição
*família, -ae* 1f.: família
*femina, -ae* 1f.: mulher
*filia, -ae* 1f.: filha
*flos, floris* 3f.: flor
*flumen, -inis* 3n.: rio
*forma, -ae* 1f.: forma
*fouea, -ae* 1f.: buraco
*gratia, -ae* 1f.: reconhecimento, favor
*hiems, hiemis* 3f.: inverno
*homo, -inis* 3m.: ser humano
*ignis, is* 3m.: fogo
*imperitus, -i* 2m.: inábil
*iustitia, -ae* 1f.: justiça
*labor, -oris* 3m.: trabalho
*lector, -oris* 3m.: leitor
*leo, leonis* 3m.: leão
*lex, legis* 3f.: lei
*liber, -bri* 2m.: livro
*lupus, -i* 2m.: lobo
*magistra, -ae* 1f.: professora
*manifestatio, -onis* 3f.: manifestação
*manus, manus* 4f.: mão
*mater, -tris* 3f.: mãe
*meridies, -ei* 5m.: meio-dia

*nomen, -inis* 3n.: nome
*nox, noctis* 3f.: noite
*oculus, -i* 2m.: olho
*opinio, -onis* 3f.: opinião
*opus, -eris* 3n.: obra
*orator, -oris* 3m.: orador
*philosophus, -i* 2m.: filósofo
*poeta, -ae* 1m.: poeta
*pomum, pomi* 2n.: fruto
*princeps, principis* 3m.: príncipe
*puella, -ae* 1f.: menina
*punitio, -onis* 3f.: punição
*ratio, -onis* 3f.: razão
*relatio, -onis* 3f.: relação
*religio, -onis* 3f.: religião
*res, rei* 5f.: coisa
*rex, regis* 3m.: lei
*rosa, -ae* 1f.: rosa
*schola, -ae* 1f.: escola
*scriptum, -i* 2n.: escrito
*serua, -ae* 1f.: escrava
*seruus, -i* 2m.: escravo
*soror, -oris* 3f.: irmã
*spes, spei* 5f.: esperança
*spiritus, -us* 4m.: sopro, respiração
*tellus, -uris* 3f.: terra
*templum, -i* 2n.: templo
*tempus, -oris* 3n.: tempo

uerbum, -i 2n.: palavra
uiator, -oris 3m.: viajante
uinum, -i 2n.: vinho
uir, -i 2m.: homem
uita, -ae 1f.: vida
urbs, urbis 3f.: cidade
usucapio, -onis 3f.: usucapião
uulpes, -is 3f.: raposa

## Adjetivos

acer, -cris, -e: agudo
atrox, -cis: atroz
auarus, -a, um: avarento
bonus, -a, -um: bom
breuis, -e: breve
caecus, -a, um: cego
celeber, -bris, -e: célebre
celer, -eris, -ere: rápido
dirus, -a, -um: funesto
facilis, -e: fácil
felix, -icis: feliz
ferus, -a, -um: feroz
fortis, -e: forte, corajoso
horridus, -a, -um: horrível
inimicus, -a, -um: inimigo
luscus, -a, -um: caolho
magnus, -a, -um: grande
malus, -a, -um: mau

miser, misera, miserum: pobre, digno de pena
mortalis, -e: mortal
omnis, -e: todo
pestilens, -tis: pestilento
pulcher, -a, -um: bonito, belo
romanus, -a, -um: romano
terribilis, -e: terrível
uetus, -eris: idoso

## Verbos

amo, -as, -āre, -aui, -atum 1: amar
audio, -is, -ire, -iui ou ii, -itum 4: ouvir
capio, -is, -ire, cepi, captum 3: tomar, agarrar
concupisco, -is, -ere, -cupiui ou -cupii, -cupitum 3: cobiçar
creo, -as, -are, -aui, -atum 1: criar, produzir, dar à luz
cumulo, -as, are, -aui, -atum 1: acumular
defendo, -is, -ere, -fendi, -fensum 3: defender, proteger
deleo, -es, -ere, -eui, -etum 2: apagar, destruir
desidero, -as, -are, -aui, -atum 1: desejar
dico, -is, -ere, dixi, dictum 3: dizer

*disco, -is, -ere, didici, discitum* 3: aprender

*doceo, -es, -ere, docui, doctum* 2: ensinar

*duco, -is, -ere, duxi, ductum* 3: conduzir

*excrucior*: torturo-me

*facio, -is, -ere, feci, factum* 3: fazer

*fido, -is, -ere, fisus sum* 3: ter confiança em

*fugio, -is, -ere, fugi, fugitum* 3: fugir, correr

*habeo, -es, -ere, habui, habitum* 2: ter

*impero, -as, -are, -aui, -atum* 1: ordenar, mandar

*laedo, -is, -ere, laesi, laesum* 3: enganar

*laudo, -as, -are, -aui, -atum* 1: louvar

*lego, -is, -ere, legi, lectum* 3: reunir, ler

*moueo, -es, -ere, moui, motum* 2: mover

*necto, -is, -ere, nexui ou nexi, nexum* 3: ligar, reunir

*nescio, -is, -ire, -iui ou ii, -itum* 4: não saber

*occido, -is, -ere, occidi, occisum* 3: matar

*odi, odisti, odisse* irr.: odiar

*paro, -as, -are, -aui, -atum* 1: preparar

*recido, -is, -ere, -cidi, -casum* 3: recair

*reficio, -ficis, -ere, -feci, -fectum* 3: refazer

*regno, -as, -are, -aui, -atum* 1: reinar, governar

*renovo, -as, -are, -aui, -atum* 1: renovar

*requiro, -is, -ere, -quisiui ou -quisii, -quisitum* 3: perguntar

*respicio, -is, -ere, -spexi, -spectum* 3: olhar com atenção, olhar para trás, observar

*scio, -is, -ire, -iui ou ii, -itum* 4: saber, conhecer

*scribo, -is, -ere, scripsi, scriptum* 3: escrever

*sentio, -is, -ire, sensi, sensum* 4: sentir

*seruo, -as, -are, -aui, -atum* 1: cuidar

*sum, es, esse, fui*: ser

*timeo, -es, -ere, -eui, -etum* 2: temer

*traho, -is, -ere, traxi, tractum* 3: arrastar

*tribuo, -is, -ere, tribui, tributum* 3: atribuir

*uideo, -es, -ere, -eui, -etum* 2: ver, olhar

*uincio, -is, -ire, uinxi, uinctum* 4: amarrar

*uiuo, -is, -ere, uixi, uictum* 3: viver

*uoco, -as, -are, -aui, -atum* 1: chamar

*uolo, -as, -are, -aui, -atum* 1: voar

## Pronomes

*aliquis, aliqua, aliquid*: alguém
*alius, alia, aliud*: outro (entre diversos)
*alter, altera, alterum*: outro (entre dois)
*ego*: eu
*hic, haec, hoc*: este, esta, isto
*idem, eadem, idem*: o mesmo
*ille, illa, illud*: aquele
*ipse, ipsa, ipsum*: o próprio
*is, ea, id*: este
*iste, ista, istud*: esse
*meus, -a, -um*: meu
*nemo, -inis*: ninguém
*neuter, neutra, neutrum*: nenhum dos dois
*nihil*: nada
*noster, -tra, -trum*: nosso
*nullus, -a, -um*: nenhum
*qualis, quale*: qual
*quantus, -a, -um*: quanto
*qui, quae, quod*: que, o qual
*quicumque, quaecumque, quodcumque*: quem quer que seja
*quidam, quaedam, quiddam*: certo (certo alguém, certa pessoa)
*quis, quae, quid*: quem?, o quê?
*quis, quae/qua, quid*: alguém
*quispiam, quaepiam, quidpiam/quippiam*: alguém
*quisque, quaeque, quidque*: cada
*quiuis, quaeuis, quiduis*: qualquer um
*suus, -a, -um*: seu
*totus, -a, -um*: todo
*tu*: tu, você
*tuus, -a, -um*: teu
*uester, -tra, -trum*: vosso
*uterlibet, utralibet, utrumlibet*: qualquer um dos dois
*uterque, utraque, utrumque*: cada um dos dois
*uteruis, utrauis, utrumuis*: qualquer um dos dois

## Palavras invariáveis

*ab*: de, desde, da parte de
*ac*: e
*ad*: a, até, para, junto de, a respeito de
*ah!*: ah!
*alio*: para outro lugar
*ante*: antes de, diante de
*antequam*: antes que
*apud*: junto de, entre, diante de, citado por

*atque*: e
*aut*: ou
*bene*: bem
*castor*: por Castor!
*contra*: contra
*cotidie*: todos os dias
*cras*: amanhã
*cum*: quando; *cum* (+ abl.): com
*cur*: por que...?
*de*: sobre, a respeito de
*dificile*: dificilmente
*docte*: sabiamente
*dum*: enquanto
*enim*: portanto
*et*: e
*etsi*: embora
*ex*: de, desde, de dentro de
*facile*: facilmente
*fortiter*: fortemente
*haud*: não
*hercle*: por Hércules!
*heri*: ontem
*hic*: aqui
*hodie*: hoje
*illic*: ali
*in* (+ abl.): em
*in* (+ acus.): para, por
*inter*: entre, dentre, no meio de

*intra*: dentro, para dentro de
*istic*: aí
*ita ut*: de tal forma que
*ita*: assim
*longe*: longe
*magis*: mais
*male*: mal
*minus*: menos
*multum*: muito
*nam*: pois
*-ne*: acaso...?
*ne*: não
*nec*: nem
*neque*: nem
*nisi*: a não ser que
*non*: não
*nonne*: não é verdade que...?
*num*: acaso não...? porventura não...?
*nunc*: agora
*nunquam/numquam*: nunca
*paulo*: pouco
*per*: através de, durante, por causa de
*pollux*: por Pólux!
*post*: após, depois de
*postquam*: depois que
*pro*: a favor de, em frente a
*propter*: por causa de, perto de
*quam*: que

*quantum*: quanto?
*quia*: porque
*quid*: por que...?
*quin*: de tal forma que não; por que não?
*quo*: para onde; para que
*quod*: o fato de que; porque
*quoque*: também
*saepe*: frequentemente
*sed*: mas
*semper*: sempre
*si*: se
*sic*: assim
*sicut*: assim como

*simul*: ao mesmo tempo
*sine*: sem
*siue*: ou se
*tamen*: entretanto
*uale*: adeus (para uma pessoa)
*ualete*: adeus (para duas ou mais pessoas)
*ubi*: onde?; quando
*uel*: ou
*uerum*: verdadeiramente
*ut*: de tal forma que; para que; que; visto que
*ut non*: de tal forma que não

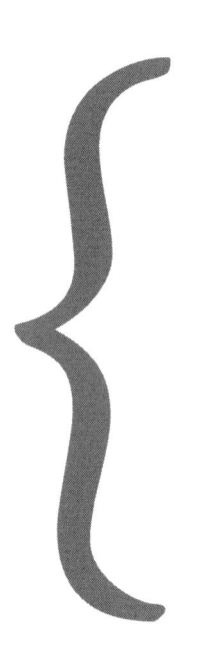

{

# referências

A VIDA de Brian. Direção: Terry Jones. UK: Sony Pictures, 1979. 94 min.

ALIGHIERI, D. A divina comédia: Inferno. Tradução de Italo Eugenio Mauro. São Paulo: Ed. 34, 2004.

ALMEIDA, N. M. de. Gramática latina. 44. ed. São Paulo: Saraiva, 2001.

APULEIO, L. O asno de ouro. Tradução de Ruth Guimarães. 3. ed. Rio de Janeiro: Ediouro, [S.d.].

APULEIO, L. O asno de ouro. Tradução, prefácio e notas de Ruth Guimarães. Apresentação e notas adicionais de Adriane da Silva Duarte. São Paulo: Ed. 34, 2019.

APVLEIVS. Metamorphoses. Disponível em: <http://thelatinlibrary.com/apuleius/apuleius1.shtml>. Acesso em: 29 jul. 2020.

ARISTOTELES. Poética. São Paulo: Abril, 1973.

BARBOSA, L. M. F. D. As *Catilinárias* de Cícero: tradução e estudo retórico. 124 f. Dissertação (Mestrado em Letras Clássicas) – Universidade de São Paulo, São Paulo, 2019. Disponível em: <https://www.teses.usp.br/teses/disponiveis/8/8143/tde-26062019-133122/publico/2019_LydiaMarinaFonsecaDiasBarbosa_VCorr.pdf>. Acesso em: 10 jul. 2020.

BASSETO, B. F. **Elementos de filologia românica**: história externa das línguas. São Paulo: Edusp, 2001.

BECKETT, S. **Esperando Godot**. Tradução de Fábio de Souza Andrade. São Paulo: Cosac Naify, 2015. Disponível em: <https://edisciplinas.usp.br/pluginfile.php/2309430/mod_resource/content/1/ESPERANDO%20GODOT%20%28outra%20tradu%C3%A7%C3%A3o%29.pdf>. Acesso em: 28 jul. 2020.

BÍBLIA. Português. **Bíblia de Jerusalém**. 4. ed. rev. e atual. São Paulo: Paulus, 2002.

BÍBLIA. (Antigo Testamento). Exôdo. Português. **Bíblia Online**. Disponível em: <https://www.bibliaonline.com.br/vc/ex/10>. Acesso em: 29 jul. 2020a.

BÍBLIA. (Antigo Testamento). Exôdo. Latim. **Nova Vulgata**. Libreria Editrice Vaticana, 1998. Disponível em: <http://www.vatican.va/archive/bible/nova_vulgata/documents/nova-vulgata_vt_exodus_lt.html#10>. Acesso em: 29 jul. 2020.

BÍBLIA. (Antigo Testamento). Isaías. Português. **Bíblia Católica**. Disponível em: <https://www.bibliacatolica.com.br/biblia-ave-maria/isaias/11/>. Acesso em: 29 jul. 2020b.

BÍBLIA. (Novo Testamento). João. Português e latim. **Bíblia Católica**. Disponível em: <https://www.bibliacatolica.com.br/biblia-ave-maria-vs-vulgata-latina/sao-joao/1/>. Acesso em: 29 jul. 2020c.

BOSCHIERO, I. C. Para uma leitura em outras direções: arranjos teóricos sobre a *Ars amatoria* de Ovídio. 137 f. Dissertação (Mestrado em Estudos Literários) – Universidade Estadual Paulista, Araraquara, 2006. Disponível em: <https://repositorio.unesp.br/bitstream/han dle/11449/93861/boschiero_ic_me_arafcl.pdf?sequence=1&isAllowed=y>. Acesso em: 5 jul. 2020.

BOWRA, C. M. **Greek Lyric Poetry**: from Alcman to Simonides. Oxford: Oxford, 1961.

CALVINO, I. **Por que ler os clássicos**. Tradução de Nilson Moulin. São Paulo: Companhia das Letras, 2009.

CAMÕES. **Os Lusíadas**. Disponível em <http://www.dominiopublico.gov.br/download/texto/bv000162.pdf> Acesso em: 29 jul. 2020.

CARDOSO, L. D. **A vez do verso**: estudo e tradução do *Amphitruo*, de Plauto. 221 f. Dissertação (Mestrado em Letras) – Universidade Federal do Paraná, Curitiba, 2012. Disponível em: <http://www.classicas.ufpr.br/projetos/dissertacoes/LeandroCardoso-Amphitruo.pdf>. Acesso em: 8 jun. 2020.

CARDOSO, L.; GONÇALVES, R. T. A poética da comédia nova romana. Escamandro, 21 jul. 2014. Disponível em: <https://escamandro.wordpress.com/2014/07/21/a-poetica-da-comedia-nova-romana-por-rodrigo-tadeu-goncalves-e-leandro-cardoso>. Acesso em: 29 jul. 2020.

CARDOSO, Z. de A. **A literatura latina**. 2. ed. São Paulo: M. Fontes, 2003a.

CARDOSO, Z. de A. Estudos sobre as tragédias de Sêneca. São Paulo: Alameda, 2005.

CARDOSO, Z. de A. **Iniciação ao latim**. São Paulo: Ática, 2004.

CARDOSO, Z. de A. Política e poder nas obras de Sêneca. **Phoînix**, Rio de Janeiro, n. 9, p. 360-379, 2003b.

CASEY, J. **After Lives**: a Guide to Heaven, Hell, and Purgatory. Oxford: Oxford University Press, 2009.

CATULO, C. V. **O cancioneiro de Lésbia**. Tradução de Paulo Sérgio de Vasconcellos. São Paulo: Hucitec, 1991.

CATULO, C. V. **O livro de Catulo**. Tradução de João Angelo Oliva Neto. São Paulo: Edusp, 1996.

CATVLLVS, C. V. **Carmina**. Disponível em: <http://thelatinlibrary.com/catullus.shtml>. Acesso em: 29 jul. 2020.

CÍCERO, M. T. **As Catilinárias**. Tradução de Nicolau Firmino. Rio de Janeiro: Livraria H. Antunes; Lisboa: Livraria Acadêmica de D. Felipa, 1955.

COSTA, L. N. da. **Mesclas genéricas na "tragicomédia"** *Anfitrião* **de Plauto**. 206 f. Dissertação (Mestrado em Linguística) – Universidade Estadual de Campinas, Instituto de Estudos da Linguagem, Campinas, 2010. Disponível em: <http://www.classicas.ufpr.br/recursos/anfitriao.pdf>. Acesso em: 9 jul. 2020

CUNHA, A. G. da. **Dicionário etimológico da língua portuguesa**. Rio de Janeiro: Nova Fronteira, 2010.

FARIA, E. **Dicionário escolar latino-português**. Rio de Janeiro: Ministério da Educação, 1967.

FEITOSA, L. M. G. C. Cultura popular: as inscrições amorosas da Pompeia Romana. **Classica**, São Paulo, v. 15/16, n. 15/16, p. 165-175, 2002/2003. Disponível em: <https://revista.classica.org.br/classica/article/view/276/238>. Acesso em: 29 de jul. 2020.

FLACCVS, Q. H. **Carmina**. Disponível em: <http://thelatinlibrary.com/horace/carm3.shtml>. Acesso em: 29 jul. 2020.

FLORES, G. G. Uma poesia de mosaicos nas *Odes* de Horácio: comentário e tradução poética. 413 f. Tese (Doutorado em Letras Clássicas) – Universidade da São Paulo, São Paulo, 2014. Disponível em: <https://www.teses.usp.br/teses/disponiveis/8/8143/tde-18032015-111739/publico/2014_GuilhermeGontijoFlores_VOrig.pdf>. Acesso em: 29 jul. 2020.

FURLAN, O. A. **Latim para o português**: gramática, língua e literatura. Florianópolis: Ed. da UFSC, 2006.

GELLI, A. **Noctes atticae**: Liber IX. Disponível em: <https://thelatinlibrary.com/gellius/gellius9.shtml>. Acesso em: 29 jul. 2020.

GOLDMAN, N.; NYENHUIS, J. E. **Latin via Ovid**: a First Course. 2. ed. Detroit: Wayne State University Press, 1982.

GONÇALVES, R. T. Comédia Latina: a tradução como reescrita do gênero. PhaoS, Campinas, v. 9, p. 117-142, 2011. Disponível em: <https://econtents.bc.unicamp.br/inpec/index.php/phaos/article/view/9447/4860>. Acesso em: 10 jul. 2020

GRIMAL, P. **Dicionário de mitologia grega e romana**. Tradução de Victor Jabouille. 4. ed. Rio de Janeiro: Bertrand Brasil, 2000.

HARTNETT, M. **By Roman Hands**: Inscriptions and Graffiti for Students of Latin. 2. ed. Indianapolis: Hackett Publishing, 2012.

HORÁCIO. **Odes e epodos**. São Paulo: M. Fontes, 2003.

HOUAISS, A. **Dicionário Houaiss da língua portuguesa**. Rio de Janeiro: Objetiva, 2009.

ILARI, R. Linguística românica. 3. ed. São Paulo: Ática, 1999.

JONES, P. V.; SIDWELL, K. C. **Aprendendo latim**: gramática, vocabulário, exercícios e textos. Tradução de Isabella T. Cardoso, Paulo Sérgio de Vasconcellos e equipe. São Paulo: Odysseus, 2012.

LESKY, A. História da literatura grega. Tradução de Manuel Losa. Lisboa: Fundação Calouste Gulbenkian, 1995.

LOBATO, M. Os Doze Trabalhos de Hércules. 19. Ed. São Paulo: Brasiliense, 1995.

LOHNER, J. E. dos S.; FREITAS, R. C. de. Reconhecer e traduzir traços de Sêneca em Shakespeare. **Cadernos de Tradução**, v. 1, n. 33, p. 97-118, jan./jun. 2014. Disponível em: <http://dx.doi.org/10.5007/2175-7968.2014v1n33p97>. Acesso em: 29 jul. 2020.

MALHADAS, D. **Tragédia grega**: o mito em cena. Cotia: Ateliê, 2003.

MANN, P. B. **Latim Vulgate Bible**. Disponível em: <http://www.drbo.org/lvb>. Acesso em: 20 maio 2020.

MARCHIORI, L. A. B. S. *Hércules furioso* de Sêneca: estudo introdutório, tradução e notas. Dissertação (Mestrado em Letras Clássicas) – Universidade de São Paulo, São Paulo, 2008. Disponível em: <https://www.teses.usp.br/teses/disponiveis/8/8143/tde-10082009-163755/publico/LUCIANO_ANTONIO_B_S_MARCHIORI.pdf>. Acesso em: 7 jun. 2020

MARO, P. V. Aeneid. Disponível em: <http://thelatinlibrary.com/verg.html>. Acesso em: 29 jul. 2020.

MARTIALIS, M. V. **Liber de Spectaculis**. Disponível em: <https://thelatinlibrary.com/martial.html>. Acesso em: 13 abr. 2020.

MARTINS, P. **Elegia romana**: construção e efeito. São Paulo: Humanitas. 2009.

MENDONÇA, A. da S.; FONSECA; I. B. B. da. **César por Suetônio e Plutarco.** Introdução, tradução e notas de *De Vita Caesarum, Diuus Iulius* de Suetônio: Antonio da Silveira Mendonça. Tradução e notas de *Vida de César de Plutarco*: Ísis Borges Belchior da Fonseca. São Paulo: Estação Liberdade, 2006.

NASO, P. O. **Amores**. Disponível em: <http://thelatinlibrary.com/ovid.html>. Acesso em: 28 jul. 2020a.

NASO, P. O. **Ars amatoria**. Disponível em: <http://thelatinlibrary.com/ovid.html> Acesso em: 28 jul. 2020b.

NASO, P. O. **Remedia amoris**. Disponivel em: <https://documentacatho licaomnia.eu/03d/-043_0017,_ovidius_naso._publius,_remedia_amoris,_lt.pdf>. Acesso em: 28 jul. 2020c.

NASO, P. O. **Tristia**. Disponível em: <http://thelatinlibrary.com/ovid.html>. Acesso em: 28 jul. 2020d.

NOVAK, M. da G.; NERI, M. L. (Org.). **Poesia lírica latina**. São Paulo: M. Fontes, 1992.

OTSUKA, D. Oxímoro. **InfoEscola**. Disponível em: <https://www.infoescola.com/portugues/oximoro>. Acesso em: 29 jul. 2020.

OVÍDIO. **Arte de amar**. Tradução de Natália Correia e David Mourão-Ferreira. São Paulo: Ars poética, 1992.

OVÍDIO. **Obras**: Os Fastos, Os amores, A arte de amar. Tradução de Antônio Feliciano de Castilho. São Paulo: Edições Cultura, 1943.

PESSOA, F. **Cancioneiro**. Disponível em: <http://www.dominiopublico.gov.br/download/texto/ph000003.pdf> Acesso em: 29 jul. 2020.

PESSOA, F. **Poesia completa de Fernando Pessoa**. Nova Fronteira: Rio de Janeiro, 2010.

PETRÔNIO. **Satíricon**. Tradução de Jorge de Sampaio. Portugal: Europa-América, 2000.

PETRÔNIO. **Satiricon**. Tradução de Marcos Santarrita. São Paulo: Abril Cultural, 1981.

PETRÔNIO. **Satyricon**. Tradução de Sandra M. G. B. Bianchet. Belo Horizonte: Crisálida, 2004.

PETRONIVS, C. **Satiricon liber**. Disponível em: <http://thelatinlibrary.com/petronius1.html> Acesso em: 19 mar. 2020.

PLAUTO. Anfitrião. In: PLAUTO. **Comédias I**. Introdução, tradução do latim e notas de Carlos Alberto Louro Fonseca et al. Lisboa: Faculdade de Letras da Universidade de Coimbra; Imprensa Nacional Casa da Moeda, 2006. p. 55-140.

PLAUTO. Anfitrião. Lisboa: Edições 70, 1993.

PLAUTUS, T. M. **Amphitruo**. Disponível em: <https://thelatinlibrary.com/plautus/amphitruo.shtml>. Acesso em: 29 jul. 2020.

PRADO, J. B. T. **Elegias de Tibulo**: introdução, tradução e notas. 325 f. Dissertação (Mestrado em Letras Clássicas) – Universidade de São Paulo, São Paulo, 1990.

QUERIQUELLI, L. H. M. **Fundamentos latinos do português brasileiro**. Curitiba: Appris, 2018.

QUINTILIANO, F. **Instituições oratórias**. Tradução de Jerônimo Soares Barbosa. São Paulo: Edições Cultura, 1944. Tomos I e I.

ROWLING, J. K. **Harrius Potter et philosophi lapis**. Tradução de Peter Needham. New York/London: Bloomsbury, 2003.

ROWLING, J. K. **Harry Potter e a pedra filosofal**. Tradução de Lia Wyler. Rio de Janeiro: Rocco, 2000.

SALÚSTIO C. C. **Obras**: Guerra Catilinária. Guerra Jugurta. Tradução de Barreto Feio. São Paulo: Ediouro, [S.d.].

SÊNECA. **Tragédias**: A loucura de Hércules. As troianas. As fenícias. Tradução de Zélia de Almeida Cardoso. São Paulo: M. Fontes, 2014.

TEYSSIER. P. **História da língua portuguesa**. Tradução de Celso Cunha. São Paulo: M. Fontes, 2001.

THAMOS, M. Horácio, *Odes*, I 4; I II; III 30. **Letras Clássicas**, n. 10, p. 211-213, 2006. Disponível em <http://www.revistas.usp.br/letrasclassicas/article/view/73890/77552> Acesso em: 29 jul. 2020.

TORERO, J. R.; PIMENTA, M. A. **Terra Papagalli**. Rio de Janeiro: Alfaguara, 2011.

TOSI, R. **Dicionário de sentenças latinas e gregas**. Tradução de Ivone Castilho Benedetti. São Paulo: M. Fontes, 2000.

VALENZA, G. M. *De lingva latina*, de Marco Terêncio Varrão: tradução dos livros VIII, IX E X. 167 f. Dissertação (Mestrado em Letras), Universidade Federal do Paraná, Curitiba, 2010. Disponível em: <https://acervodigital.ufpr.br/bitstream/handle/1884/26349/Dissertacao%20Giovanna%20M%20Valenza%20-%20De%20lingua%20latina%2c%20de%20Marco%20Terencio%20Varrao.pdf?sequence=1&isAllowed=y>. Acesso em: 29 jul. 2020.

VEJA, M. L. del B. **Epigramas funerários gregos**. Madrid: Gredos, 1992.

VERGÍLIO. **Eneida**. Tradução de Carlos Alberto Nunes. Brasília: Universidade de Brasília, 1993.

VEYNE, P. **A elegia erótica romana**. Tradução de Milton Meira do Nascimento e Maria das Graças de Souza Nascimento. São Paulo: Brasiliense, 1985.

VIRGÍLIO. **A Eneida**. Tradução de Manuel Odorico Mendes. São Paulo: Atena, 1958.

VIRGÍLIO. **Bucólicas**. Tradução de Odorico Mendes. São Paulo: Ateliê Editorial, 2008.

VIRGÍLIO. **Bucólicas**. Tradução de Raimundo Carvalho. Belo horizonte: Crisálida, 2005.

VIRGÍLIO. **Eneida brasileira**: tradução poética da epopeia de Públio Virgílio Maro. Tradução de Manuel Odorico Mendes. Organização de Paulo Sérgio de Vasconcellos et al. Campinas: Unicamp, 2016.

VIRGÍLIO. **Eneida**. Edição bilíngue. Tradução de Carlos Alberto Nunes. São Paulo: Ed. 34, 2014.

{

# bibliografia comentada

CALVINO, I. **Por que ler os clássicos.** Tradução de Nilson Moulin. São Paulo: Companhia das Letras, 1993.

*Nesse livro, Italo Calvino conceitua clássico, apresenta suas características e argumenta sobre a importância de ler os textos considerados clássicos da literatura mundial. Entre os autores escolhidos estão as obras de Voltaire, Balzac, Flaubert, Dickens, Tolstoi, Borges, Homero e Ovídio, o que torna a leitura desse livro essencial para os leitores interessados em conhecer as bases da literatura e entender por que essas obras são consideradas fundamentais na tradição literária.*

CARDOSO, Z. de A. **A literatura latina.** 2. ed. São Paulo: M. Fontes, 2003.

*Nesse livro, uma das latinistas mais importantes do Brasil apresenta um panorama da literatura latina, desde o início, com a poesia épica, até a epistolografia cristã, e aponta a contribuição desse corpus literário para as obras posteriores*. A leitura dessa obra é de suma importância para os estudantes do latim que desejam aprofundar seus conhecimentos acerca das características e dos gêneros literários trabalhados pelos autores romanos.

ILARI, R. **Linguística românica**. 3. ed. São Paulo: Ática, 1999.

*Nessa obra, o professor Rodolfo Ilari se debruça sobre o estudo da linguística românica, apresentando seus métodos e seu impacto nos estudos da história da linguística em geral, sobretudo no que se refere à transformação do latim nas línguas românicas. O latim vulgar e suas características fonológicas, morfológicas, sintáticas e lexicais são o foco da obra, pois se sabe que foi a partir da língua utilizada pelo povo que se originaram as línguas neolatinas que conhecemos hoje, entre elas, o português.*

QUERIQUELLI, L. H. M. **Fundamentos latinos do português brasileiro**. Curitiba: Appris, 2018.

*Trata-se de um profundo estudo sobre a herança do latim em nossa língua. Luiz Henrique Queriquelli investiga as origens e as relações que existem entre a língua latina e o português, como a variação de gênero gramatical, a próclise do pronome átono, a dupla negação enfática, entre outras reincidências e permanências dessa língua que, apesar de ser considerada morta, está presente no português utilizado hoje.*

JONES, P. V.; SIDWELL, K. C. **Aprendendo latim:** gramática, vocabulário, exercícios e textos. Tradução de Isabella T. Cardoso, Paulo Sérgio de Vasconcellos e equipe. São Paulo: Odysseus, 2012.

*Trata-se de um método de ensino de latim focado na leitura de textos adaptados, os quais vão, ao longo das unidades, aproximando-se do texto escrito no original. O método foi traduzido recentemente por professores e estudantes brasileiros e contempla toda a teoria gramatical do latim, com vocabulários, exercícios e, o mais interessante, a possibilidade de leitura de obras clássicas no original em latim, como algumas comédias de Plauto e os mais importantes discursos de Cícero.*

{

# apêndice

## 1. Sistema nominal

### 1.1 Substantivos

Primeira declinação

| Caso | Singular | Plural |
|---|---|---|
| Nominativo | -a | -ae |
| Acusativo | -am | -as |
| Vocativo | -a | -ae |
| Genitivo | -ae | -arum |
| Dativo | -ae | -is |
| Ablativo | -a | -is |

## Segunda declinação (masculino e feminino)

| Caso | Singular | Plural |
|---|---|---|
| Nominativo | -us, -er, -ir | -i |
| Acusativo | -um | -os |
| Vocativo | -e, -er, -ir | -i |
| Genitivo | -i | -orum |
| Dativo | -o | -is |
| Ablativo | -o | -is |

## Segunda declinação (neutro)

| Caso | Singular | Plural |
|---|---|---|
| Nominativo | -um | -a |
| Acusativo | -um | -a |
| Vocativo | -um | -a |
| Genitivo | -i | -orum |
| Dativo | -o | -is |
| Ablativo | -o | -is |

## Terceira declinação (temas em -i)

| Caso | Singular | Plural |
|---|---|---|
| Nominativo | -is | -(is)es |
| Acusativo | -im | -is |
| Vocativo | -is | -(is)es |
| Genitivo | -is | -ium |
| Dativo | -i | -ibus |
| Ablativo | -i(d) | -ibus |

## Terceira declinação (masculino e feminino – atemáticos)

| Caso | Singular | Plural |
|---|---|---|
| Nominativo | Variável | -es |
| Acusativo | -em | -es |
| Vocativo | Variável | -es |
| Genitivo | -is | -um |
| Dativo | -i | -ibus |
| Ablativo | -e | -ibus |

## Terceira declinação (masculino e feminino – sigmáticos)

| Caso | Singular | Plural |
|---|---|---|
| Nominativo | Vários | -es |
| Acusativo | -em | -es |
| Vocativo | Igual ao nominativo | -es |
| Genitivo | -is | -um |
| Dativo | -i | -ibus |
| Ablativo | -e | -ibus |

## Terceira declinação (neutro)

| Caso | Singular | Plural |
|---|---|---|
| Nominativo | Vários | -a |
| Acusativo | Igual ao nominativo | -a |
| Vocativo | Igual ao nominativo | -a |
| Genitivo | -is | -um |
| Dativo | -i | -ibus |
| Ablativo | -e | -ibus |

## Quarta declinação (masculino e feminino)

| Caso | Singular | Plural |
|---|---|---|
| Nominativo | -us | -us |
| Acusativo | -um | -us |
| Vocativo | -us | -us |
| Genitivo | -us | -uum |
| Dativo | -ui | -ibus |
| Ablativo | -u | -ibus |

## Quarta declinação (neutro)

| Caso | Singular | Plural |
|---|---|---|
| Nominativo | -u | -ua |
| Acusativo | -u | -ua |
| Vocativo | -u | -ua |
| Genitivo | -us | -uum |
| Dativo | -ui | -ibus |
| Ablativo | -u | -ibus |

## Quinta declinação

| Caso | Singular | Plural |
|---|---|---|
| Nominativo | -es | -es |
| Acusativo | -em | -es |
| Vocativo | -es | -es |
| Genitivo | -ei | -erum |
| Dativo | -ei | -ebus |
| Ablativo | -e | -ebus |

## 1.2 Adjetivos

### 1.2.1 Adjetivos da primeira classe

| Caso | Singular | | | Plural | | |
|---|---|---|---|---|---|---|
| | masculino | feminino | neutro | masculino | feminino | neutro |
| Nominativo | bonus | bona | bonum | boni | bonae | bona |
| Acusativo | bonum | bonam | bonum | bonos | bonas | bona |
| Vocativo | bone | bona | bonum | boni | bonae | bona |
| Genitivo | boni | bonae | boni | bonorum | bonarum | bonorum |
| Dativo | bono | bonae | bono | bonis | bonis | bonis |
| Ablativo | bono | bona | bono | bonis | bonis | bonis |

## 1.2.2 Adjetivos da segunda classe (triformes)

| Caso | Singular | | | Plural | | |
|---|---|---|---|---|---|---|
| | masculino | feminino | neutro | masculino | feminino | neutro |
| Nominativo | celer | celeris | celere | celeres | celeres | celeria |
| Acusativo | celerem | celerem | celere | celeres | celeres | celeria |
| Vocativo | celer | celeris | celere | celeres | celeres | celeria |
| Genitivo | celeris | celeris | celeris | celerium | celerium | celerium |
| Dativo | celeri | celeri | celeri | celeribus | celeribus | celeribus |
| Ablativo | celeri | celeri | celeri | celeribus | celeribus | celeribus |

## 1.2.3 Adjetivos da segunda classe (biformes)

| Caso | Singular | | Plural | |
|---|---|---|---|---|
| | masculino e feminino | neutro | masculino e feminino | neutro |
| Nominativo | facilis | facile | faciles | facilia |
| Acusativo | facilem | facile | faciles | facilia |
| Vocativo | facilis | facile | faciles | facilia |
| Genitivo | facilis | facilis | facilium | facilium |
| Dativo | facili | facili | facilibus | facilibus |
| Ablativo | facili | facili | facilibus | facilibus |

## 1.2.4 Adjetivos da segunda classe (uniformes)

| Caso | Singular | | Plural | |
|---|---|---|---|---|
| | masculino e feminino | neutro | masculino e feminino | neutro |
| Nominativo | uetus | uetus | ueteres | uetera |
| Acusativo | ueterem | uetus | ueteres | uetera |
| Vocativo | uetus | uetus | ueteres | uetera |
| Genitivo | ueteris | ueteris | ueterum | ueterum |
| Dativo | ueteri | ueteri | ueteribus | ueteribus |
| Ablativo | uetere | uetere | ueteribus | ueteribus |

## 1.3 Pronomes

### 1.3.1 Pronomes pessoais

| ego | | |
|---|---|---|
| Caso | Singular | Plural |
| Nominativo | ego | nos |
| Acusativo | me | nos |
| Genitivo | mei | nostri/nostrum |
| Dativo | mihi | nobis |
| Ablativo | me | nobis |

*(continua)*

(conclusão)

| tu | | |
|---|---|---|
| Caso | Singular | Plural |
| Nominativo | tu | uos |
| Acusativo | te | uos |
| Genitivo | tui | uestri/uestrum |
| Dativo | tibi | uobis |
| Ablativo | te | uobis |

| Reflexivo (3ª pessoa) | |
|---|---|
| Caso | Plural |
| Acusativo | uos |
| Genitivo | uestri/uestrum |
| Dativo | uobis |
| Ablativo | uobis |

## 1.3.2 Pronomes demonstrativos

| hic, haec, hoc (este, esta, isto) | | | | | | | |
|---|---|---|---|---|---|---|---|
| Caso | Singular | | | Plural | | | |
| | masculino | feminino | neutro | masculino | feminino | neutro | |
| Nominativo | hic | haec | hoc | hi | hae | haec | |
| Acusativo | hunc | hanc | hoc | hos | has | haec | |

(continua)

## hic, haec, hoc (este, esta, isto)

| Caso | Singular | | | Plural | | |
|---|---|---|---|---|---|---|
| Genitivo | huius | huius | huius | horum | harum | horum |
| Dativo | huic | huic | huic | his | his | his |
| Ablativo | hoc | hac | hoc | his | his | his |

## iste, ista, istud (esse, essa, isso)

| Caso | Singular | | | Plural | | |
|---|---|---|---|---|---|---|
| | masculino | feminino | neutro | masculino | feminino | neutro |
| Nominativo | iste | ista | istud | isti | istae | ista |
| Acusativo | istum | istam | istud | istos | istas | ista |
| Genitivo | istius | istius | istius | istorum | istarum | istorum |
| Dativo | isti | isti | isti | istis | istis | istis |
| Ablativo | isto | ista | isto | istis | istis | istis |

## ille, illa, illud (aquele, aquela, aquilo)

| Caso | Singular | | | Plural | | |
|---|---|---|---|---|---|---|
| Nominativo | ille | illa | illud | illi | illae | illa |
| Acusativo | illum | illam | illud | illos | illas | illa |
| Genitivo | illius | illius | illius | illorum | illarum | illorum |
| Dativo | illi | illi | illi | illis | illis | illis |
| Ablativo | illo | illa | illo | illis | illis | illis |

*(continuação)*

## *is, ea, id* (este, esta, isto)

| Caso | Singular | | | Plural | | |
|---|---|---|---|---|---|---|
| | masculino | feminino | neutro | masculino | feminino | neutro |
| Nominativo | is | ea | id | ei/ii | eae | ea |
| Acusativo | eum | eam | id | eos | eas | ea |
| Genitivo | eius | eius | eius | eorum | earum | eorum |
| Dativo | ei | ei | ei | eis/iis | eis/iis | eis/iis |
| Ablativo | eo | ea | eo | eis | eis | eis |

## *idem, eadem, idem* (o mesmo, a mesma, o mesmo)

| Caso | Singular | | | Plural | | |
|---|---|---|---|---|---|---|
| | masculino | feminino | neutro | masculino | feminino | neutro |
| Nominativo | idem | eadem | idem | eidem | eaedem | eadem |
| Acusativo | eundem | eandem | idem | eosdem | easdem | eadem |
| Genitivo | eiusdem | eiusdem | eiusdem | eorundem | earundem | eorundem |
| Dativo | eidem | eidem | eidem | eisdem/iisdem | eisdem/iisdem | eisdem/iisdem |
| Ablativo | eodem | eadem | eodem | eisdem/iisdem | eisdem/iisdem | eisdem/iisdem |

*(conclusão)*

| Caso | ipse, ipsa, ipsum (o próprio, a própria, o próprio) |||||| 
|---|---|---|---|---|---|---|
| | Singular ||| Plural |||
| | masculino | feminino | neutro | masculino | feminino | neutro |
| Nominativo | ipse | ipsa | ipsum | ipsi | ipsae | ipsa |
| Acusativo | ipsum | ipsam | ipsum | ipsos | ipsas | ipsa |
| Genitivo | ipsius | ipsius | ipsius | ipsorum | ipsarum | ipsorum |
| Dativo | ipsi | ipsi | ipsi | ipsis | ipsis | ipsis |
| Ablativo | ipso | ipsa | ipso | ipsis | ipsis | ipsis |

## 1.3.3 Pronomes relativos

| Caso | qui, quae, quod (que/o qual, a qual, o qual) ||||||
|---|---|---|---|---|---|---|
| | Singular ||| Plural |||
| | masculino | feminino | neutro | masculino | feminino | neutro |
| Nominativo | qui | quae | quod | qui | quae | quae |
| Acusativo | quem | quam | quod | quos | quas | quae |
| Genitivo | cuius | cuius | cuius | quorum | quarum | quorum |
| Dativo | cui | cui | cui | quibus | quibus | quibus |
| Ablativo | quo | qua | quo | quibus | quibus | quibus |

## 1.3.4 Pronomes interrogativos

| Caso | quis, quae, quid (quem?, o quê?) | | | | | |
|---|---|---|---|---|---|---|
| | Singular | | | Plural | | |
| | masculino | feminino | neutro | masculino | feminino | neutro |
| Nominativo | quis/qui | quae | quid/quod | qui | quae | quae |
| Acusativo | quem | quam | quid/quod | quos | quas | quae |
| Genitivo | cuius | cuius | cuius | quorum | quarum | quorum |
| Dativo | cui | cui | cui | quibus | quibus | quibus |
| Ablativo | quo | qua | quo | quibus | quibus | quibus |

## 1.3.5 Pronomes indefinidos

| Caso | alius, alia, aliud (outro, outra, outro) | | | | | |
|---|---|---|---|---|---|---|
| | Singular | | | Plural | | |
| | masculino | feminino | neutro | masculino | feminino | neutro |
| Nominativo | alius | alia | aliud | alii | aliae | alia |
| Acusativo | alium | aliam | aliud | alios | alias | alia |
| Genitivo | alius | alius | alius | aliorum | aliarum | aliorum |
| Dativo | alii | alii | alii | aliis | aliis | aliis |
| Ablativo | alio | alia | alio | aliis | aliis | aliis |

## 2. Sistema verbal

## 2.1 Presente do indicativo ativo

| 1ª conjugação [are] | 2ª conjugação [ere] | 3ª conjugação [ere] | Conjugação mista [ere] | 4ª conjugação [ire] |
|---|---|---|---|---|
| amo | habeo | dico | capio | audio |
| amas | habes | dicis | capis | audis |
| amat | habet | dicit | capit | audit |
| amamus | habemus | dicimus | capimus | audimus |
| amatis | habetis | dicitis | capitis | auditis |
| amant | habent | dicunt | capiunt | audiunt |

| Verbo *sum* |
|---|
| sum |
| es |
| est |
| sumus |
| estis |
| sunt |

## 2.2 Imperfeito do indicativo ativo

| 1ª conjugação | 2ª conjugação | 3ª conjugação | Conjugação mista | 4ª conjugação |
|---|---|---|---|---|
| amabam | habebam | dicebam | capiebam | audiebam |
| amabas | habebas | dicebas | capiebas | audiebas |
| amabat | habebat | dicebat | capiebat | audiebat |
| amabamus | habebamus | dicebamus | capiebamus | audiebamus |
| amabatis | habebatis | dicebatis | capiebatis | audiebatis |
| amabant | habebant | dicebant | capiebant | audiebant |

| Verbo *sum* |
|---|
| eram |
| eras |
| erat |
| eramus |
| eratis |
| erant |

## 2.3 Futuro do indicativo ativo

| 1ª conjugação | 2ª conjugação | 3ª conjugação | Conjugação mista | 4ª conjugação |
|---|---|---|---|---|
| amabo | habebo | dicam | capiam | audiam |
| amabis | habebis | dices | capies | audies |
| amabit | habebit | dicet | capiet | audiet |
| amabimus | habebimus | dicemus | capiemus | audiemus |
| amabitis | habebitis | dicetis | capietis | audietis |
| amabunt | habebunt | dicent | capient | audient |

| Verbo *sum* |
|---|
| ero |
| eris/ere |
| erit |
| erimus |
| eritis |
| erunt |

## 2.4 Perfeito do indicativo ativo

| 1ª conjugação | 2ª conjugação | 3ª conjugação | Conjugação mista | 4ª conjugação |
|---|---|---|---|---|
| amaui | habui | dixi | cepi | audiui/audii |
| amauisti | habuisti | dixisti | cepisti | audiuisti/ audiisti |
| amauit | habuit | dixit | cepit | audiuit/ audiit |
| amauimus | habuimus | diximus | cepimus | audiuimus/ audiimus |
| amauistis | habuistis | dixistis | cepistis | audiuistis/ audiistis |
| amauerunt/ amauere/ amarunt | habuerunt/ habuere | dixerunt/ dixere | ceperunt/ cepere | audiuerunt/ audiuere/ audierunt/ audiere |

**Verbo** *sum*

fui
fuisti
fuit
fuimus
fuistis
fuerunt/fuere

{

# respostas

## um

Atividades de autoavaliação

1. d

O latim não era usado apenas em documentos e obras literárias; ele era a língua utilizada pelo povo, viva, que sofria transformações e apresentava variações de acordo com a região onde era utilizada, a classe social a que o falante pertencia e o nível de instrução que tinha. Na Idade Média, já não havia mais falantes nativos, e o latim se transformou em uma segunda língua para diferentes fins, todos ligados à cultura.

2. c

A pronúncia tradicional portuguesa é a mais parecida com o português, com o *c* com som de "*ss*" e o *s* com som de "z" entre vogais (lemos "Cézar", assim como no português: "César"). A pronúncia eclesiástica é utilizada na Igreja e muito parecida com o italiano (lemos "Tchézar", com o *c* com som de "tch").

A pronúncia reconstruída é uma hipótese que os linguistas têm do que seria o latim falado na época do latim clássico. É a pronúncia que se utiliza na academia, no mundo todo, entre os estudiosos da língua (lemos "Kaissar", com o *c* com som de "k" e o *s* com som de *"ss"*).

3. d

A *Eneida* foi escrita por Virgílio no século I a.C. e é considerada a maior obra literária escrita em latim. A epopeia narra a saga do troiano Eneias, que sai de Troia, depois de ser destruída, em busca de uma nova pátria. Após um longo tempo navegando pelo Mediterrâneo, chega à Península Itálica. Eneias é considerado o ancestral dos romanos, o que garante uma origem divina aos habitantes da região, já que Eneias é filho de Vênus com o mortal Anquises.

4. c

A expressão *in caelis* equivale a "nos céus" em português; o termo *cottidianum* equivale à expressão portuguesa "de cada dia". Observando-se a palavra *cottidianum*, fica clara a origem do termo "cotidiano" em português; *debitoribus* tem como tradução para o português "devedores", e não "dívidas", que, por sua vez, equivale ao latim *debita*. Tanto a palavra *noster* como *nostrum* (cf. *Pater noster*, "Pai nosso", e *panem nostrum*, "o pão nosso") foram traduzidas por "nosso" na versão portuguesa da oração. Apesar de terem a mesma tradução, encontram-se em casos diferentes em latim.

5. a

Os grafites de Pompeia tratavam de diferentes temáticas, incluindo assuntos cotidianos, como os jogos de gladiadores ou as disputas amorosas. Encontram-se também grafites que fazem uso de recursos estilísticos e artísticos, bem como citações de obras de grandes autores romanos, como Virgílio. Por serem escritos, principalmente, por pessoas sem estudo formal, são considerados importantes fontes do latim vulgar.

Atividades de aprendizagem

Questões para reflexão

1. As línguas românicas surgiram de diferentes variantes do latim vernáculo, língua viva, e, como acontece com todas as línguas naturais, continuaram se modificando e sendo transformadas por meio do uso diário, apresentando diferenças cada vez maiores entre si. Os textos das celebrações, bem como a pronúncia adotada pela Igreja Católica, correspondem ao latim eclesiástico. Dá-se o nome de *latim clássico* à variante imortalizada por autores com acesso à cultura superior àquela das pessoas em geral. É caracterizado por normas de escrita consideradas com base em registros literários.

2. Alguns termos que podem ser encontrados, sobretudo em trabalhos acadêmicos, são:

- *apud*: junto de, citado por (quando se cita um trecho de uma obra a que não se teve acesso, mas ele está presente em outra obra que foi consultada);
- *supra*: acima (quando se faz referência a algo que já foi escrito anteriormente);
- *in*: em (quando se cita, por exemplo, um capítulo que está dentro de uma obra);
- *idem*: o mesmo (quando se faz referência ao mesmo autor já citado anteriormente);
- *ibidem*: o mesmo local (quando se faz referência à mesma obra já citada anteriormente).

Atividade aplicada: prática

1. Resposta pessoal. A pesquisa deve considerar expressões como *longe lateqve* (em comprimento e largura, isto é, "em toda parte"), lema do Colégio Estadual do Paraná; *carpe diem* (aproveite/colha o dia), marca de perfume de O Boticário, entre tantos outros exemplos.

## dois

Atividades de autoavaliação

1. c

Ao consultarmos os quadros das declinações, verificamos que:

a. *amicam* corresponde ao caso acusativo singular de *amica, amicae* 1f.: "amiga" e é da primeira declinação;

b. *oratoris* está na forma de genitivo singular de *orator, oratoris* 3m.: "orador";

c. *noctium* correponde ao genitivo plural de *nox, noctis* 3f.: "noite" e pertence à terceira declinação;

d. *cursibus* está na forma de dativo/ablativo plural de *cursus, cursus* e é da quarta declinação;

e. *dies* é a forma correspondente aos casos nominativo e vocativo, tanto no singular como no plural, de *dies, diei* 5m.: "dia" e pertence à quinta declinação.

2. e

Ao consultarmos os quadros das declinações, vemos que os dois primeiros substantivos são da primeira declinação; os demais, da segunda.

3. a

A palavra *serua, seruae* ficará no caso nominativo plural (*seruae*), pois é predicativo do sujeito do verbo "ser": "nós somos escravas"; a palavra *domina*, *dominae* ficará no vocativo plural, pois está exercendo essa função na sentença, isolada por vírgula (*dominae*); e a palavra *femina, feminae* ficará no nominativo plural (*feminae*), pois também é predicativo do sujeito do verbo "ser" (assim como na sentença I): "vocês são mulheres". Observe como as três têm a mesma terminação, em *-ae*, pois, no quadro da primeira declinação, à qual todas elas pertencem, os três casos, no plural, têm essa mesma terminação.

4. e

Colocando o verso em uma ordem mais próxima da do português, teríamos *sperare* (esperar) *pretium* (presente) *a poetis doctis* (de um poeta erudito) *est* (é) *scelus* (um crime). Qualquer que seja a ordem em que coloquemos os termos, se não alterarmos suas terminações, teremos o mesmo significado básico, embora com diferentes nuances de sentido. O termo *scelus* apresenta a forma *scelus* quando declinado no acusativo singular, ou seja, por ser um substantivo neutro, apresenta a mesma forma para o nominativo e o acusativo.

5. c

A tradução para a nova expressão seria a mesma, ou seja, "Pobre de mim!". No entanto, como colocamos o termo *miseram* no caso acusativo seguindo a primeira declinação, evidenciamos que é alguém do sexo feminino quem a está enunciando. A nova expressão formada é "*Me miseram*" e não "*Me misera*", pois a terminação de acusativo para a primeira declinação é *-am*. A terminação *-a* pode indicar nominativo, vocativo ou ablativo singular. O caso acusativo equivale, na maioria das vezes, ao objeto direto em português.

## Atividades de aprendizagem

Questões para reflexão

1. Uma possível tradução, seria:

> Os homens dão belas coroas aos poetas. Eu tenho coroas, pois sou um poeta. Sempre estou malvestido, pois o amor ao talento não traz dinheiro. (Petronivs, 2020, tradução nossa)

2.

a. Primeiramente, devemos considerar o pronome. Lembremos que, em latim, temos a opção de omitir o pronome pessoal, já que a desinência verbal vai mostrar essa informação. Por questões de ênfase, podemos inseri-lo. Assim, temos *ego*.

- Não: *non*.
- O verbo "dar" em latim é *do*. Se precisamos colocá-lo na 1ª pessoa do singular, temos a mesma forma enunciada no dicionário, ou seja, *do*. No entanto, precisamos lembrar que o verbo é posicionado no final da oração.
- "Presentes" é o objeto direto do verbo "dar", portanto tem de ser colocado no caso acusativo plural. Como o termo correspondente é *munus, -eris*, neutro da terceira declinação, seu acusativo plural se faz em *-a*. O radical do termo é obtido a partir do genitivo singular, forma que aparece no dicionário logo após o nominativo singular (*munus*: nominativo singular; *muneris*: genitivo singular). Retirando a terminação de genitivo *-is*, temos o radical *muner-*. Colocando a desinência de acusativo plural (*-a*), chegamos à forma *munera*.
- "Palavras" é o objeto direto do verbo "dar" da oração começada após a vírgula, portanto precisa ser colocado no caso acusativo plural. Como o termo correspondente é *uerbum, -i*, neutro da segunda declinação,

seu acusativo plural se faz em -*a*. O radical do termo é obtido a partir do genitivo singular, forma que aparece no dicionário logo após o nominativo singular (*uerbum*: nominativo singular; *uerbi*: genitivo singular). Retirando a terminação de genitivo -*i*, temos o radical *uerb*-. Colocando a desinência de acusativo plural (-*a*), chegamos à forma *uerba*.

* Chegamos, então, à resposta: *ego munera non do, verba do*.

b. O verbo "ser" na 1ª pessoa é *sum*. O pronome pessoal "eu" é *ego*, que pode ser omitido. O termo "senhor" é *dominus, -i* (2m). Como a palavra é o sujeito da oração, a forma adequada é *dominus*. A palavra "poeta" precisa ficar na forma de dativo plural. Como é um substantivo da primeira declinação, seu dativo plural se faz em -*is*: *poetis*. Dessa forma, a resposta correta é *poetis dominus ego sum/poetis dominus sum*.

Atividades aplicadas: prática

1. As formas *oculus* e *cor* estão no nominativo singular. A forma *oculus* é da segunda declinação e *cor* é da terceira. Ambas exercem aqui a função de sujeito, por isso estão no nominativo. A tradução ficaria: "O que o olho não vê, o coração não sente". Em português, *oculus*, nesse ditado popular, foi traduzido para o plural: "O que os olhos não veem, o coração não sente". Mas a ideia é a mesma. No plural, ficaria *oculi*, mas teríamos de concordar em número com o verbo, conjugando-o no plural: *quod oculi non uident, cor non dolet*.

2. Para respondermos a essa pergunta, devemos procurar as palavras no dicionário:

*uerbum, uerbi*: palavra
*scriptum, scripti*: escrito

Pela terminação em *-i* do genitivo, sabemos que essas palavras pertencem à segunda declinação. O nominativo terminando em *-um* indica que são do gênero neutro.

Se você observar os quadros da segunda, terceira e quarta declinações, perceberá que as palavras neutras sempre farão plural com *-a* no nominativo, no acusativo e no vocativo (colocado após o tema ou radical, nos casos de palavras atemáticas). Portanto, *uerba* e *scripta* podem estar no nominativo, no vocativo ou no acusativo plural.

Não estudamos os verbos ainda, portanto apresentaremos somente a tradução. A tradução de *uolant* é "voam" e de *manent* é "permanecem". Ambos os termos estão na 3ª pessoa do plural e, pelo seu significado, podemos perceber que não precisam de objeto direto. Isso sana a dúvida sobre o caso em que os substantivos estão: eles só podem ser os sujeitos dos verbos, isto é, estão no nominativo plural: "As palavras voam, os escritos permanecem".

Esse é um ditado popular que chegou ao português e adverte que precisamos tomar cuidado com aquilo que escrevemos, pois tem mais chance de durar por muito tempo, ao contrário da palavra falada, que "voa", desaparece rapidamente, pois não tem um registro durável como a escrita. O ditado também pode "indicar que não se deve confiar nas promessas feitas oralmente, mas que se deve pedir transcrição" (Tosi, 2000, p. 39).

## três

**Atividades de autoavaliação**

1. e (consulte o Quadro 3.2)
2. e (consulte o Quadro 3.2)
3. c (consulte o Quadro 3.2)
4. a

A forma *deleo* refere-se à 1ª pessoa do singular do presente do indicativo ativo e pode ser traduzida por "eu apago"; *deles* é a 2ª pessoa do singular do presente do indicativo ativo e pode ser traduzida por "tu apagas ou você apaga"; *delēre* é o infinitivo, que indica que o verbo pertence à segunda conjugação, e traduz-se como o infinitivo no português: "apagar"; *deleui* é a 1ª pessoa do singular do perfeito, correspondente ao pretérito perfeito do português, ou seja, "eu apaguei"; a forma *deletum* é o supino, uma forma verbo-nominal pela qual se forma o particípio, e pode ser traduzida por "apagado".

5. e

*Infectum*: ações inacabadas.

*Perfectum*: ações acabadas.

Atividades de aprendizagem

Questões para reflexão

1. O verbo é facilmente encontrado pela sua desinência: *-imus*, que corresponde à 1ª pessoa do plural. O verbo é da terceira conjugação:

> *disco, -is, -ere, didici, discitum*: aprender, estudar

Dessa palavra é que decorre, no português, o termo *discente* (aluno, estudante, aquele que aprende), em oposição a *docente*, do verbo *doceo, -es, -ere, docui, doctum* (ensinar).

Veja a conjugação de *disco* no presente do indicativo:

> *disco*
> *discis*
> *discit*
> *discimus*
> *discitis*
> *discunt*

Agora, analise os substantivos *scholae* e *uitae*, ambos da primeira declinação:

> *schola, -ae*: escola
> *uita, -ae*: vida

Os dois estão no dativo singular. Sabendo disso e do significado do verbo *discimus*, você consegue imaginar a tradução da sentença? Seria: "Não aprendemos para a escola, mas para a vida".

2.
   a. *cano*: 1ª pessoa do singular (eu canto).
   b. *cano, -as, -are, -aui, -atum*: cantar – primeira conjugação.
   c. *canamus*: 1ª pessoa do plural (cantamos).
3. Como um dos objetivos do método é dar subsídio para que você possa consultar um dicionário de latim, esta atividade se mostra interessante. Perceba que as terminações das duplas de palavras são iguais, o que pode causar confusão, porém algumas são substantivos e outras são verbos. Você deve consultá-las com base em suas hipóteses e, por vezes, isso será um processo de tentativa e erro. As formas destacadas a seguir são as entradas dos termos no dicionário.

> *pietatis* (da piedade): genitivo singular do substantivo *pietas, pietatis* 3f.: piedade
> *portatis* (vocês levam, carregam): 2ª pessoa do plural do verbo *porto, -as, -aui, -atum*
> *vulneras* (você machuca): 3ª pessoa do verbo *uulnero, -as, -are, -aui, -atum*: machucar, ferir
> *olivas* (oliveiras): acusativo plural do substantivo *oliva, -ae* 1f.: oliveira
> *deles* (você apaga): 2ª pessoa do singular do verbo *deleo, -es, -ēre, -eui, -etum*: apagar, destruir
> *duces* (generais): acusativo plural do substantivo *dux, ducis* 3m.: general, comandante

Atividades aplicadas: prática

1. Para responder a essa pergunta, procure os verbos no dicionário:

> *moueo, -es, -ere, moui, motum*: mover
> *traho, -is, -ere, traxi, tractum*: arrastar

Pelas formas que aparecem após a 1ª pessoa, é possível identificar que o primeiro verbo é da segunda conjugação e o segundo verbo, da terceira conjugação. Na frase, ambos estão conjugados na 3ª pessoa do plural, o que é facilmente descoberto pela terminação *-nt*. A tradução dos verbos ficaria: "movem" e "arrastam". A tradução dos substantivos que aparecem como sujeitos desses verbos – *uerba* e *exempla* – e que correspondem a substantivos neutros da segunda declinação seria:

> *uerbum, -i*: palavra
> *exemplum, -i*: exemplo

Eles estão no plural, o que se pode perceber pela terminação em -*a*, e no nominativo, pois são os sujeitos dos verbos. Agora, é só juntar cada sujeito com seu verbo para traduzir a sentença: "As palavras movem, os exemplos arrastam". Esse é um ditado popular que chegou ao português com a seguinte acepção: "Os exemplos valem mais que as palavras", isto é, as atitudes têm mais importância do que os conselhos, por exemplo.

2. Uma possível tradução para o trecho seria esta:

> Minerva é uma deusa. É a deusa da sabedoria. É a deusa da lã também. Aracne é uma menina. É uma menina hábil em lã. Cria belas imagens em tecido. Minerva vive com os deuses no Olimpo. Aracne mora em uma pequena casa na Lídia.
>
> Aracne é soberba porque cria belas imagens. Frequentemente as ninfas da floresta observam enquanto a menina hábil reúne a lã e cria belas imagens no tecido. As imagens são belas. As imagens contam sobre a vida dos agricultores e sobre a vida dos habitantes da Lídia. (Goldman; Nyenhuis, 1982, p. 19, tradução nossa)

## quatro
### Atividades de autoavaliação

1. e

Em I e II, os adjetivos e os substantivos seguem a segunda declinação, pois *puer* é masculino e *templum* é neutro, e os adjetivos *malus, -a, -um* e *magnus, -a, -um* são da primeira classe. Portanto, terão a mesma terminação: *-um* no acusativo singular; *-i* no genitivo singular. Já em III, o adjetivo *felix, -icis* é um triforme de segunda classe e *puella, -ae* é um substantivo da primeira declinação, do gênero feminino. Por isso, as formas de nominativo plural são diferentes, pois eles não seguem a mesma declinação: *-es* é nominativo feminino plural da terceira declinação e *-ae* da primeira.

2. b

Consulte os Quadros 4.8 (verbos conjugados no pretérito perfeito) e 4.9 (verbos conjugados no pretérito imperfeito) e lembre-se: os verbos no perfeito são formados com o radical de *perfectum*; já os do imperfeito trazem o radical de *infectum*.

3. e

Os verbos *fecimus* e *docui* estão conjugados no pretérito perfeito; *erant* e *legebas* estão no imperfeito; *uident* está no presente. Observe como esses verbos aparecem no dicionário, bem como seus radicais de *infectum* e *perfectum*:

> *facio, -is, -ere, feci, factum* 3m.: fazer
> *doceo, -es, -ere, docui, doctum* 2: ensinar
> *sum, es, esse, fui*: ser
> *lego, -is, -ere, legi, lectum* 3: reunir, ler
> *uideo, -es, -ere, -eui, -etum* 2: ver, olhar

A tradução das sentenças é a seguinte:

I. *magna fecimus*. (Fizemos coisas grandes.)
II. *felices erant*. (Eles/as eram felizes.)
III. *inimicos uident*. (Eles/as veem os inimigos.)
IV. *pulchra uerba legebas*. (Tu lias/você lia palavras bonitas.)
V. *linguam latinam docui*. (Ensinei língua latina.)

4. a

Consulte o Quadro 3.2, que apresenta as cinco conjugações verbais.

5. a

*Catullus dixit: "poeta castum et pium fuit."* (Catulo disse: "O poeta foi casto e piedoso."). Como os verbos devem estar no pretérito perfeito, precisamos procurar pelo radical de *perfectum* e inserir as desinências número-pessoais, no caso, as de 3ª pessoa do singular:

- *dico, -is, -ere, dixi, dictum*: dizer – radical de *perfectum*: *dixi*, com a desinência de 3ª pessoa do singular *-it*: *dixit*.
- *sum, es, esse, fui*: ser – na 3ª pessoa do singular do pretérito perfeito: *fuit*.

## Atividades de aprendizagem

Questões para reflexão

1. A frase contém uma preposição regida por acusativo, *inter*, e a palavra no acusativo é um adjetivo: *caecus, -a, um*, que aqui está sendo utilizado de maneira isolada, sem qualificar qualquer substantivo. *luscus, -a, -um* também é um adjetivo e significa "caolho", "aquele que não tem um olho". Ambos são da primeira classe, isto é, seguem a primeira e a segunda declinações e estão em sua forma masculina. A forma *luscus* está no nominativo singular, e *rex* é o nominativo do substantivo masculino da terceira declinação *rex, regis* (rei).

Não há verbo na frase, portanto podemos presumir que o verbo *est* está oculto, subentendido. Uma possível tradução seria: "Entre os cegos, o caolho é rei". Em português, esse provérbio chegou adaptado da seguinte maneira: "Em terra de cego, quem tem um olho só é rei".

2.

| Palavra | Declinação | Caso | Formas |
|---|---|---|---|
| turbarum | Primeira declinação | Genitivo plural | magnarum; celebrium; audacium. |
| ius | Terceira declinação | Nominativo/vocativo/acusativo singular | magnum; celebre; audax. |
| manu | Quarta declinação | Ablativo singular | magna; celebri; audaci. |
| rei | Quinta declinação | Genitivo singular | magnae; celebris; audacis. |
| rei | Quinta declinação | Dativo singular | magnae; celebri; audaci. |

Atividades aplicadas: prática

1. Uma possível tradução, seria:

> As ninfas amam as imagens da menina e louvam a menina. Louvam também a deusa e gritam: "quem é a tua professora? Certamente Minerva dá para ti as imagens e as histórias. Aracne trabalha bem porque é hábil? A menina não trabalha bem porque é hábil. Trabalha bem porque Minerva é a professora. Minerva te ensina bem."
>
> Mas Aracne não tem sabedoria. Nega Minerva como professora. A menina imprudente se louva e grita: "Eu faço imagens e histórias melhor que Minerva. Ninguém é minha professora. Não chamo Minerva. Ninguém me ensina. Eu me ensino." (Goldman; Nyenhuis, 1982, p. 19, tradução nossa)

2. A primeira sentença traz um verbo no pretérito perfeito: *creauit*. Esse é um verbo da primeira conjugação, cujo radical de *perfectum* é *creau-* (*creo, -as, -are, -aui, -atum*: criar). A forma está na 3ª pessoa porque seu sujeito é *Deus*: "Deus criou". Observe os objetos diretos desse verbo. O que Ele criou? *caelum et terram*, que estão no acusativo. *caelum, -i* é um neutro da segunda declinação, portanto tem nominativo e acusativo iguais, em *-um*; *terra, -ae* é feminino da primeira declinação e tem terminação de acusativo singular, *-am*. A expressão que aparece no início da frase é formada com a preposição *in* (em) mais o ablativo de *principium, -ii* (princípio). Portanto, a tradução da sentença é: "No princípio Deus criou o céu e a terra".

Na sentença a seguir, observe o verbo *erat*, 3ª pessoa do verbo *sum* no pretérito imperfeito. Seu sujeito é *terra*, que agora aparece no nominativo. A tradução da sentença é: "A terra, porém, era disforme e vazia".

Na última sentença, aparece novamente um verbo no pretérito perfeito: *dixit*. O *-que* ligado a ele significa "e"* (com valor aditivo). O sujeito de *dixit* é *Deus*: "E Deus disse:"

Leia agora o trecho de Gênesis (Gên 1,1-3) sem as supressões que foram feitas para que sua análise fosse mais focalizada nos verbos do pretérito perfeito e do imperfeito:

> *in principio creavit Deus caelum et terram.*
> *terra autem erat inanis et vacua et tenebrae super faciem abyssi et spiritus Dei ferebatur super aquas.*
> *dixitque Deus fiat lux et facta est lux.* (Mann, 2020)

---

* Essa construção é bem comum em latim, além da que consta também neste trecho: *caelum et terram*. Assim como *caelum et terram* poderia ser escrito *caelum terramque*, o início dessa terceira sentença poderia ser: *et dixit Deus*. O *et* aparece sempre entre dois ou mais termos que está ligando; já o *-que* vem sempre junto com o último termo.

Uma possível tradução seria:

> No princípio Deus criou o céu e a terra.
> No entanto, a terra era sem vida e vazia e as trevas estavam sobre a face do abismo e o Espírito de Deus se movia sobre as águas.
> E Deus disse: "Faça-se a luz", e a luz foi feita. (Mann, 2020, tradução nossa)

## cinco

### Atividades de autoavaliação

1. b

A forma *quis* é o nominativo singular do pronome interrogativo *quis, quae, quid*. Está nesse caso pois é o sujeito do verbo *dedit*.

2. d

Nesses dois versos, há quatro pronomes:

(1) *quae*: pronome interrogativo (*quis, quae, quid*), no acusativo singular feminino, concordando com *ratio*;

(2) *haec*: pronome demonstrativo (*hic, haec, hoc*), no nominativo singular feminino, referindo-se a *Laecania*;

(3) *illa*: pronome demonstrativo (*ille, illa, illud*), no nominativo singular feminino, referindo-se a *Thais*;

(4) *suos*: pronome possessivo (*suus, -a, -um*), no acusativo plural masculino, concordando com *dentes*.

Compare o significado de *hic, haec, hoc* com o de *ille, illa, illud* e perceba como seu entendimento é importante para obter o sentido correto da frase. No poema, *haec* refere-se ao que está mais próximo (Laecania) e *illa* ao que está mais distante (Thais).

Veja, agora, uma possível tradução para o epigrama:

> Thaís tem dentes negros, Lucânia tem dentes brancos.
> Qual a razão? Esta tem dentes comprados, aquela tem os seus.

3. b

Consulte o Quadro 5.4 (*hic, haec, hoc*), o Quadro 5.6 (*ille, illa, illud*), o Quadro 5.7 (*idem, eadem, idem*) e o Quadro 4.2 (adjetivos da primeira classe), já que o pronome possessivo *tuus, -a, -um* é declinado da mesma forma que os adjetivos da primeira classe.

I. *hic, haec, hoc*: pronome demonstrativo
II. *tuus, -a, -um*: pronome possessivo
III. *idem, eadem, idem*: pronome demonstrativo
IV. *ille, illa, illud*: pronome demonstrativo

4. d

Consulte o Quadro 5.1 para o pronome pessoal *ego* e os Quadros 5.5 e 5.8 para os demais.

5. a

Observe a terminação das palavras e a tradução:

I. *in principio*: *in* + ablativo ("No princípio")
II. *in ipso*: *in* + ablativo ("Nele mesmo")
III. *in mundum*: *in* + acusativo ("ao mundo")

Atividades de aprendizagem

Questões para reflexão

1. Os pronomes são os seguintes: *quam* e *ille*.

Vamos analisar frase a frase.

+ "*Thaida Quintus amat.*"

*Quintus* é o sujeito da frase. A terminação em *-us* indica que o substantivo é da segunda declinação e está no nominativo singular. *Quintus* é um nome masculino bem comum utilizado pelos romanos. *Thaida* é o acusativo irregular de *Thais, -idis*, nome feminino. *amat* é a 3ª pessoa do singular do presente (ama).

Tradução: "Quinto ama Thaís."

+ "*Quam Thaida?*"

*quam* é a forma de acusativo feminino singular de *qui, quae, quod* (consulte o Quadro 5.8, referente aos pronomes relativos) e está concordando com Thaida, pois se refere ao objeto direto da frase anterior. É como se o verbo estivesse subentendido: *quam Thaida Quintus amat?* (Que Thaís Quinto ama?).

Tradução: "Que Thaís/Qual Thaís?"

+ "*Thaida luscam.*"

O caso acusativo continua aparecendo nessa terceira frase, pois está fazendo referência à pergunta anterior: *Thaida* e *luscam* estão concordando no acusativo singular feminino. E a resposta, se colocássemos o sujeito e o verbo novamente, seria: *Quintus Thaida luscam amat*.

Tradução: "Quinto ama a Thaís caolha." (caolha: aquela que não tem um olho).

✦ *unum oculum Thais non habet, ille duos.*

Aqui há duas orações simples, separadas por vírgula. A primeira é *"unum oculum Thais non habet"*. *Thais*, agora, aparece em sua forma de nominativo, pois é o sujeito de *non habet* (não tem). O objeto direto é *unum oculum*, ambos no acusativo masculino singular (um olho), isto é, "Thais não tem um olho".

A última parte do epigrama contém um pronome demonstrativo em sua forma de nominativo masculino singular (*ille*) e uma palavra no acusativo, o número dois (*duos*), que só existe no plural. O verbo está subentendido e é o mesmo utilizado na oração anterior: *ille non habet duos*, ou seja, "ele não tem os dois".

Assim como em vários outros epigramas de Marcial, vemos aqui um tom de sarcasmo ao dizer que Quinto não teria os dois olhos, isto é, seria como um cego pelo fato de gostar de uma mulher sem um olho.

Observe a tradução de João Angelo Oliva Neto (Novak; Neri, 1992, p. 279):

> Quinto ama Taís.
> Que Taís? A caolha.
> Ela é cega de um olho
> ele é cego dos dois.

2. A origem do termo, segundo o *Dicionário Houaiss da Língua Porrtuguesa* (Houaiss, 2009) e o *Dicionário etimológico da língua portuguesa* (Cunha, 2010), estaria na expressão *quid pro quo*, ou seja, "este por aquele", "isto por aquilo" (em tradução livre). Dependendo da época ou do contexto, podemos encontrar a forma *quid pro quod*, considerada errada do ponto de vista gramatical, uma vez que a preposição *pro* rege o caso ablativo (como em *pro quo*). Em terrenos jurídicos, a expressão é equivalente à ideia de

trocas equitativas, igualitárias. Nesses casos, é possível pensar em outra expressão latina: *do ut des* (dou para que tu dês).

3. Uma possível tradução seria esta:

> A deusa Minerva imita a forma de uma mulher e caminha pela terra. Tenta ensinar a menina imprudente. Diz: "A soberba é perigosa. A experiência ensina". Mas Aracne afirma outra vez: "Faço imagens melhor que Minerva. A deusa deve disputar comigo. Devo mostrar às ninfas as minhas imagens, e a deusa deve mostrar as suas imagens. Agora chamo Minerva. Disputa comigo!"
> Minerva está furiosa. Mostra que é uma deusa. "Aracne, és tola. Eu tento te ensinar, menina imprudente", diz, "mas ainda és soberba. Devo te ensinar. Ninfas, tragam as telas até aqui, por favor".
> (Goldman; Nyenhuis, 1982, p. 27, tradução nossa)

Atividades aplicadas: prática

1. Os verbos no infinitivo são:

- *uiuere* (*uiuo, -is, -ere, uixi, uictum*): viver;
- *laedere* (*laedo, -is, -ere, laesi, laesum*): enganar;
- *tribuere* (*tribuo, -is, -ere, tribui, tributum*): atribuir.

Os pronomes são os seguintes:

- *neminem* (*nemo, -inis*): ninguém – acusativo singular, complemento de *laedere*;
- *suum* (*suus, -a, -um*): seu (pronome possessivo) – acusativo singular, complemento direto de *tribuere*;
- *cuique* (*quisque, quaeque, quidque*): cada um, cada pessoa – dativo singular, complemento indireto de *tribuere*.

A tradução dos princípios seria esta: "Viver honestamente, a ninguém ofender e dar a cada um o que é seu".

2. Uma possível tradução seria: "O que há para ti?/O que você tem?" ("Quid tibi est?") e "O que eu ouço?/O que estou ouvindo?" ("Quid ego audio?"). Porém, observe a seguir a tradução de Leandro Dorval Cardoso (2012, p. 160) para as mesmas sentenças:

> {**Anf**}. Mas o que é que foi?
> {**Sós**}. A taça não está no cesto!
> {**Anf**}. Ouvi direito?

Perceba que o tradutor, tendo escolhas estilísticas próprias, opta por traduzir "*Quid tibi est?*" por "Fala", uma vez que, no contexto, está entendido que Anfitrião quer que Sósia diga o que está acontecendo, o que está havendo com ele. Em "*Quid ego audio?*", a opção de tradução foi "Ouvi direito?", o que demonstra a indignação de Anfitrião perante a resposta obtida.

## seis

**Atividades de autoavaliação**

1. d

As preposições *inter* e *ante* pedem acusativo e a tradução das expressões é: "entre amigos" e "antes do meio-dia". As outras três se constroem com ablativo: *de legibus*, em que *legibus* é ablativo plural de *lex, legis* ("a respeito das leis"); *pro forma*, em que *forma* é ablativo singular de *forma, -ae*, da primeira declinação ("a favor da forma"); *sine cura*, em que *cura* é ablativo singular de *cura, -ae*, também da primeira declinação ("sem cuidado").

2. a

*-ne*: partícula interrogativa, que se liga à primeira palavra da sentença para indicar uma pergunta (*estne...?*).

*nunc*: advérbio de tempo com acepção de "agora", "neste momento".

*non*: advérbio de negação com significado de "não".

*quoque*: advérbio de modo com significado de "também".

*si*: conjunção subordinativa condicional com acepção de "se".

Leia a tradução do poema e observe que o *nunc* não aparece na versão em português. As outras formas traduzidas das palavras indeclináveis estão em negrito.

> Tens, **acaso**, Cerinto, compaixão de tua amada
> Já que a febre castiga meus membros fatigados?
> Eu **não** desejaria vencer a doença triste
> Se não acreditasse que tu **também** o queres.
> De que me adianta vencer a doença **se** podes suportar
> Com indiferença o mal que me atormenta?
> (Novak; Neri, 1992, p. 141, grifo nosso, tradução de Zélia de Almeida Cardoso)

3. b

Consulte o Quadro 6.2 com as conjugações do futuro. Lembre-se: os verbos no futuro são formados com o radical de *infectum*.

4. c

Todos esses verbos estão no futuro e na 2ª pessoa do singular. A tradução é muito conhecida, dos dez mandamentos: "Não matarás."; "Não farás (cometerás) furto."; "Não cobiçarás a casa do teu próximo: não desejarás a mulher dele". Observe a entrada desses verbos no dicionário:

- *occido, -is, -ere, occidi, occisum*: matar;
- *facio, -is, -ere, feci, factum*: fazer;
- *concupisco, -is, -ere, -cupiui ou -cupii, -cupitum*: cobiçar;
- *desidero, -as, -are, -aui, -atum*: desejar.

5. e

As formas *nocebunt* e *occident* estão na 3ª pessoa do plural, no futuro. Os verbos são traduzidos por "prejudicarão" e "matarão", respectivamente.

**Atividades de aprendizagem**

Questões para reflexão

1. As palavras indeclináveis *hodie, cras* e *numquam* são advérbios de tempo e significam, respectivamente, "hoje", "amanhã" e "nunca"/"jamais".

Observe a tradução das sentenças:

I. Hoje para mim, amanhã para você (tradução nossa, no sentido de "hoje eu estou nesta situação, amanhã poderá ser você").

II. Ame amanhã quem jamais amou e quem um dia amou ame amanhã! (Novak; Neri, 1992, p. 289, tradução de Álice Cunio Machado Fonseca)

2. *In Catilinam* (*As Catilinárias*) é um conjunto de quatro discursos proferidos em 63 a.C. em que Cícero acusa Catilina de conspirar contra a República, ao tentar assassiná-lo e incendiar alguns locais de Roma. Segundo os discursos, Lúcio Catilina, embora de família nobre, estava falido e endividado. Aliou-se a outras pessoas em igual condição e arquitetou uma conspiração para derrubar o governo republicano.

Atividades aplicadas: prática

1. Acusativo. A forma *inter* é uma das preposições que regem o acusativo (nessa sentença, *filias* – acusativo plural de *filia, -ae*) e pode ser traduzida por "entre, dentre, no meio de".

2. Uma possível tradução seria esta:

> Minerva e Aracne trabalham bem. Primeiramente, Minerva junta a lã. Faz belas imagens sobre os bons feitos dos deuses. As imagens contam histórias sobre a vida dos deuses no Olimpo. Em seguida, Aracne junta a lã. Mas Aracne faz imagens sobre os maus feitos dos deuses. Certamente as imagens da deusa são belas; também são belas as imagens da menina.

Os agricultores, as ninfas e os habitantes da Lídia observam enquanto a menina e a deusa trabalham. As ninfas amam as imagens e histórias da menina; amam muito a longa história sobre o roubo de Europa por Júpiter. Mas Minerva está muito irada e não ama as histórias sobre os maus feitos dos deuses.

Logo, a deusa Minerva muda a menina em uma aranha. Primeiramente, a menina está pequena; depois está menor; finalmente está muito pequena. Aracne tenta se matar e pende no fio. Mas Minerva tem misericórdia e proíbe a menina de se matar. "Pende eternamente", diz. Assim, a deusa ensina a menina, e a aranha pende eternamente em seu fio.
O poeta Ovídio conta a história sobre a menina soberba.
(Goldman; Nienhuis, 1982, p. 37, tradução nossa)

{

## sobre a autora

**❡ IRENE CRISTINA BOSCHIERO** tem graduação em Letras Português com habilitação em Inglês pela Universidade Federal do Paraná – UFPR (2003), graduação em Letras Latim pela mesma universidade (2004), mestrado em Letras, na área de Estudos Literários, pela Universidade Estadual Paulista – Unesp (2006), doutorado incompleto pela Universidade de São Paulo – USP e pós-graduação em Neuropsicopedagogia pela FAE. Atualmente, é doutoranda em Estudos Literários pela UFPR. Atuou como professora na UFPR e na Universidade Tuiuti do Paraná e como assessora pedagógica na Editora Positivo. Tem experiência na área de educação, com ênfase em assessoria pedagógica, principalmente nos seguintes temas: metodologia de ensino, materiais didáticos, ensino de língua portuguesa, ensino de língua e literaturas clássicas.

Impressão:
Setembro/2020